中国城市大洗牌

未来三十年国人生存指南　　　　　　　　黄汉城 史哲 林小琬　著

Changing Patterns
of China's Regional
Economy

人民东方出版传媒
东方出版社

图书在版编目（CIP）数据

中国城市大洗牌 / 黄汉城，史哲，林小琬 著 . — 北京：东方出版社，2020.1
ISBN 978-7-5207-1210-1

Ⅰ.①中… Ⅱ.①黄… ②史… ③林… Ⅲ.①区域经济发展—研究—中国 Ⅳ.①F127

中国版本图书馆 CIP 数据核字（2019）第 209098 号

中国城市大洗牌
（ZHONGGUO CHENGSHI DA XIPAI）

作　　者：黄汉城　史　哲　林小琬
责任编辑：王　端　叶　银
出　　版：东方出版社
发　　行：人民东方出版传媒有限公司
地　　址：北京市东城区朝阳门内大街 166 号
邮　　编：100010
印　　刷：北京联兴盛业印刷股份有限公司
版　　次：2020 年 1 月第 1 版
印　　次：2023 年 10 月第 17 次印刷
开　　本：680 毫米 ×960 毫米　1/16
印　　张：23.5
字　　数：336 千字
书　　号：ISBN 978-7-5207-1210-1
定　　价：59.00 元
发行电话：（010）85924663　85924644　85924641

本书编写成员

主　　编：严九元

副 主 编：史　哲　黄汉城

撰写人员：黄汉城　史　哲　林小琬　冯震华　刘春萍

序言　风云神州，一首追求自由繁荣的史诗

智谷趋势创始人 | 严九元

山河如故，但人间已变了模样。

2008 年之后，华夏大地上的区域格局发生了剧烈变化。人在重新流动，钱在寻找新路，物在移动重构。有失落，有崛起，有新生。一场史诗级变化在这片广袤大地上演。

最重要的区域格局变化有五个：

1. 深圳爆发与一线城市版图重构
2. 雄安出世与权力中枢布局调整
3. 南方崛起与中国经济重心南移
4. 都市圈兴起与战略路径修订
5. 强省会与人口流动大战

01

第一个，深圳爆发。

这是近年中国版图上最大的惊喜。

深圳承天命而生，受惠于老人家在南海边画了一个圈。

但，并非一路凯歌，一路奇迹。

在发展了 20 年后，于 21 世纪最初几年，陷入迷茫。

特区不特，没什么政策优势，不知怎么发展。那个时候，平安、招商银行、中兴、华为等都传出要把总部搬离深圳去到上海。

2002 年 11 月，一篇万字网文《深圳，你被谁抛弃》将这种迷茫推至

顶点。

彼时，深圳也就是诸多二线城市中平庸的一个。一本颇有前沿气质的刊物《新周刊》评选谁是北上广之外的第四城，当选者是成都。现在看来有些哑然，那时却是深圳迷茫的如实反映。

"被谁抛弃"之问后的十多年，深圳却意外地获得了新生，近几年达至顶点。

深圳近乎完美地承载了中国对于城市发展的所有理想要素。

第一，有世界级的可与最强者竞争的东西。

比如无人机领域，大疆是在与硅谷劲敌 3D Robotics 大战后，成为王者的。比如众所周知的通信之王华为，是在打败爱立信、思科等巨头后登顶的。比如腾讯，是与当时的垄断者 MSN 厮杀后完成帝国建构的。

深圳这几年最炫目的成就，是诞生了一大批世界级的企业，背后的实质是顺利完成了产业升级。它有完整的产业集群，已由早期的皮鞋箱包、初级电子产品，升级为智能硬件、科创产品。

有一个传说，硅谷一个设计点子，在美国需要花 3 个月才能找齐电子元器件，到了华强北只需要一天，马上拿出样品。

有报道称，成本昂贵的无人机原本非常小众，几乎没有价廉物美的普及型产品，大疆利用深圳及周边地区强大的碳纤维材料、航空铝加工、特种塑料、锂电池、磁性材料等配套产业，把无人机变成了大众消费品，开创了一个百亿级的大市场。

这个完整快捷的产业集群，吸引了更多资源入驻。这是非常牛的事，资源奔着产业链，而不是低成本低价格而来，真正的竞争力和护城河就形成了。

人口红利向产业链红利的转型，绝大多数地方没能完成。深圳是罕例。

强大的竞争力，使得大国经贸冲突中一个形象的比喻在坊间流传：

先是中兴，再是华为，后是大疆，准确地说，美国是在发起与深圳市南山区粤海街道办科技园社区之间的贸易战。

第二，有国人对一个城市所有的美好想象。

国人对完美城市的预期是什么？

这个城市要有世界级的"牛"，但"牛"不是建立在城市空心化，不是只有金融地产，而应该有产业支撑，同时，这个产业应该有十足的科技创新含量，要站在全球产业链顶端。

深圳很牛。

深圳有纵深产业链。

深圳最大标签是科技和创新。

深圳聚集了国人对一个城市所有的美好想象。而且，它还很年轻，平均年龄在一线城市中最小。而且，在所有大城市中，深圳是人口流入最多的，平时每年有 50 多万怀揣希望的人来到这里。

此外，2018 年，深圳 PCT 国际专利申请 1.8 万件，约占全国申请总量的 34.8%，居全国第一。

第三，有影响区域格局的"现实扭曲力"。

40 年前老人家在南海边画了一个圈，改变了南方的区域格局。珠三角双子星座格局形成。

今天深圳的再次崛起，区域格局的变化再度发生。

环深城市圈提法的出现，虽有玩笑成分，但蕴含某种市场共识。目前能够对北京、上海两座超级城市构成挑战的，深圳是唯一。被定为社会主义先行示范区，是对其实力和未来的肯定与期许。

在美国，事实上存在东西海岸两个经济中心，分别代表金融和科技。未来中国的经济中心会否是沪深的双峰格局？

02

第二个改变区域格局的事件，是雄安。

雄安改变了权力中枢的地缘布局，与此相关的是首都—北京—京津冀的一系列调整。

"北京"不再是首都。这是一句比喻，北京市级机关迁往通州后，原有的核心区主要承担首都功能，为中央机关服务，市级功能减弱，是有此说。

首都与北京的功能清晰分开。

同时，北京非首都功能中相当部分将迁往雄安。

雄安被称为千年大计，生生地在一片泽国中打造出新都市。

这一系列调整的影响是：

第一，北京的定位在这几年发生了翻天覆地的变化，最大之处是彻底放弃对经济中心的追求，专注于政治、文化的职能。

这对中国经济版图的影响是巨大的。之前京沪是一南一北两大经济中心。北京的经济体量最近几年与上海在拉近。

1980年，北京GDP仅相当于上海的44.6%，到了2018年，这个数值已经攀升到了92.78%。

不再追求经济中心，意味着非首都功能及经济资源会往外疏解，疏解到哪里去？一部分会按规划到雄安，到副中心，到周边。另外一些，也许会继续南下，到其他区域。如此，引发的经济版图的变动将是巨大的。

随着这一系列变化，北京的角色也在微妙改变，过去从未有过的景象出现：北京喊穷。

几次人代会上，北京市财政局局长公开喊穷，向中央要钱要支持，称北京正面临城市减量发展带来的财政收入增速放缓的问题，2019年"应该说是收支平衡最紧的一年"。

经济功能的疏解，税源的减少，楼市严控带来土地财政的受限，北京手中的钱袋子很紧。同时，政治功能，又要求它承担举行诸多大型会议和活动的责任。

北京一直处在城市链顶端，现在喊穷，是区域版图近几年深刻变化的典型反映。

第二，雄安的量级会有多大，这将决定未来华北格局的走向。

是诞生一个类似海牙式的以办公、行政为核心，但人口不会太多，小而美的高端精品城市，还是像 20 世纪 80 年代那样从零打造一个深圳，建设一个在这个时代风头无两的城市？

这是一个巨大的悬念。

03

第三，南方崛起。

深圳是近几年最大的城市变量，而南方崛起是最大的区域变量。

中国长久以来表现出来的是东西差距，而最近几年，南北差距的问题有超越东西差距之势。

40 年前，中国经济 20 强的榜单上有 11 个北方城市。40 年后，却只剩下 5 个，其余 15 个都是南方城市。

以 36 个重点城市为样本，2006 年，东部阵营的 GDP 占 36 个城市 GDP 总和的比重，比西部高 26 个百分点。2018 年，这个差距收缩到了 16 个百分点。内陆城市，慢慢地追上了沿海发达地区。

反观南北，两者之间的差距，已经从加入世界贸易组织之初的 10 个百分点扩大到了 18 个百分点，南方全面碾压北方。

即便同是西部，西南的表现强过西北，同是东部，东南就"吊打"东北。

历史，似乎站在了南方这边。

几大国情变化：

1. 东北的失落。这是一个整体性事件，人口流出，资金流出，"共和国长子"荣光不再。

2. 京津冀重构。北京不再担负经济中心角色；天津一度有超越广州之势，但在投资拉动时代过去之后，速度慢了下来；河北始终如一，扮演为首都服务的角色。

3. 即使是北方的沿海发达省份也开始显现出一些疲态。比如山东，贵为 GDP 第三大省，但省委书记连续刷屏讲话提醒"我们落后了"，16 个地方集体南下考察学习，并感叹，跟南方不在一个时代。

4. 一些资源性地区衰落，因其不再享受短缺红利，比如山西等。

人口、资金，向南方汇集的迹象很明显。北方传统强省市的衰弱与南方新兴城市的兴起，构成了一体两面。

本质上，南北差距成为一个重要问题，是中国发展阶段使然。

在资源推动的时代，在投资驱动的时代，北方有优势，享受到了较好的发展红利。

而在科技创新成为主流，消费推动的时代，更温暖也更市场化的南方，接棒成为发展重地。斗转星移，各领风骚。

发展模式的变化，是中国区域经济版图发生巨变的核心原因，并将决定未来相当长一段时间的发展格局。

04

第四，都市圈兴起。

区域发展战略最大变化，是城市化发展方向的调整与转变。

长久以来，中国城市化有两条路线之争：一是城镇化，强调发展中小城市，农民就近进城；二是城市化，发展大城市，强调集约度。

从 2019 年 4 月发改委的超级文件《2019 年新型城镇化建设重点任务》，到中央财经委员会会议，明确中心城市和城市群是未来重点发展方向。

这个选择意义重大。

1. 它标志着资源会更多向大城市和都市圈聚集，平均分配、强行拉平各地发展的方式将被摒弃。

大城市会获得更多的加持，其他地区主政者最重要的是提供托底和基本的公共服务，发展速度和水平因地而异，不再强求一定要和发达地区拉平。

这是打破区域大锅饭的思路，是符合客观规律的。

有所加持，有所放弃，不是平均用力。即使在美国，也不是每一个地方都像纽约一样繁华、都像硅谷一样能获得无限资源和资本，中部同样有很多荒芜小镇。

2. 城市之间的差距会加大。房价"鹤岗化"和"香港化"同时出现。

人口流出、资源较少的三、四线城市，房价不会持续上涨，有的会像鹤岗一样出现几万元一套的抛售价。而大城市和都市圈，由于人口和资源的持续涌入，房价有坚挺的需求支撑，香港水平的房价并不是天方夜谭。

3. 观察城市的视角出现重大变化，要用都市圈、城市群，而不是单一城市边界来进行分析。

最典型的如深圳，只看 2000 平方公里的行政边界，容量有限，但如果从都市圈角度，东莞、惠州都是其延伸腹地。珠三角的产业链与深圳核心区有协同关系。

从这个角度，华为从市区搬离到东莞松山湖，并不是抛弃深圳；而是城市化过程中，在同一都市圈进行资源再配置。

一个城市变大，制造业会逐渐向城市外圈移动，核心区高房价留下的是金融与总部经济（华为总部仍留在深圳）。

同理，分析上海，不能只看上海的产业结构和竞争力，而要与长三角统一分析。

上海市正连同江苏、浙江两省酝酿出台《上海大都市圈空间协同规划》。初步拟定将覆盖上海加苏州、无锡、南通、嘉兴、宁波、舟山、湖州等"1+7"市，陆域面积 4.9 万平方公里，常住人口约 6500 万人。

05

第五，强省会崛起。

一个国家幅员足够辽阔的结果是，并非所有资源都往几个都市圈聚集。

在长三角、珠三角、京津冀之外，中国还有几个次级枢纽点。比如武汉、成都、西安。

这些次级枢纽点一直存在，但这几年出现的一个重要变化是，强省会崛起。

强省会概念是，一个省有足够多人口，同时省会是该省唯一的中心，因此城市化进程中，相当多的该省人口会把省城作为人生的第一个跳板，省会城市源源不断有人口和资源的流入。

这几年郑州、西安、成都、合肥等地房价的飙升，都与强省会现象有关。

强省会背后的实质，是对人口的争夺，谁有更多的人口流入，谁就更有优势。屡屡发生的各个城市抢人大战，是其延伸。比如西安。

从之前的得政策者得天下（特区、新区），到后来得资金者得天下（招商引资），再到现在的得人口者得天下，这是一条中国城市大洗牌的变迁之路。

强省会现象，使得区域版图在遵循人口分布和流动规律的情况下重新排序。有人口基础和流入的省会持续坐大，而没有人口优势的省会，受到了冷落，比如曾经辉煌的东北各大城市。

06

发生在华夏大地上的史诗级变化，有一道伟大的历史暗线。

这些变化，有行政力量的推动，比如白洋淀边画了一个圈，雄安出世改变权力分布格局；比如贵州作为最贫穷省份之一，发展大数据产业，实现弯道超车；比如在强省会现象中行政性资源的加持……

但越来越多的剧烈变化，来自市场的力量，来自自下而上的生长，来自人和资源的自由选择。

深圳这几年的意外崛起，并不在顶层规划之列。腾讯、大疆、华为等也是自下而上生长的成果。

城市化方向定为都市圈，某种程度上不是一种事前战略，而是对结果的追认。人流、物流、资金流向都市圈汇集的趋势如大河荡荡，已成定势。向更自由、更繁华、更集约的地方流动，这是自然法则。

南方的兴起，更是个体选择和资源流动的结果。

有一个说法，每一个东北人的终极梦想都是在三亚买一套房。这背后有地理决定论的影子。但南方，在大众语境中本就有离中枢远、边缘、自下而上、草根、自由、生机之意。北方则意味着秩序、体制内、威严。

城市洗牌、区域变局，越来越多是两股力量的交织：自上而下的行政主导和来自民间的自由选择。

前者在中国仍有无与伦比的影响，但，后者的权重越来越大。

如前所述，这一系列城市洗牌、区域剧变，说明中国发展进入到了新阶段。

由投资驱动、资源驱动，逐渐转型为消费驱动、科技创新和产业驱动。

因此不同资源禀赋的城市，在不同时期具有了不同的地位。

天津的高光时刻就是在 2008 年 4 万亿计划之后的那几年，它的属性是投资驱动型，获得了大量的投资加持，一度有超过广州之势。但投资驱动的热度渐渐消退之后，天津失速比较明显。

消费驱动时代的到来，南方天然有优势，比如各地都在推的夜经济，从天气角度，温暖的南方秒杀北方。

这一系列变化，是一首向往自由选择、自由迁徙、自由流动的史诗。

对自由和繁荣的向往，是人的天性，也是钱的本能，会冲破诸多藩篱。

人流，钱流，物流，在华夏大地上纵横重构，从之前的由一只手操控，变得越来越成为一个个个体的自由意志的总和，变得越来越成为一滴滴水珠汇成的浩荡洪流。

07

对于这一系列的格局变化，智谷趋势持续地观察、记录、思考，这本书就是其精华成果。其中相当部分的内容在国内具有开创意义，比如率先对各地人口变迁与房价关系做了研究，比如率先对超大城市的版图变化进行了分析，比如率先对南北差距和经济重心南移进行了揭示，一些成果得到了国际顶尖媒体的报道。

相信这本书能给想要看清国情变化和宏观趋势的读者提供一些帮助，也欢迎大家提出反馈意见。

目　录

第一章　巨变中的中国区域经济格局

超级城市篇：北京对标华盛顿，上海对标东京，广深对标大旧金山

黄汉城

今天，中国最顶尖的城市，正在迎来百年巨变。

北京对标华盛顿，上海对标东京，广深对标大旧金山的格局，越来越清晰了。

国家意志与市场力量的相互交织，深刻重塑着当前中国三大城市群的面貌。随之上演的，很可能会是一项史诗级的人口迁移计划，GDP 考核机制的调整，上亿民众的命运转折……

上海在膨胀

以前老有人说，上海会成为纽约、伦敦。然而，现在越来越多的迹象显示，上海正在选择东京模式。

2013 年，上海地铁 11 号线羞答答地越过边界，延伸入昆山界内 6 公里。这个历史性突破，让辽阔的大江苏，终于有了一个小角落与"魔都"实现 1 小时地铁通勤——中国第一条跨省地铁从上海市区开到昆山市花桥镇。

一些买不起"浦西一张床"的年轻人，把家安置在花桥，每天像候鸟一样乘地铁往返。不过，双城生活也只局限于这片狭小地带，再远就没有地铁了。

按照设想，上海地铁 11 号线本该与苏州的轨道网连成一体，直插苏州心脏。遗憾的是，中国第一条跨省地铁刚探出头来就戛然而止了，像是一头被击沉的巨兽，一动不动。

上海的扩张野心，梦断花桥。这一停，6 年过去了。

2018 年 11 月，苏州轨道交通 S1 号线开始施工，建成后将穿过苏州工业园区、昆山市区，牵起上海地铁 11 号线的手。沪苏轨道一体化突然加速的背后，是魔都正在谋划扩大势力版图。

2018 年 11 月，中国城市规划年会传出一个重磅消息，上海正连同江苏、浙江酝酿出台《上海大都市圈空间协同规划》，初步拟定覆盖上海、苏州、无锡、南通、嘉兴、宁波、舟山、湖州，陆域面积 4.9 万平方公里。一个常住人口约 6500 万人的上海大都市圈呼之欲出。这是一种完全有别于过往的局面。

长期以来，上海奉行单中心思路，导致资源、产业、人口过度向圆心集聚。从长三角的人口分布来看，上海是主中心，昆山、嘉兴、太仓等卫星城是次中心，彼此相对独立，各自分散，中间还留有大片空白的隔离地带，最后呈现出来的结果，就是上海都市圈的人口分布呈现圆心状。

同样是土地紧张的东亚地区，东京都市圈的人口分布却是发射状的。这得益于东京都建设了密密麻麻的轨道交通，将周边的埼玉县、千叶县和神奈川县囊括进来，形成了一个半径 50 公里的都市圈。

有数据显示，东京都日间人口数约为 1558 万人，夜间约为 1316 万人，每天大概有 240 万人交通往返。

2019 年，上海的常住人口已高达 2420 万，接近东京都的两倍。尽管早前魔都曾签下军令状，到 2035 年将人口控制在 2500 万左右，但这几乎是不可能的事。人口往超大城市聚集，是不可逆的自然规律。除非上海自我肢解，经济大幅下滑，否则迟早会突破这个天花板。

所以，上海效仿东京，悄悄布局了一场人口大迁移计划。

首要措施是建设跨市轨道。地铁 11 号线与苏州轨道交通 S1 线的对接只是第一步，接下来，地铁 7 号线也准备对接太仓市，17 号线将西延到苏州吴江区。而且除了地铁，一大拨跨市域的城轨和高铁也在来的路上。按照《上海市城市总体规划（2017—2035 年）》，上海要建成 21 条城际线，

规划总里程达到 1000 公里以上。^①

其次是打通省级"断头路"。连接上海与卫星城的毛细血管时有梗阻，有些地方看起来只有几百米路远，却好像天涯海角可望而不可即。据不完全统计，目前上海正在打通 11 条跨省断头路，涉及太仓、昆山、嘉善、平湖等地。

上海膨胀的大幕已徐徐拉开。它在嘉兴、盐城搞"飞地经济"，在周边卫星城为第三机场选址，开始疏解城市非核心功能……

它展开庞大的触角，吞下毗邻的 7 个县市区。未来将会有越来越多的上海人，离开魔都，分散在大都市圈内，过上双城生活。

从骨架到血肉，上海越来越像东京。

上海说要打造国际金融中心，但碍于体制机制，始终无法像纽约、伦敦一样，成为全球资本要素的控制中枢。上海说要建设国际航运中心，地理条件却天然劣于马六甲海峡的新加坡，国际中转难以突破。这与东京何其相像。

放眼全世界，能称得上全球城市的只有两个，伦敦和纽约。上海虽然被定位为全球城市，但其实内壳跟东京差不多，只是国际城市。它们都背靠本国的经济腹地崛起，成为本土货币和产品国际化的桥头堡。它们在全球体系当中，对内服务的职能远大于对外控制职能。更多的是辐射内部，而不是全球配置。所以其金融中心、航运中心功能只是区域级的，而不是全球级的。

来自世界交易所联合会的数据显示，2019 年 2 月上海证交所境外上市公司数量为 0 ，东京证券交易所为 5 家，两者均远远低于纳斯达克–US 的 442 家及泛欧证交所的 159 家。若是考量外汇市场交易量，上海更是无法与其他金融市场同日而语。

---

① 按照上海的规划，这 21 条城际线包括城际铁路、市域铁路、轨道快线三种系统模式，主要服务于主城区与新城及近沪城镇、新城之间的快速、中长距离联系，并兼顾主要新市镇。设计速度 100—250 公里 / 小时，平均站距 3.0—20.0 公里，设计运能 ≥ 1.0 万人 / 小时。

表 1-1　2019 年 2 月主要交易所概况（单位：百万美元）

交易所名称	上市公司数量(个)	境外上市公司数量(个)	总市值
纳斯达克 -US	3057	442	11017573.9
泛欧证交所	1255	159	4243868
东京证券交易所	3655	5	5666995.6
上海证交所	1462	0	4789732.1

数据来源：http://www.world-exchange.org

表 1-2　2016 年 4 月主要外汇市场交易情况（单位：百万美元）

金融中心	日均外汇交易量
伦敦	2406301
纽约	1272122
新加坡	517197
东京	399028
香港	436577
苏黎世	156431
巴黎	180600
悉尼	121271
法兰克福	116381
上海	20200
其他	888308
总计	6514416

数据来源：https://www.bis.org

　　此外，今天引领世界格局变动的无非是两股力量，金融和科技。伦敦和纽约凭借单一的金融属性晋升为全球城市，而上海与东京却两手抓，都是综合性城市。

　　所以说中日的世纪之争，谁赢谁败，并不是看两个国家谁的经济规模更大，而是看上海与东京谁的实力更强。

上海人口是东京的两倍，面积是东京的三倍，但 2018 年上海的 GDP 只有 3.26 万亿元，仅为东京的 1/2。只有当上海的经济体量超过东京时，才能说中国真正超越了日本；只有当上海的人均收入超越东京时，才能说中国经济碾压了日本。

上海与东京，未来必有一战。

北京在喊穷

中国向来有一南一北两个核心。当上海在膨胀的时候，千里之外的北京却在收缩。

曾经在"帝都"眼里，江南的富裕是资产阶级买办留下来的。北京一度想证明，靠社会主义的优越性，北方也能成为全国经济中心。所以，在很长一段时间里，北京不甘心经济落后，收揽了非常多的资源。远的不说，近的有拥有 9 万员工的首钢拔地而起，有北汽、奔驰等整车厂的鳞次栉比。

上海有的，帝都一定有。上海没有的，帝都还是有。好比在金融领域，管理中心在京，市场中心在沪，两者相隔十万八千里。每次汇报前，都先得在天上颠簸两小时。

经历 40 年奋斗，北京的经济规模大有赶超上海的势头。1980 年，北京 GDP 仅相当于上海的 44.6%，到了 2018 年，这个数值已经攀升到了 92.78%，为新中国成立以来最高。

然而，就在这个关键的时刻，北京的追赶运动戛然而止了。因为今天的北京，正在剥离经济色彩，强化首都功能。它停办一些农民工子弟学校，腾退主城区的批发市场，以每天几千个足球场面积的速度拆除违建，给予货币补偿让东城西城区的直管公房退租，通过各种各样的方式控制人口。它还外迁制造、零售、批发、运输、仓储等业态，疏解部分央企、金融机构、百强中学和三甲医院。设立北京通州城市副中心、河北雄安新区两个"千年大计"，作为中心城六区的泄洪区。

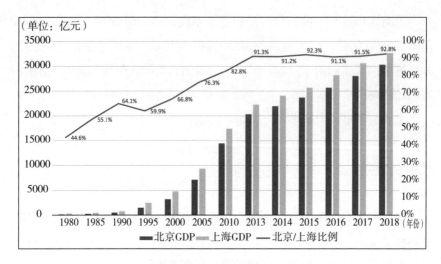

图 1-1　北京、上海 GDP 对比

数据来源：国家统计局

现在，中央给北京最重要的两个定位是全国政治中心和国际交往中心。一个对内，一个对外，前者是服务于中央党政军的政务活动，后者是服务于重大外交外事活动。在中心城六区的范围内，只要是干扰到这两个核心功能的，都会被中央开启离心机模式——甩出。

在新版的北京城市总体规划（2016—2035 年）中，北京只字不提"发展首都经济"，等于正式宣告了将经济中心的地位让给上海。最近甚至有传闻说，东城区、西城区会合并成中央政务区。这个说法的出现，恰好凸显了北京打造华盛顿的魄力。

不过，话又说回来，经济要素的外流，其实也意味着 GDP、地方税收的流失，会造成局部地区的经济波动。

这两年北京减税降负的力度很大，2018 年就为北京市企业减税约 400 亿元。房地产作为传统支柱行业，因受调控影响也不能发挥作用了。而且最近一两年还有一连串的大事喜事，比如新中国成立 70 周年、冬奥会、残奥会等，支出会非常多。

在这个关口上，减量运动就像是最后一根稻草。2019 年 3 月，北京市财政局局长在全国两会上公开喊穷，向中央要钱要支持，她说北京正面临城市减量发展带来的财政收入增速放缓的问题，2019 年"应该说是收支平衡最紧的一年"。北京市市长则在做政府工作报告时，呼吁政府要过紧日子，准备刀刃向内，先把三公经费砍掉 20% 以上再说。关于北京财政紧张的前因后果，我会在后续的章节里详细阐述。这里先按下不表。

中国当代史就是充满了戏剧性。过去，北京站在鄙视链的最顶端，睥睨众生，未来可能要倒过来，由全国各地来"支援"北京了。

但不管怎么样，京津冀版图站在了百年巨变的起点。未来通州是北京，五环内才是首都。东西两城，则是大国的权力中枢。这个有着 3000 多年建城史、集中华文化之大成的地方，将作为国家象征，向全世界展现中国力量。

到那个时候，帝都甚至有可能成为中国第一个不考核 GDP 的大城市。

广州深圳在拆墙

在三大城市群当中，粤港澳大湾区的经济增长潜力可能是最大的。

京津冀讲究政治地位，长三角同质化竞争严重，大湾区则互补性特别强。香港是金融中心，深圳是科创中心，广州是商贸中心，澳门是休闲中心，佛山、东莞是制造中心。

放眼全中国，大湾区的分工专业化做得最好。加上这里有十分活跃的民营经济，高度完备的产业链条，品种繁多的金融工具。所以在过去 40 年里，珠三角内地九市飞速发展。

但是，这个囊括 7000 万人口的大湾区，涉及两种制度、三个关税区、三种货币。虽然都是中国的一部分，但货物、服务、资本、人员、信息之间仍然不能自由流动。这里边既有地方保护主义的影响，也有顶层设计方面的龃龉。由于壁垒的存在，大湾区的发展逐渐走到了瓶颈。

于是，广深港卷起了袖子，大力拆墙。

这个地方，正在研究为符合条件的赴港澳开展商务、科研、专业服务等的珠三角九市人员提供更加便利的签注安排。这个地方，正在支持香港私募基金参与大湾区创新型科技企业融资。这个地方，正在研究进一步取消或放宽对港澳投资者的资质要求、持股比例、行业准入等限制，港澳资本或许将逐渐被视为内资。这个地方，正在研究外国人在粤港澳大湾区内的便利通行政策和优化管理措施。

类似的举措可以列举很多。总而言之就是一句话，这里正在破除政治上的障碍，让市场起到基础配置的作用。

美国硅谷之所以能够称霸世界，其实就是建立在生产要素可以自由流动的基础上。要素流动的门槛极低，便于孵化科技。生产要素的流动一旦自由化，大湾区就能迸发出更大的协同效应，广深也可以更加方便地借助港澳资源，打造中国的硅谷。

上海虽然也在科技领域发力，但魔都的经济格局，是国资、外资、民资三分天下，国有资本力量雄厚，这天然注定了上海的创新会更多地受到有形之手的牵制。而广深的底色是民企，活力更强，效率更高。

随着墙拆掉得越来越多，"广深科技创新走廊"的下一步，就是大旧金山的 101 公路。

一场好戏才刚刚上演。

二线城市篇：天花板终于被挪开，中央正在给大城市松绑

黄汉城

中国正在加速进入大都市圈时代。

长期以来，中国的城镇化一直有两种路线之争。第一种是发展大城市，像武汉、成都这种有千万常住人口的大城市，就应该越大越好，最好是人口从 1000 万增加 2000 万，再到 3000 万，充分发挥城市的规模效应。第二种是发展小城市，农民最好是就地城镇化，少一点跨省流动。

两种路线打架打得很厉害，中央选择了第二种。所以，我们的城镇规划思路一直是"控制大城市人口、积极发展中小城市和小城镇"。为此，中国还配置了非常严格的户籍制度和土地制度。

但现在有越来越多的迹象显示，中央正在给大城市松绑。

今后的城镇化进程将贯穿一个新的主题，叫作"马太效应"：强者愈强，弱者愈弱，所有的资源都会集中在少数几个城市。这个过程会持续很多年，直至中国的城镇化进程接近尾声。

可以预料，未来中国的区域发展只会有一个赢家——大城市。

两朵"恶之花"

2014 年，中共中央和国务院印发了《国家新型城镇化规划（2014—2020 年）》。在这份顶层设计文件中，中央提出"特大城市要适当疏散经济功能和其他功能，推进劳动密集型加工业向外转移……把加快发展中小城市作为优化城镇规模结构的主攻方向……有重点地发展小城镇……中小城市数量增加，小城镇服务功能增强……促进大中小城市和小城镇协调发展"。

　　为此，中国还量身配套了一个大招：全面放开建制镇和小城市落户限制，中等城市落户限制则有序放开，大城市落户条件合理确定，特大城市严格控制人口规模。

　　潜台词就是说：现在的农村太凋敝、太空心化了，你们大城市都给我悠着点，北上广深不能再大了；南京、天津等强二线城市也不要盲目拉人头了；可以的话，广大中西部的农民朋友们实现就近、就地城镇化吧。

　　这种"控制大城市人口、积极发展中小城市和小城镇"的规划思路，间接催生了两朵"恶之花"，即高房价和城乡割裂。

　　第一，有限的用地指标多倾斜到了中西部，沿海大城市拿到的征地指标较少，与自身的经济体量完全不相匹配，助长了大城市"挤牙膏"式的卖地模式，其住宅用地供应极其有限，跟不上人口流入速度，最终导致房价攀升，租金高涨，并传导至劳动力成本，驱逐模式开启。

　　第二，坚硬的户籍壁垒将低端劳动力拒之门外，很多农民工为大城市燃烧了大半生青春，最后还是落不了户，享受不到该有的公共服务，最终逃回衰退的十八线老家，这样就拉低了全社会的消费能力，加剧了阶层固化。

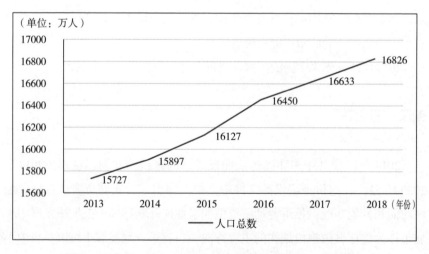

图 1-2　中国 GDP 前十名城市（港澳台除外）常住人口总数变化

数据来源：国家统计局

而且从 2013 年至 2018 年，中国十大城市的人口还是增加了 1099 万人。强行控制大城市人口被事实证明难以办到。

所以，我们很有必要重新探寻最开始的那个问题：中国的大城市是不是真的很大了？已经大到不能再大了？

土地的天花板被顶开

毋庸置疑，天津、苏州、成都、武汉、南京、重庆、杭州等大城市所表现出来的城市病，已经严重到了让中国的领导人、城市治理者还有普通市民都感到了揪心。各种资源紧张，交通拥堵，环境恶化……仿佛中国大城市暴露出来的所有城市病，都是因为太大，或者人多。但如果我们拉出美国的大城市做对比，又不禁令人挠头，有那么一点百思不得其解。

表 1-3　2016 年中美前十大地区对比

城市	GDP（亿元）	都市圈	GDP（亿元）
上海	28178.65	纽约	110401.35
北京	25669.13	洛杉矶	66163.08
广州	19547.44	芝加哥	43663.90
深圳	19492.60	华盛顿	33837.37
天津	17885.39	达拉斯	33443.48
重庆	17740.59	旧金山	31567.68
成都	12170.23	休斯敦	31362.77
武汉	11912.61	费城	28643.89
杭州	11313.72	波士顿	27873.59
南京	10503.02	亚特兰大	24555.19
总额	174413.38	总额	431512.30
中国	744127.00	美国	1119316.02
占比	0.234386576	占比	0.385514271

注：美方数据按 2016 年人民币平均汇率 1 美元兑 6.64 元人民币折算

数据来源：美国经济分析局 BEA、中国国家统计局

美国的国土面积与中国差不多，GDP 总量也最为接近，一个世界第一，一个世界第二。又加上美国都市圈的面积与中国行政市的面积相当，人口规模接近，因此具有一定的可比性。

根据我们的统计，美国前十大都会区的 GDP，占全美的比重竟然达到 39%，远比中国的 23% 要高。并且其人口占比也丝毫不逊色于中国。

这个事实点明了一个悖论：美国是一个用脚投票的国家，基本按照市场机制运作，如果美国的发展态势代表了城市化未来发展的方向，那么中国城市化的马太效应似乎正走在正确的道路上。

而且，我们的集中度不是太高了，而是还不够。之所以出现了很多问题，那一定不是因为人多，而是其他方面出了偏差。

比方说，在之前很长一段时间内，如果市中心并非历史文化保护地带，那么城市基本会走上单中心发展路径，市中心承载了过多的就业资源，导致职住严重分离，上下班高峰时段交通拥堵。比方说，我们在建设新城时，偏好大马路、大广场、大商场，导致汽车保有量有增无减，加剧了汽车尾气排放和交通拥堵。

或许是意识到症结所在，高层的城镇化思路也逐渐产生位移。

2018 年 3 月，国务院办公厅出台《跨省域补充耕地国家统筹管理办法》和《城乡建设用地增减挂钩节余指标跨省域调剂管理办法》，给大城市更加灵活的用地指标。2019 年 2 月，国家发改委又出台了《关于培育发展现代化都市圈的指导意见》，提出要放开放宽除个别超大城市外的城市落户限制，在具备条件的都市圈率先实现户籍准入年限同城化累积互认，加快消除城乡区域间户籍壁垒，统筹推进本地人口和外来人口市民化，促进人口有序流动、合理分布和社会融合。

这几份文件的出台，标志着中央的态度已发生了一百八十度的转变。中央正在扶持大城市。其中最大的突破，就是土地制度的突破。

我们以前老说大城市土地紧张，无地可用，其实我们绝大部分大城市并不缺地，而是缺征地指标。

比如，广州、南京、杭州等地，城市建成区的面积其实占比并不算高，大量的土地是耕地或者丘陵，但是光有这些土地是没有用的，最关键的是要有"征地指标"。只有拿到征地指标，大城市才能够去征地，将其转化为国有建设用地，投入市场使用。

但是，大城市的征地指标非常有限，因为大量指标其实是倾斜中西部的，大城市能拿到手的很少，远远不够用。以往的土地指标，会以四五年为一个周期，提前分配下来，大城市用完就没了，除非是遇到奥运会这类国家工程，一般不会再额外增加。用地指标紧缺是大城市扩张的最大障碍。

现在好了，国务院出台的两份文件相当于开了一个口子，现在在贫困地区把农村的宅基地、经营性用地复垦为耕地后，可以把这些多出来的指标，跨省卖给发达地区。这意味着未来大城市可以征更多的地，盖更多的住宅和工业园，容纳更多的人口和产业。

2019 年 4 月 8 日，为深入贯彻落实中央经济工作会议精神，国家发改委发布了《2019 年新型城镇化建设重点任务》，再次强调要深化"人地钱挂钩"的配套政策：

深化落实支持农业转移人口市民化的财政政策，在安排中央和省级财政转移支付时更多考虑农业转移人口落户数量，2019 年继续安排中央财政奖励资金支持落户较多地区。全面落实城镇建设用地增加规模与吸纳农业转移人口落户数量挂钩政策，在安排各地区城镇新增建设用地规模时，进一步增加上年度农业转移人口落户数量的权重，探索落户城镇的农村贫困人口在原籍宅基地复垦腾退的建设用地指标由输入地使用。

土地的天花板终于顶开了，大城市的发展可谓前途无量。

发改委说，要放宽除个别超大城市外的城市落户限制，释放出的信号再明显不过了：未来除了北京、上海这类做减量发展的"超大城市"，处于"特大城市"序列的二线城市，将得以快速扩张。

中小城市开始萎缩

今天，中国的城镇化率已经达到了 58%。恒大研究院任泽平等人的研究表明，按照世界的普遍经验，一个国家的城镇化率一旦超过 55%，就会开启城镇化的第二个阶段，即大都市圈化阶段。

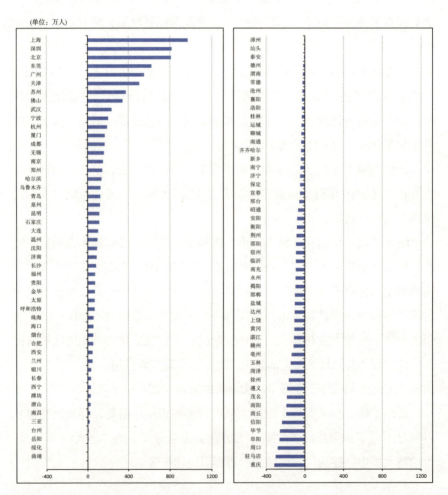

图1-3　2017 年中国百城净流入人口（唐山、绥化、齐齐哈尔、上饶、长春根据相关数据估算）

数据来源：国家统计局、各地国民经济与社会发展公报

　　什么意思呢？就是以前的城镇化，是农村人口向城市转移，所有规模的城市都能"雨露均沾"，不管你是大城市还是小城市都能扩张。而进入大都市圈化时代后，中小城市的人口增长会开始放缓，甚至会出现人口净流出，中小城市人口跟着农村人口一起向大城市转移，进入大城市的中心、郊区和卫星城，从而形成大都市圈。全世界发达国家的发展路径都是这样的。

　　智谷趋势统计了中国一百个城市后发现，中国已进入了一个中小城市通缩的新时代。我们统计的这一百个城市要么是经济大市，要么是人口大市，包括了省会城市、计划单列市、经济特区和人口超过 500 万的城市。结果我们用 2017 年常住人口减去户籍人口发现，这 100 个城市当中有 51 个城市的人口在净流出。

　　清华大学副研究员龙瀛也做过统计，2000—2010 年，中国 5 万多个乡镇和街道办事处，其中有 1 万多个的人口在流失。请注意这里的统计区域，是"乡镇"和"街道办事处"。换句话说，中国人口变少的地方不光是农村，还有城市。

　　可以预见，除了京津冀、长三角、大湾区三大都市圈以内的三、四线城市，其他中小城市难逃"收缩"的命运。

　　与此形成鲜明对比，自 2018 年开始，有一个词开始热了起来，叫作"强省会"，几乎全国各地都在搞强"市"扩张。2011 年合肥拆分巢湖市，2016 年成都吃了简阳市，2017 年西安代管西咸新区，2018 年济南又吞了莱芜。这几年强省会的动作越来越频繁了。

　　以后赢家只有一个，那就是大城市。

中小城市篇：警惕地方财政危机

黄汉城

中小城市进入了萎缩的新时代。这是自然规律，没有什么可害怕的。而真正要警惕的问题，是地方的财政危机。

2018 年，中西部多个中小城市爆发教师讨薪事件。先是安徽六安，然后是贵州毕节，湖南武冈……这不是几点星星之火，以安徽省为例，有十个城市截至 2017 年底都没有发放政府文件上白纸黑字写得清清楚楚的一次性工作奖励。

别看中国 GDP 已飙升至 82 万亿元、成为全球第二大经济体，其实广大五、六线城市外强中干着呢。

再苦不能苦孩子，再穷不能穷教育，连教师们的待遇都落实不了，恰恰反映了中小城市基层政府正面临着一场财政危机。

一边是揭不开锅的财政收入，一边是债台高筑的政府性债务，谁也不知道它什么时候就炸雷。

大历史的进程往往就隐藏在小细节中。或许十年之后再回首，六安教师"讨薪"风波会成为观察中小城市的一个标志性事件。

长年靠上级财政和发债度日

2018 年 5 月 27 日上午 9 时许，安徽省六安市金安区、裕安区部分学校教师 40 余人，到六安市政府南大门集访，讨要一次性工作奖励，有关部门执法简单粗暴。相关视频流传到网上，使得六安这个城市一夜之间成为举国焦点。

新京报去采访时，六安方面回应称，安徽省虽然规定省辖市可结合各自经济社会发展状况及相关规定对本地机关事业单位的一次性工作奖励予以规范，但金安区、裕安区根本就没有能力出台这个奖励。市直公务员和事业单位的老师发了，也是调查考核了一年时间才决定的。所以这件事情非常复杂，财政负担非常重。

说到底，就是地方财政够呛。

自 2015 年以来，六安市的一般公共预算收入远不及支出的 1/3，长年靠上级税收返还、转移支付和发债度日。

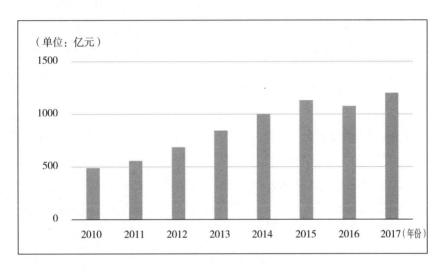

图 1-4　六安市固定资产投资额数据

数据来源：六安市统计局

表面看，最近几年六安市的固定资产投资额还是挺风光的，除了 2016 年短暂下滑外，这辆拉动经济的马车头一直在攀升。但实际上，这种递增的投资额，其拉动 GDP 增长效果已后继乏力。由于工业转型升级和产业结构调整跟不上，六安市的投资效果系数（每单位固定资产投资所增加的 GDP）逐年下降。

根据六安市统计局的数据，2011 年六安市投资效果系数为 0.282（深圳大概是 0.68），2017 年跌到仅有 0.088，仅相当于六年前的 31%。换句话

说，2017 年六安砸下 1200 亿元固定资产投资，所增加的 GDP 其实跟 2011
年 490 亿元的效果是差不多的。

六安的经济运行，已完全陷入了"高投入低产出"的困境，而且是越
陷越深，难以自拔。

到了 2018 年，六安市的经济直接走入了冰川时代。

表 1-4　2017 年六安市企业亏损面

	2017 年一季度	2018 年一季度
实现利润	20.3 亿元	13.0 亿元
亏损企业	81 家	147 家
亏损企业亏损额	1.1 亿元	3.5 亿元

数据来源：六安市统计局

2018 年一季度，全市 900 多家规模以上工业企业（年主营业务收入超
2000 万元）中，亏损户数就高达 147 家，比去年同期多了 66 家，亏损面
为 16.1%。利润额只有可怜的 13 亿元，同比下降 24.5%。

六安市统计局承认，2018 年一季度经济效益下滑明显，主要是因为三
大行业不景气：黑色金属矿采选业实现利润 2302.2 万元，同比下降 93.6%；
文体和娱乐用品制造业实现利润 1846.5 万元，同比下降 58.8%；计算机、
通信和其他电子设备制造业更是直接亏损，达 3138.7 万元。

为什么迟迟不肯"开锅"？

不单是六安，中西部多个中小城市爆发了教师讨薪事件。

2018 年 2 月份，据财新报道，贵州省毕节市、安顺市的部分县中小学
教师们迟迟拿不到 2 万元年终奖，他们奔走呼告，却四处碰壁。2018 年 5
月 5 日，湖南省武冈市上千名老师讨薪惊动了当地政府。

截至 2018 年底，整个安徽省还有淮北、马鞍山、宿州、蚌埠、宣城、

铜陵、阜阳、淮南、滁州等城市没有发放一次性工作奖励。

《教师法》规定，教师的平均工资水平应当不低于国家公务员。地方政府宁愿扛着违法的嫌疑，也要咬住牙拖拖拖，是什么令他们迟迟不肯"开锅"？

两个字，没钱！

表1-5　各地一般公共预算收入增速

地区＼年份	2015	2016	2017
阜阳	16.00%	11.20%	17.70%
毕节	−7.30%	4.70%	12.30%
安顺	19.50%	5.60%	12.30%
滁州	16.30%	16.40%	9.10%
蚌埠	13.40%	11.90%	5.30%
淮南	2.60%	12.30%	4.00%
宿州	11.80%	11.20%	3.10%
宣城	9.50%	5.90%	2.70%
巢湖	6.90%	−0.20%	2.70%
淮北	14.00%	−1.80%	2.30%
马鞍山	8.10%	7.27%	−1.30%
武冈	14.01%	11.25%	−1.81%
铜陵	2.50%	8.40%	−4.20%

数据来源：各地财政局

除了安徽阜阳之外，目前被曝光欠薪的十几个城市一般公共预算收入增速都非常乏力，基本都处于下滑通道。像滁州、蚌埠、宿州、淮北的增速从往年的两位数直接跌到2017年的个位数。马鞍山、武冈、铜陵三个城市更不忍睹，直接是负增长了。

别看贵州毕节这三年的地方一般公共预算收入增速分别为−7.3%、4.7%、12.3%，好像不错，其实只是因为前几年财政收入跌得实在太厉害了，稍微一点止跌回升，数据就显得很亮丽。

事实上，2017 年毕节的地方一般公共预算收入为 123.84 亿元，比 4 年前还要低，2013 年这一数字为 125.62 亿元。这座城市的经济由阴转阳，但并没有完全恢复过来。

悖论：投资越大效应越低

为什么这些地方的造血能力这么弱，好像集体被抽掉了魂似的？

表 1-6　2017 年各地投资驱动情况（单位：亿元）

		固定资产投资额	GDP	固定资产投资 /GDP
安徽	宣城	1580	1200	132%
	马鞍山	2255	1720	131%
	蚌埠	1912	1550	123%
	淮北	1055	860	123%
	滁州	1929	1620	119%
	铜陵	1341	1150	117%
	阜阳	1632	1600	102%
	巢湖	337	333	101%
	宿州	1402	1439	97%
	六安	1200	1240	97%
	淮南	1021	1100	93%
贵州	安顺	794	802	99%
	毕节	1730	1841	94%
湖南	武冈	223	143	156%

数据来源：各地统计年鉴

细细研究我们会发现，这些城市都有一个共同的特征，就是固定资产投资与 GDP 的比值高得吓人，没有一个低于 90% 的，甚至有一半以上的城市高于 100%。

在上一轮经济周期里，这些五、六线的中小城市长期依赖投资拉动经济增长。当北京（32%）、上海（24%）、广州（28%）、杭州（47%）、苏州（33%）、无锡（47%）等城市早已转型换挡、走上内生增长的道路后，这些城市还是一条路走到黑。

这种传统发展模式与中国大环境变化之间的错位，形成了一个巨大的悖论：投资越大、效应越低。

在中国一些地方，高科技项目引不进来，但为了 GDP 基层政府还是硬上投资，大量投资停留在低端化的产业结构中，导致产品附加值较低，投资效率偏低，对财政收入的刺激大打折扣。

由于找不到核心驱动力，就算是低水平的重复投资也照单全收，最终引起产业同质化，大量资本沉淀在产能过剩的产业。在"营改增"之前，政府才不管企业亏不亏损，只要开门营业了就可以收营业税，所以就算经济下滑，政府也能撑一撑。现在改征增值税后，企业只要没活干，就无增值税可收。财政收入之困难可想而知。

今天的中国早已不是当年那个中国了。来个大项目，也不够当地吃多久。这还不是最可怕的。如果砸下大把钱只是收上来的税少一点，我们也就认了。更要命的是，很多投资项目都是地方政府从银行借贷搞起来的，或者是政府以担保、明股实债的形式诱导企业下水的。那些投下去的钱，最终都变成了地方政府直接债务、或有债务，这些债务像雪球一样越滚越大，累计的风险也越来越突出。

负债率达标，加上隐形债务呢？

在这种背景之下，再去看一下六安市的地方债情况，就非常值得玩味了。

这几年，六安市政府的负债率大概是 30%，低于国际警戒线 60%。但衡量地方债的风险程度，从来都不能只看表面上的数据。这就好比一个人的体重、身高完全符合标准，但这并不代表他的身体状况就健康，内在免疫力一旦低下，就算是一个普通流感也能把他打趴下。

表 1-7　六安市负有偿还责任的政府债务情况(单位:亿元)

年份	债务余额	GDP	负债率	警戒线
2015	344.2	1143.4	30%	
2016	302.8	1108.1	27%	60%
2017	346.9	1218.7	28%	

数据来源：六安市财政决算报告

同样的道理，地方政府如果自我造血能力弱，就是负债率低于 60%，也有可能无力还债，眼睁睁地看着债务崩塌。更何况，对于负有偿还责任的这些必须公开的债务数据，政府往往会加以粉饰使之合规；而对那些隐藏在背后的担保责任债务、救助责任债务等，通常都是讳莫如深。加上这两块，每个地方政府的债务都会更高一些。

在经济下行的情况下，你根本不知道哪个链条会率先断裂。

表 1-8　2017 年各地 GDP 数值(单位:亿元)

	马鞍山	1720
	滁州	1620
	阜阳	1600
	蚌埠	1550
	宿州	1439
安徽	宣城	1200
	铜陵	1150
	淮南	1100
	淮北	860
	巢湖	337
贵州	毕节	1841
	安顺	802
湖南	武冈	143

数据来源：各地统计局

2018 年 1 月 11 日，云南某省级融资平台违约，这是中国首例省级融资平台炸雷。2018 年 4 月 27 日，天津某省级融资平台深陷兑付危机。2018 年 5 月 10 日，天津最大国有房企天房集团惊爆 1800 亿元负债，业界普遍认为，这些债务一旦爆发将炸伤大半个中国金融圈。

省级融资平台的融资能力一般数倍甚至数十倍于市县级融资平台，如果连这些平台都扛不住炸雷了，那这些 GDP 不及天津、云南的十分之一的五、六线城市，岂不是更令人担忧？

2017 年 5 月，六安市率先给下辖各个县区发了一份《六安市政府性债务风险应急处置预案》，从预警、定级、应急、处置、保障等方面做出了事无巨细的规定。这篇洋洋洒洒一万字的宏伟巨作，充满了爆棚的危机感。

各县区政府（管委）建立政府性债务风险事件报告制度，发现问题及时报告，不得瞒报、迟报、漏报、谎报。

各县区政府（管委）预计无法按期足额支付到期政府债务本息的，应当提前 2 个月以上向市政府报告，并抄送市财政局。

……

存量担保债务不属于政府债务。按照《中华人民共和国担保法》及其司法解释，除外国政府和国际经济组织贷款外，各级政府及其部门出具的担保合同无效，各级政府及其部门对其不承担偿债责任，仅依法承担适当民事赔偿责任，但最多不应超过债务人不能清偿部分的 1/2；担保额小于债务人不能清偿部分 1/2 的，以担保额为限。

……

存量救助债务不属于政府债务。对政府可能承担一定救助责任的存量或有债务，各级政府可以根据具体情况实施救助，但保留对债务人的追偿权。

翻译成白话就是：顶不住了千万别硬扛，提前一两个月吱下声；那些负有偿还责任的债务，流着泪也要还；有担保责任的债务，撑死就还 1/2，不能再多了；有救助责任的债务，你们就看自己兜里，有多少就给多少，重要的是要把事情摆平了，群众情绪要稳定。

2018 年 5 月，全国人大财经委副主任委员贺铿在北京某论坛的一番讲话引起轩然大波。他说，中国的地方债大概是 40 万亿元，但地方政府就没有一个想还债的。"现在要让他还债，他说我工资都发不出来，财政困难得很，怎么办？所以现在欠的这些债不说还本，还息许多地方都还不起。"

有人说，想要化解中小城市身上的天量地方债，要么借新还旧，要么就是发行货币稀释，通过通胀由百姓买单。其实，我们还有另外一种手段。

今天中国正在加速新一轮的经济结构调整，典型如雄安新区、海南自贸港以及粤港澳大湾区，他们的转型升级将给全国带来示范效应和溢出效果。如果能够推动各地形成硬核的经济驱动力，问题便能在发展中得以解决。

难度虽大，但并非没有可能。

政绩考核篇：GDP"注水"催生数据统计新革命

黄汉城

历史总是惊人地相似。自 2017 年 1 月份辽宁首度承认数据注水之后，2018 年 1 月，北方又有两个地区自曝家丑。

据新华社消息，2018 年 1 月 3 日，内蒙古披露该区 2016 年规模以上工业增加值有四成造假，需要减去 2900 亿元；相应的，2016 年地方 GDP 也要砍掉一大块。

8 天后，天津市滨海新区跳出来说，滨海新区 2016 年 GDP 也没有此前公布的 10000 亿那么多，实际数大概只有 6654 亿元，缩水约 1/3。

多年来，不少地方 GDP 注水早已是"传说"中的秘密。它就像皇帝的新衣，人们都怀疑它有问题，但真正能揭穿它的、最权威的还是当事人自己。2018 年新年伊始就出来这些个重磅"真心话"，还真让人不太适应。

其实，这反映出一个被很多人忽视的残酷真相：在中国 GDP 总量飙升至 80 万亿元的关口上，我们的地方政府缺钱，实在缺钱！

很多人不知道的是，为了遏制住地方的造假冲动，中央的政绩考核指挥棒正在悄悄发生偏移。从 2019 年开始，各省市区的 GDP 将不再是地方说了算，大家都要在国家统计局的领导下进行核算。游戏的规则变了。

泡沫到底有多严重？

每年，各省区市都会自行公布 GDP 数据，国家统计局随后也会在各地上报的数据基础上，发布全国 GDP 数据。我们来看一下两者之间的偏差：

2012 年，各省 GDP 之和超出全国 5.76 万亿元，凭空造出了一个广东，当时广东的经济规模全国第一。2015 年各省 GDP 之和超出全国 4.6 万亿元，凭空多出了一个浙江，当时浙江的经济规模全国第四；2016 年各省 GDP 之和又超出全国 2.7 万亿元，相当于一个上海，当时上海的经济体量全国排名第十一。

图 1-5　各省 GDP 之和总是超出全国

数据来源：国家统计局、各地统计公报

这种天量级别的"差额"，过去官方基本不会把它归结为"泡沫"，而是说误差的出现既有技术上的原因，也有人为的因素。

从技术上看，国家和地方统计局的计算方法虽然基本一致，但是随着市场经济的纵深发展，越来越多的大企业跨地经营，设立了众多分公司和子公司，这些下属机构的业务眼花缭乱，到底是属于"在地业务"还是"不在地业务"，有时候两个地方的口径不一，难免会重复计算。

从人为因素上看，是"官出数字、数字出官"，个别地方官员具有注水的行为动机。而且最要命的是，他们还有这种操纵的"能力"。熟悉体制运行的人知道，地方数据造假的手段无非是两种。

第一是空转。比如，一笔财政资金入库后，设置一个虚假的项目，把钱支出去，最后又重新入库回到原始位置上，来来回回都是同一笔资金，但是收入和支出都叠加了好几次，数据一下子就变漂亮了。这里头的手段有很多，想象力再丰富的编剧也写不出来。

第二是虚增。早前财政部曾公开披露辽宁数据造假手法，在2011至2014年那段"辉煌"的岁月里，辽宁通过虚构应税事项和纳税依据，虚增了耕地占用税、土地增值税等地方税收收入。而且地方相当聪明，一般会拿来虚增的税种都是全口径归地方的税种，而不是国税，这样就不用掏出真金白银上缴给中央。

当然，地方政府数据造假，也是需要付出实实在在的代价："吹牛要上税"，在系统内凭空出现的财政收入，按照分税制的财政收支体系，有一部分需要交给中央和省里，上缴变多了；数据高报，会影响中央对地方经济形势的判断和决策，导致中央对地方转移支付规模减小，收入变少了。

不过，从理论上讲，只要地方财政充裕，这个游戏可以无限运作下去。我们来看地方政府的钱袋子，地方的可支配财力主要由三个部分组成，一般公共预算收入，其大头是税收；政府性基金收入，大头是土地出让金；最后是各种各样的举债，包括城投债、非标融资与委托贷款等。

前几年中国经济高速增长，地方的一般公共预算收入也跟着水涨船高，就算中央转移支付变少了，只要脸上好看，也能撑得住。要是钱不够花了，多卖几块地就是了。既能用房地产生意拉动GDP，还能充盈国库，一石二鸟。

万一前边两招都不灵了，不是还能举债吗？今天是以这个城投公司的名义去贷款，明天是那个国有资本运营平台到银行融资，通过各种明里暗里的债务，还怕那些缺口填不上？

这三个环节可谓环环相扣，只要有一个拎得住，整个大盘就不会掉链子。在过去那种高歌猛进的时代里，地方政府注水GDP的"能力"高得很。

期待各地自动挤出水分，难度无异于让一个开惯豪车的富二代扔下奔驰骑摩拜。口碑变差了不说，还可能搭上自己的仕途。但是，有一句老话怎么说来着？假的终究是假的。

造血能力下滑

进入经济新常态以后，整个大环境都在发生着变化，很多地方都开始为钱袋子头疼了。家中无粮，自然很难打肿脸充胖子。

地方造血能力下滑，主要体现在三个方面。

在一般公共预算收入方面。中国的经济走势换挡中低速，跨入"L形"通道的一横，地方财政收入增速碰上了缓速带。以前大手大脚花钱没问题，现在就成了毛病，得改。

通过国家统计局公布的数据，我们可以清晰看出 31 个省市自治区的"泳姿"。

表 1-9　31 个省市区的一般公共预算收入同比增速(％)(按决算数值统计)

省份 \ 年份	2013	2014	2015	2016
陕西	9.2	8.1	9	-11
青海	20.1	12.4	6.1	-10.7
山西	12.2	7	-9.8	-5.2
新疆	24.2	13.6	3.8	-2.4
黑龙江	9.8	1.9	-10.4	-1.5
江西	18.2	16.1	15.1	-0.7
云南	20.4	5.4	6.5	0.2
四川	15	9.9	9.6	1
江苏	12.1	10.1	11	1.2
海南	17.5	15.4	13	1.6
天津	18.1	15	11.6	2.1
内蒙古	10.8	7.1	6.6	2.6

续表

年份 省份	2013	2014	2015	2016
广西	13	7.9	6.5	2.7
吉林	11.1	4	2.2	2.8
湖北	20.2	17.1	17.1	3.2
重庆	-0.6	13.5	12.1	3.4
辽宁	7.7	-4.5	-33.4	3.4
宁夏	16.8	10.2	9.9	3.8
贵州	19	13.3	10	3.9
福建	19.3	11.5	7.7	4.3
河南	18.4	13.4	10.1	4.6
甘肃	16.7	10.8	10.6	5.8
山东	12.3	10.2	10	6
湖南	14	11.4	11.2	7.3
北京	10.4	10	17.3	7.6
河北	10.1	6.6	8.3	7.6
安徽	15.8	6.9	10.6	8.9
浙江	10.3	8.6	16.7	10.2
广东	13.7	13.9	16.1	10.9
西藏	9.7	30.8	10.3	13.8
上海	9.8	11.6	20.4	16.1
平均值	14	10.6	7.9	3.3

数据来源：各地财政决算报告

　　数据显示，从 2013 年到 2016 年，包括内蒙古、天津在内的很多地方，其一般公共预算收入增速高位俯冲，从两位数降到了个位数，有些还从正增长变成了负增长。

　　众所周知，一般预算收入是衡量地方政府财政实力的核心指标。增速下滑，意味着地方自我造血能力不如从前。此外，各地有很多花钱项目是十足刚性的，比如说公共服务方面，随着民众生活水平的不断提高，支出只能变多不能变少。由此造成的财政窟窿，难免令人担忧。

2017 年底，中国财政科学研究院发布的报告称，2015 年至 2017 年前三季度，样本省份的财政自给率[①]整体下降，2015 年还有 54.1%，到 2017 年前三季度只剩下 50.8%，而地方保工资、保民生、保运转等刚性支出的比重明显上升，"一些地方收支矛盾已经十分尖锐"。

根据国家统计局的数据，除了广东、江苏、上海、浙江、北京、福建几个地方，很多省区市存在着财政缺口，需要由沿海富裕省份来"支援"。从 2014 年到 2016 年，有 25 个省区市存在财政缺口，总金额从 31927 亿元上升到 48134 亿元，增幅为 51%。

这就是今天中国财政运转的现实。2017 年 12 月闭幕的十九大，首次没有提 GDP 翻番的目标，其实也释放出了一个信号，中央对于地方经济状况已有了心理准备。

在土地出让收入方面，过去，地方政府是国有土地一级市场的绝对垄断者，要风得风，要雨得雨。如今房地产行业被中央翻入了 2.0 时代。自 2016 年开始，全国房地产迎来史上最严调控，两年时间里，110 余城市（镇）出台了 260 多次调控政策，楼市正式迈入"五限"时代。

中央定调房住不炒，大力发展租赁市场，未来还将深入推行共有产权房、租售同权等长效机制，房地产市场持续降温。据中原地产研究中心统计数据，受严格的限价政策影响，2017 年下半年就有 261 宗土地流拍。

此外，在去杠杆的大基调下，中央收紧流动性，停止大水灌溉，过往那种投资驱动的方式已经难以为继。地方无法再疯狂"吃鸡"。

我们以内蒙古为例。从 2013 年开始，内蒙古的国有土地使用权出让收入直线下冲，2016 年的出让收入仅为 176.8 亿元，不及 2013 年的 1/2。房地产投资开发额同样下滑严重。

内蒙古的土地财政亮起了大红灯。放眼全国，这并不是孤例，类似的地方很多。

---

① 财政自主率是指地方政府一般公共预算收入与一般公共支出的占比。对于判断一个城市发展健康与否，这个指标具有重要的参考价值。

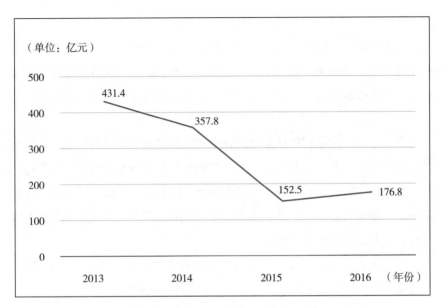

图 1-6　内蒙古国有土地使用权出让收入情况

数据来源：内蒙古财政厅、统计局

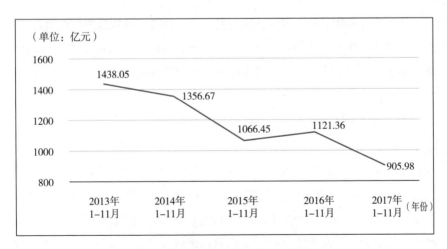

图 1-7　内蒙古房地产投资开发额情况

数据来源：国家统计局

在地方债务方面，中央制止地方政府违法违规举债的力度不断加码，地方融资渠道要么缩紧，要么受限。2017年12月财政部再次放出狠话说，对于地方政府性债务"谁家的孩子谁抱"，中央坚决不救助，地方政府要趁早打消中央政府会"买单"的幻觉，金融机构也不要产生政府会兜底的幻觉。

言下之意，过往那种设立资产管理有限公司剥离天价不良资产，或者债转股的小后门都可能要堵上了。广东国际信托投资有限公司的历史还记不记得？海南发展银行的教训还记不记得？你们再不听话，以后就是那种下场。在地方政府债务已是中国最大灰犀牛的共识下，各地想要拿到发债指标，无不是求爷爷告奶奶的。

这三个大板斧砍下来，对债务累累的地方来说，简直就是砍瓜切菜。无法量入为出，财政一紧张，地方政府就只好主动挤泡沫了。

新规则呼之欲出

除了地方钱袋子的体积外，改变最大的，其实还要算是游戏规则。

2016年10月，中央深改组第28次会议通过《关于深化统计管理体制改革提高统计数据真实性的意见》。以后对于统计数据造假的干部，要"一票否决"。

2017年6月，深改组第36次会议通过《地区生产总值统一核算改革方案》《统计违纪违法责任人处分处理建议办法》。除了统计机构，领导也要追究违法责任。以后再造假，就不是下级官员背锅那么简单了。

2017年10月国家统计局宣布，从2019年开始实施地区生产总值统一核算改革。改革后，GDP数值不再是地方说了算，各省区市统计局将在国家统计局的领导下从严审核核算，以确保地区生产总值数据与国内生产总值数据基本衔接。

中央的步伐越来越紧。尤其是核算改革这招，简直是压在地方头上的最后一根稻草。对于地方政府来说，越是死拖到最后一刻，造假的数据就会离真相越远，造成崩塌性的局面。这种爆炸式的冲击，有几个人受得了？

留给各地的时间已经不多了。所以，算完经济和政治这两本账，一些地方就只能先跳了出来。毕竟早割肉，早止血。现在就承认，说不定以后挨的板子还可以少一点，轻一点。

过去，针对地方数据造假问题，中央也曾试图用三个指标来判断地方经济运行情况：工业用电量、银行发放的贷款数额和铁路货运量。英国《经济学人》将这个指数的计算公式总结为：工业用电量增速 ×40%+ 中长期贷款余额增速 ×35%+ 铁路货运量增速 ×25%。

对于中央的决策来说，这确实是一种参考指标。但眼下中国传统工业的主导地位正在不断减弱，尤其是在第三产业发达的地区，互联网经济兴起，现代服务业蓬勃发展，这个指标在衡量中国经济产出时已经没那么准确了。

因此，比起地方主动挤水，对于当下中国更迫切、更关键的，是要早日拿出一套更为先进、更为科学的统计体系。

据新华社报道，2018 年 1 月 12 日中央召开了一次全国统计工作会议。在这个可能会改写中国的会议上，国家统计局局长宁吉喆披露，中央正在加快构建新时代现代化统计调查体系：

今年（2018 年）将精心组织实施生态文明建设年度评价工作，按时发布 2017 年各地区绿色发展指数。改进完善提质增效转型升级统计指标统计及相关制度，探索计算工业发展质量指数，开展供给侧结构性改革、双创发展等统计指标体系研究。

今年进一步健全"三新"统计调查体系①，抓紧修订"三新"统计标准，研究建立反映数字经济、共享经济、现代供应链的统计制度，改进完善"三新"增加值核算方法，改进经济发展新动能指数的计算办法，认真

---

① "三新"即新产业、新业态、新商业模式。

做好营商环境调查和试评价工作。

要扎实做好地区生产总值统一核算改革准备工作，完善地区生产总值统一核算实施方案，为正式实施地区生产总值统一核算改革奠定基础。认真开展全国和地方资产负债表编制工作，切实做好自然资源资产负债表编制工作，实施居民自有住房服务核算方法改革。

此外，还将完善研发经费投入统计制度，改进资金流量表编制工作，正式建立幸福产业统计监测制度，继续开展文化、体育、旅游等派生产业增加值核算。

宁吉喆的发言当中，包含了绿色 GDP 评价体系、地方资产负债表、自然资源资产负债表，幸福产业统计监测制度好几个关键词。

这无疑是一场重要的变革。未来中国若能形成一套测量民生指数、宜居指数、幸福指数的绿色指标体系，我们的政绩考核指挥棒，肯定会推动经济更加高质量发展。而新一轮的城市竞争，才能走上一条良性循环的健康道路。

在区域格局大变动的背景下，是时候改变以往的游戏规则了。就让那种以 GDP 论英雄的时代，成为过去吧。

南北差距篇：比起东富西穷，南强北弱更令人着急？

刘春萍　林小琬　黄汉城

　　早前，官方曾列出"中国三大差距"：城乡差距，居民收入差距，以及东西部差距。

　　全球都曾被中国的区域失衡所震惊：沿海地区的光鲜超过发达国家，遍地是摩天大厦，钱多到花不完；内陆有些偏远地区却如同经济落后的非洲小国，上千万赤贫人口就着咸菜吃馍，甚至连口干净的水都没有。

　　区域之间的贫富悬殊，一直是顶层高度忧心的问题。这不仅仅涉及先富带后富的承诺，还关系到大国复兴的历史进程。于是，西部大开发，中部崛起等重大战略一一落定。

　　然而，就在中西部小步快跑，慢慢追赶着东部的时候，一场更为深刻的变局悄然发生了。

　　以秦岭—淮河为界，江山被一划为二，而在今天，这里也成了大国经济版图的分水岭。南方，大批的明星城市频频崛起，光彩夺目；北方，往昔工业重镇纷纷褪色，不无失落。

　　"南高北低"赶超"东强西弱"，成为当今中国最值得关注的区域差距。

36 个重点城市透露出的大趋势

　　每年，国家统计局都会公布 36 个主要中心城市的 GDP：上海、北京、深圳、广州、重庆、天津、成都、青岛、武汉、杭州、南京、长沙、宁波、郑州、济南、西安、福州、大连、合肥、长春、哈尔滨、石家庄、沈阳、昆明、南昌、厦门、南宁、太原、贵阳、兰州、呼和浩特、乌鲁木齐、银川、海口、西宁、拉萨。

这些城市掌握着全国最多的资源与财富。我们既可以按照南北之分，也可以按东西之别，将它们分为两个不同的阵营，即东西阵营或者南北阵营。（这里的西部采用广义概念，包含中部、西部和东北，与沿海地区相对应，下同。）

经过统计，我们发现了一个很少人注意到的变化——东西部之间的差距，正在大幅缩小，而南北之间的差距，却呈现出拉大之势。

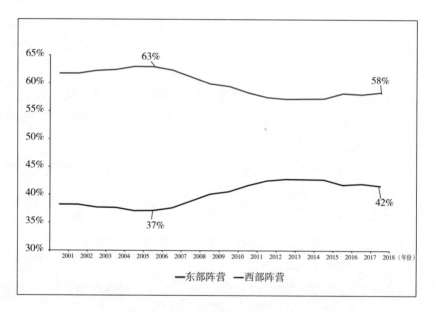

图 1-8　东西阵营 GDP 占 36 个主要中心城市总和的比重

数据来源：国家统计局

2006 年，东部阵营的 GDP 占 36 个城市 GDP 总和的比重为 63%，比西部整整高出 26 个百分点。后来这个差距逐步收缩到了 16 个百分点。换句话说，内陆的重点城市，慢慢地追上了沿海发达地区，弱化了东部的靠海优势。

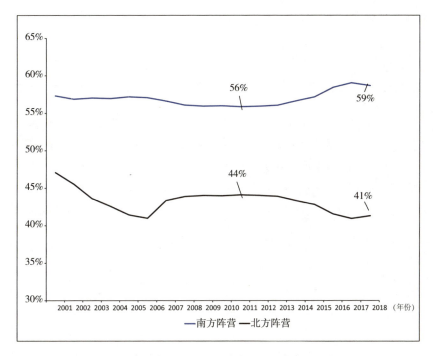

图 1-9 南北阵营 GDP 占 36 个主要中心城市总和的比重

数据来源：国家统计局

反观南北，两者之间的差距，已经从入世之初的 10 个百分点扩大到了 18 个百分点，南方全面碾压北方。即便同是西部，西南的表现强过西北，同是东部，东南就吊打东北。

尽管今天中国仍是东强西弱，但南高北低的问题，显然要更加突出。

晋商边缘化，粤商浙商强势崛起

在北方，2014 年前的天津一度风光无限，赶超广州似乎已指日可待，仿佛会重组北上广深的一线神话。当时，其副市长调任广州一把手，更是被外界解读为天津的胜利，是中央寄希望用天津经验"挽救"羊城。转眼不过一瞬间，今天这座拱卫京畿的门户城市，陷入了经济增速垫底的尴尬境地。其号称"中国曼哈顿"的滨海新区，2018 年一下子挤出了 3 千多亿元的水分，将天津挤出 GDP 五强席位。带着巨债负重前行的天津，投资驱动的疲态尽显无疑。

在南方，贵阳这个不沿海、不沿江、不靠边的贫瘠之地，曾经连"三线建设"也拯救不了，今天却化腐朽为神奇。它一边抱着中央大腿化身基建狂魔，一边乘势而上打造千亿产业大数据，GDP 增速曾连续 4 年全国第一。韬光养晦的西南小城几年就成功让十二分之一的人口脱贫。

在北方腹地，信奉"特权"的晋商，靠着亲近政治一度三分天下，如今却陷入资源诅咒。锦绣太原城沉默失语，这座曾经的工业重镇，如今却因 GDP 还不及江苏昆山这样一个县级市而被嘲笑。

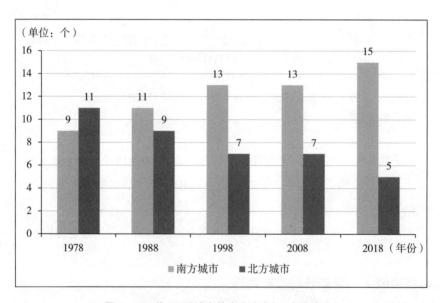

图 1-10 前 20 强城市的南北分布(不含港澳台)

数据来源：国家统计局

在南方沿海，粤商、浙商抓住改革开放的潮头，不断开拓民营经济的边界，杭州从 20 年前的旅游胜地，变成了中国互联网圣地。深圳从 40 年前的无名渔村，崛起成中国科创的代言人。晋商无力"三足鼎立"，只有粤、浙商人"双雄争霸"。

在南方，成渝城市群抓住了产业转移的趋势，稳扎稳打，双子星重庆、成都的 GDP 位列全国前十。

在北方，东北"铁锈带"的振兴仍是困难重重。沈阳作为"共和国长子"的荣光不再，GDP 彻底跌出前二十，房价迈不过一万元，沦为名副其实的"失落第一城"。哈尔滨、长春、鞍山也是一样，重工业勉强维持，人口大量流出，东北塌陷成了人们茶余饭后的话题。

40 年前，中国经济 20 强的榜单上还有 11 个北方城市。40 年后，却只剩下 5 个：北京、天津、青岛、郑州、济南。

历史，似乎站在了南方这边。

人和钱都在流向南方

从中央到地方，全国各地都在为南北差距感到着急。

2018 年 5 月，国家发改委原副主任在公开场合表示，南北经济差距太大了，2017 年"南方 GDP 实现 52.5 万亿元，占全国总量的 61% 左右，是 1980 年以来占比最高的时期，相应的北方的占比下降到 39% 左右"。

2017 年，山东省委书记刘家义在一场大会上历数山东痛点，坦言从 2008 年到 2017 年，山东一直在后退，"标兵渐行渐远，追兵越来越近，发展形势逼人，竞争态势逼人"。

山东虽贵为全国经济第三大省、北方的扛把子，但短短九年时间里，山东与广东的 GDP 差距从 5860 亿元扩大到了 1.72 万亿元，与江苏的差距更是从 50 亿元扩大到 1.32 万亿元，翻了 263 倍……

所谓洞中方一日，世上已千年，北方流失的东西已超出想象。

表 1-10　全国人口净增前十名城市(单位：万人，成都 2017 年数据剔除了简阳)

年份 城市	2012	2013	2014	2015	2016	2017	5 年净增
天津	1413.2	1472.2	1516.8	1546.95	1562.12	1557	143.8
北京	2069.3	2115	2152	2170.5	2172.9	2171	101.7
深圳	1055	1063	1077	1137.9	1190.84	1253	198
广州	1283.89	1292.7	1308.1	1350.1	1404.4	1450	166.11
重庆	2945	2970	2991	3017	3048	3075	130
郑州	903.11	919.12	937.8	956.9	972.4	988.1	84.99
成都	1417.8	1429.8	1443	1465.8	1484.8	1604	186.2
武汉	1012	1022	1033	1060.8	1076.6	1091	79
长沙	714.7	722.1	731.2	743.2	764.52	791.8	77.1
杭州	880.2	884.2	889.2	901.8	918.8	946.8	66.6
总计							1233.5

数据来源：各地统计年鉴

今天，人在流向南方。2012—2017 年全国人口净增前十名的城市，北方城市只有 3 个，而前三名更是全被南方收入囊中。北雁南飞，成为中国人口大规模流动的主要趋势。

表 1-11　2018 年金融机构本外币存款余额的城市排名

排序	城市	本外币存款余额(亿元)	增速
1	北京	157092.2	9.0%
2	上海	121112.3	7.7%
3	深圳	72550.4	4.1%
4	广州	54788.1	6.7%
5	杭州	39810.5	9.1%
6	成都	37825.7	5.7%
7	重庆	35651.6	2.3%
8	南京	34524.9	12.2%
9	苏州	30523.8	6.9%
10	天津	30983.2	0.1%

续表

排序	城市	本外币存款余额(亿元)	增速
11	武汉	26331.6	7.5%
12	郑州	21767.2	7.0%
13	西安	21266.7	4.4%
14	宁波	19150.0	5.5%
15	长沙	18633.6	8.7%

数据来源：各地统计公报

　　如今，钱在流向南方。本外币存款余额相当于城市的小金库，它所反映的是一座城市对资金的吸附能力。纵观本外币存款余额前 15 名的榜单，北方只有 4 个城市入围。而且在同比增速方面，北方城市多为垫底。在中国经济换挡的当下，南方成为资本最为活跃的主会场。

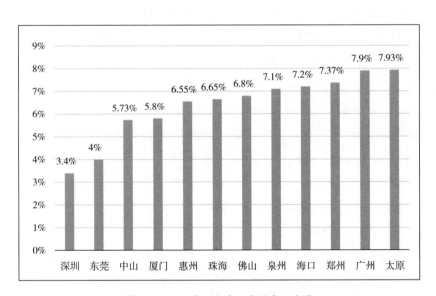

图 1-11　65 岁以上人口占总人口比重

数据来源：各地统计公报

　　令人吃惊的还不止此，如果按照 65 岁以上人口占总人口的比例来衡量一座城市有多年轻，最年轻的 10 个城市中当中只有 2 个北方城市。北方老龄化相当严重，而珠三角简直是年轻的小伙子。老迈的北方将如何追赶青春无敌的南方？

"上帝之鞭" 驱使凡人南迁

为什么，在不到十年时间里中国发生了如此大的转变？

有部分原因来自"地理优劣"的因素。放眼全世界，几乎多数的发达国家都分布在温带地区，这里有舒适的温度，适度的降水，适合人类的经济活动。沿海的气候条件也比内陆更优越，人口自然会往沿海集聚。

可能你会问了，那瑞典、挪威这些北欧地区，同样气候寒冷，为什么还如此发达？北欧确实冷，但是和咱们东北一比，简直太暖和了。中国最北的省会哈尔滨位于北纬 46 度，法国的巴黎是北纬 48 度，英国的伦敦是北纬 51 度，芬兰的赫尔辛基是北纬 60 度。哈尔滨虽然看起来纬度低一些，但 1 月份平均气温却比它们低 15 ~ 20 摄氏度。

在中国北方尤其是老东北地区，低温气候一定程度上降低了当地的经济活力。举个例子，在每年最冷的节气大寒那一天，深圳的天使投资人还可以在暖阳下的咖啡馆约见项目方，吉林的小老板估计只想"老婆孩子热炕头"，能出来见个面的绝对是生死之交。

如果放到全球视野中比较，北雁南飞不单单是发生在中国的"魔咒"。当前世界上最发达的国家美国，也同样出现了"上帝之鞭"的效应，寒冷的气候驱使美国人往南方迁移。

根据统计，2011—2016 年，美国新增加 1100 多万人，其中南方的三个州——加利福尼亚、得克萨斯和佛罗里达就占了一半，而人口流出最严重的三个，全部都在北方，其中就包括芝加哥所在的伊利诺伊州。

芝加哥位于北纬 41.52 度，与中国河北的张家口的纬度差不多，是世界著名的金融中心，经济实力在全美名列前茅。但就是这样强悍的城市，也从 2013 年开始连续 4 年人口外流。

地理因素在掣肘北方的发展。当然，我们也不能完全把锅丢给老天。北衰南强的变迁，其实也勾勒出了中国经济转型的进程。

计划经济初期，中国选择了重工业道路，北方城市根正苗红，承接了诸多重点项目。东北为共和国打造钢铁躯干，西北守住边疆的咽喉，山西则源源不断地为全国输送黑色血液，支撑起中国经济的半边天。历史上的北方，做出了不可抹去的巨大贡献。

改革开放后，中国的视野变得前所未有地广阔。南方的步子迈得最大，民营经济如雨后春笋般涌现，江苏有苏南模式，广东有深圳模式，浙江有温州模式。而成都、重庆、武汉、合肥等内陆地区，也借着长江这条黄金水道，借着上海这个中国第一大城市的跳板，与全球经济发生关联。如今新旧动能转换，北方地区国有经济占比较大，经济发展就显得有点步履缓慢了。

在计划经济和市场经济的不同阶段，中国选择了不同的发展模式，也成就了南北方分岔的命运。

今天，历史的重担已经从北方转移到南方。不过，变的是重心，不变的是使命。在大国崛起的道路上，没有一刻可以松懈，也没有一个人可以掉队。南方、北方，一个都不能少。

楼市分化篇：小城市全面日本化，大城市全面香港化

林小琬　黄汉城

明朝万历年间，在东北阿凌达河畔一个不知名的小镇上，清太祖努尔哈赤下令造船二百余艘，分水陆两军共两千多人沿河南下，一统关东。中国历史上最后一个封建帝国崛起于白水黑山间。当初那座边陲小镇，是满洲皇族的发祥地，大清帝国的龙脉之地，名为鹤岗。

400 年风云变幻，鹤岗的巅峰早已化作历史的尘埃，这里再没有荣光，再没有希望，有的只是枯竭，是收缩，是全面衰退。这里的房价跌到每平方米仅 1 千元的"白菜价"，这里的人口在 18 年间流失了近 10%，这里的财政已经入不敷出。

而在 3000 公里外的中国南方，因为一位老人在 40 年前画了一个圈，一座边陲小渔村每天都在见证奇迹，新中国的改革开放始于此。今天，这块土地已腾飞为国际化大都市——深圳。

这里的房价跻身全球前五，而一口气能拿出 5000 万元的"人上人"，也只能在门口蹲着排队买房。①5 年间，鹏城流入人口 239 万，每平方公里土地产出 4.6 亿元的税收，位居全国第一。

东北鹤岗楼市崩溃，广东深圳寸土寸金，这是中国楼市大分化时代的两大极端。小城市的楼市，正在全面日本化。大城市的房价，正在全面香港化。

---

① 2018 年 5 月 30 日，深圳招商双玺 167 套房开盘，整体均价约为 12.12 万元 / 平方米，面积稍大一点的一套要 5000 万元。由于当天现场火爆，一些能拿出 5000 万元房款的深圳人，只能蹲在角落里等摇号。"5000 万蹲"一词由此蹿红。

一两万元就能买一整套房

中国第一神人，当属马云老师。当初那个"买房如买葱"的预言，多少人嗤之以鼻。结果在这满清皇族发祥之地，找到了实践真知。

1万块，不是一平方米的价格，是一套房的价格。2019年4月，一张鹤岗的房地产广告照片刷爆了朋友圈。这里的房子贬值至1万块、被当成大白菜抛售的现象引起了全社会关注。

更令人吃惊的是，这些"白菜价"的房屋很多是2017年建造，甚至还有2019年新建的，一点都不破旧。如果你想在鹤岗租房，毫不费劲就能找到租金全免、仅需交供暖费的房子。

别以为鹤岗就是中国低房价的极限了。在中西部不少县城中，还有你想象不到的低房价。

甘肃玉门，曾经是甘肃最富的城市，中国第一口油井的诞生地，如今油枯人散，资源型城市全面衰退。在玉门的老城区，一套70多平方米的房子只卖2000元，相当于一部OPPO手机的价格。用买一部手机的钱就能买一套房，真是魔幻。很多城区边缘房子成为等待被拆卸的废品，因为根本卖不出去。

春风度不了玉门关。玉门的人口从鼎盛时期的13万锐减至今日的2万左右，人去楼空。现在，玉门的房价已经不纳入统计，你在任何一个房产中介的网站上，都找不到玉门的房源信息。这是一座在中国楼市地图上彻底消失的城市。

在中国偏远地区，这一类因为结构性危机导致人口通缩的城市，并不算罕见。

鹤岗这张地产多米诺骨牌被推倒之后，就有人挖掘出了东北另一个资源枯竭型城市——辽宁阜新。阜新的房价同样低至1万到2万元，按套买，还带地下室。但是，当地人一点都不想接手，他们急于抛售套现。阜新的房子也变成了负资产，变成了埋葬财富的坟墓。

上述这些城市，几乎集合了中国小城市所面临的种种困境。我们以鹤岗为例，这里的 GDP 从 2012 年 358 亿元人民币的顶点，跌落至 2017 年的 283 亿元人民币，由于煤矿资源枯竭，城市经济快速衰退；其地方财政收入则从 2012 年的 27.1 亿元萎缩至 2017 年的 23.1 亿元；与此同时，2017年底鹤岗债务余额为 46 亿元，可谓是入不敷出，债务风险大。

这里的常住人口已经不再对外公布了。外界只能知道，这里在 2017 年的时候是 100.9 万的户籍人口。10 年来，其就业人口减少 18.24 万，以至于招聘警察，政府还要送房送车。

除此之外，老龄化、少子化还在后面步步紧逼。鹤岗的小学生人数连续 20 年减少，2017 年仅剩 3.26 万；而 60 岁以上人口则增长至 22.6 万，占比高达 22.4%，养老金缺口达 486 亿元。

鹤岗的房价，绝不是中国楼市的"趣谈"。

日本专门成立空屋银行

这些房子白送都没人要的城市，和隔海相望的日本何其相像。在日本，人口流失、少子化和老龄化危机严重的地区，房子早已成了"鬼屋"。

日本北海道八云町，一块 280 平方米的住宅用地只需要 450 日元，合人民币还不到 27 块钱。你没有看错，我也没有写错，就是 27 块钱，是不是很吓人？而一块 220 平方米的土地，还带着一套建筑面积为 168 平方米的房子，只需要 1000 日元，也就是 59.92 元人民币。

不过，房价即便这么便宜，也还是找不到接盘侠，就连屋主家里人都不想要。修缮费和巨额的遗产税令房东的亲人们做出了一个中国人不能想象的举动——抛弃房子。所以，日本冒出了越来越多的"鬼屋"，导致当地政府不得不成立"空屋银行"，把房子白送给人住。

更让人想象不到的是，连东京都的奥多摩地区也不能例外。在奥多摩地区，3000 多间房子当中有 400 间都无人居住，所以政府把房子白送给了这三类人：现年 35 岁以下的单身人士；现年 45 岁以下的夫妇；现年 50 岁以下，带孩子的家庭。除此之外，并没有任何关于国籍的限制。

奥多摩距离东京核心区仅需要 2 小时车程，房子仍旧难逃"白送也没人要"的命运。日本小城市的今天，又会是谁的明天？毫无疑问，在这个人口加速向超级城市转移的大都市圈时代，中国小城市的房价正在全面日本化。

日本是在离东京直线距离不到 100 公里的地方，就出现了"鬼屋"。全球第一大都市的外围尚且不可幸免，而中国有那么大的疆域，有那么多的中小城市远离都市圈，又会出现什么景象呢？令人不忍细想。

掏空身体才住得起大城市

欢迎你来到房子论套卖的时代，也欢迎你进入花光十辈子运气还不一定买得起房的时代。

中国就是这么复杂，这么分化，这么不可思议。金碧辉煌，富贵满堂，这样的时代只属于深圳，属于头部城市。

表 1-12 全球房价前十城市

城市	住宅均价（美元）	每平方英尺均价（美元）
香港	1,235,220	2,091
新加坡	874,372	1,063
上海	872,555	714
温哥华	815,322	n/a
深圳	680,283	726
洛杉矶	679,200	466
纽约	679,200	526
伦敦	646,973	776
北京	629,276	575
巴黎	625,299	979

数据来源：世邦魏理仕《2019 全球生活报告：城市指南》

2019 年 3 月 1 日，深圳福田某楼盘又现通宵排队买房的景象，到了当天下午，项目突然因安全因素被叫停。那些手持几千万挤在门口的富人，遗憾而归。再往前几天，2 月 22 日，深圳湾还出现了 8000 万豪宅开盘即秒光的辉煌战绩，多套超 1 亿的豪宅被认购。

2019 年，深圳以 68 万美元（约合人民币 456.2 万元）的平均房价，喜提全球房价第五名。同时进入榜单的，还有洋气的魔都大上海，平均房价 87.2 万美元（约合人民币 585.1 万元）排名全球第三。北京因为超级严格的调控，全球排名从去年的第五位下滑至第九位，不过平均房价也高达 62.9 万美元（约合人民币 422 万元）。

南京、杭州、厦门这类强二线城市，如今的房价也在一步步向北上深看齐。数据显示，2019 年 3 月份南京秦淮区、杭州下城区、厦门湖里区的新房均价高达每平方米 47080 元、64300 元、61111 元。房价那么高那么贵，已经远远超出了当地居民的承受能力。

在东京，房价最高的是千代田区，号称日本权力中枢，平均每平方米 186 万日元，约合人民币 11.2 万元，看起来跟上海、深圳差不多。但是，住在这个区的居民，其人均年收入是 788 万日元，约合人民币 47.25 万元。由于收入特别高，这贵的房价也就显得不那么贵了。

表 1-13　东京年平均收入最高的三个区

1	千代田区	788 万日元
2	港区	757 万日元
3	中央区	709 万日元

数据来源：日本综艺节目《月曜夜未央》

如今，北京的房屋均价跟纽约也是差不多的。但是北京全市居民人均可支配收入为 6.23 万元 / 年，而纽约市的人均收入折合人民币却高达 52 万元 / 年，相当于北京的 8 倍以上。

中国大城市的房价收入比之畸高，已是有目共睹。但总有一些人为此辩解说，中国大城市的房价没有泡沫，因为我们不能看人均收入，而是要看上层人士的收入，毕竟厦门的房子是全福建的富人在买，北京的房子是全中国的人在买。这种逻辑其实漏洞重重，难道纽约的房子不是全球的富人在买吗？东京的房子不是全日本的富人在买吗？

纽约这座城市号称世界之都，使用 800 多种语言，居住了来自全世界一百多个国家和地区的人民，由全球富人托起来的房价也只是跟北上深持平。中国一线城市的房价，凭什么这么贵？

毫无疑问，中国内地的一、二线城市的房价，正在全面香港化。表面上看光鲜亮丽，实则贫富撕裂，买不起房的年轻人越来越没有出头日，那些早上车的人，轻轻松松就拉开代际鸿沟。

有人说，在香港，只有两种人，即食利阶层和被食利阶层。再直白一点，就是买房的和没买房的。深以为然。

中国楼市的未来命运

自打刺破泡沫至今 30 多年以来，日本全国的房价严重两极分化。

只有在东京、大阪、名古屋等大都市圈中的房屋，才是有价值的，才有接盘侠。其他小地方，很多都因为人口流失、老龄化严重而使房屋沦为负资产。

根据日本国立人口和社会保障研究所的数据，到 2060 年，日本人口很有可能会从现在的 1.26 亿减少至 0.86 亿。相关单位预测，到了 2040 年，日本将会有将近 900 个城区乡村因为年轻人的远离和人口减少而消失。

中国未来会面对这些问题吗？

不，你不应该这么问，因为中国现在已经在经历这样的问题了。笔者在前文中已经提及，清华大学有项研究发现，从 2000 年到 2010 年，中国有 180 个城市的人口在流失，占了整整三分之一的国土。这样的城市，叫收缩型城市。以前研究者们把结果告诉当地政府官员时，得到的反应都是"不承认"，或者干脆排斥这个叫法。所以，这 180 个收缩型城市中还有 63

个在做膨胀的规划。

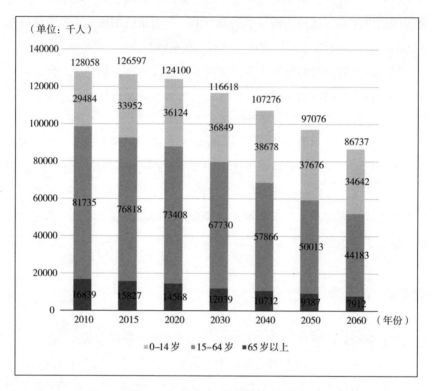

（单位：千人）

图1-12　日本人口总量和人口预测

数据来源：日本国立人口和社会保障研究所

　　像鹤岗，明明不应该进行大规模的棚户区改造，多余的商品房只会进一步打击当地的房价，但为了土地财政还是做了，一步步走到了今天这种局面。

　　直至2019年4月，发改委发布的文件《2019年新型城镇化建设重点任务》中首次提出"收缩型中小城市"的概念，我们才终于承认，有些城市注定是要走向破败、衰退的。

　　当年日本为了抑制房价疯狂上涨，主动刺破泡沫。很显然，有邻居的教训，中国不会选择这样一条道路。现在，中国的唯一设想就是用经济的增长拉高居民收入，以此慢慢消化掉泡沫。换句话说，是以"时间"换取"空间"。

不过，当前的经济正值新旧动能转换之际，经济增速在进一步放缓，原本可能要由一代人完成的消化泡沫的使命，或许就拉长为要由子孙三代来完成。

所以，各位还请多多保重身体。中国楼市到底能不能软着陆，还要看各位为国办大事的决心到底有多强。侠之大者，下一代来当。

抢人大战篇：30 多个城市拿命抢人

黄汉城

当下的中国，有一股抢人之风从黄土高原呼啸而下，刮遍了大江南北。

西安、武汉、济南、沈阳……全国 30 多个城市纷纷解锁抢人新姿势：送户口、送旅费、送补贴、送 50% 产权房，各种高难度动作百花齐放，简直是拿命在欢迎你。

表 1-14　部分城市人才新政政策（截至 2018 年 5 月）

城市	落户政策	租住帮助	就业创业
西安	在校大学生凭学生证、身份证可在线落户	毕业 3—5 年内可申请租住公租房	19 条政策帮助和保障大学生就业创业
南京	40 岁内本科生及以上学历可直接落户	3 年住房租赁补贴	一次性给予 4000 元创业成功奖励
武汉	40 岁内本科生、专科生可直接落户	提供上千套人才公寓	免费共享创业工位提供实习岗位
成都	45 岁内本科生及以上学历凭毕业证即可落户	7 天免费入住青年人才驿站	对在蓉创业大学生贴息贷款支持
杭州	硕士及以上学历毕业生可先落户后就业	无	对在杭工作的硕博研究生一次性补贴 2—3 万元
长沙	35 岁本科及以上学历可直接落户	对硕博研究生给予购房补贴	对新落户并在长沙工作的大学生进行补贴
郑州	专科及以上学历在郑州就业居住后可落户	对"双一流"高校毕业生及硕博研究生给予购房补贴	对引进的人才 3 年内每月发放补贴
济南	40 岁内大中专生交 1—2 年养老保险可落户	硕博研究生可获 3 年租房补贴	设立人才创新创业基金
天津	本科及以上学历应届毕业生可直接落户	3 年住房租赁补贴	无
青岛	本科及以上学历应届毕业生可直接落户	提高硕博研究生住房补贴	无

数据来源：网易数读

人才引进政策由来已久，但从来没有哪一年像今天这般竞争激烈，其规模之大，范围之广，声势之强，完全与往日不同。

这可能是由于城市之间的竞争压力与日俱增。一边是老龄化、少子化大潮席卷而来，损害了城市内部活力，一边是交通网络越来越高效和方便，人口流动十分容易，稍不留神就会造成人才流失。所以，但凡有点追求的市长大概都会坐不住吧。

房子、票子诱惑是真不少，但鉴于选择哪个城市生活赌的可是一生，无论如何都得深思熟虑。现在，我们就来盘点一番，你到底适合去哪个城市。

"创业狗"要瞄准多金之地

对创业公司来说，钱才是最关键的。那些天马行空的想象力，往往就死在黎明前的黑暗。没有钱，就是做出不逊于"下周回国贾老板"的精美PPT，也是分分钟就死。有了钱，就是看不出盈利模式的共享单车，也能烧出几十亿美元的估值。

所以，如果你是创业狗，誓要干出一番事业衣锦还乡，那你就应该去资金充沛的城市，这样你拿到银行融资、风险投资、担保融资的机会都会更多一些。

表 1–15 是 30 多个参与抢人大战城市的金融机构本外币存款余额。存款余额包括住户、非金融企业、广义政府、非银行业金融机构 ① 几个部门在内，人均数值越高，代表可支配资本越多。

北京、深圳、上海、杭州、南京、广州的人均存款余额可以说是笑傲全中国。这些城市里最好找的东西是钱，最难找的，是让钱生钱的方式。只要你故事讲得好，就有天使投资者敢于赌明天，出钱又出力。

---

① 住户存款主要指居民存款，非银行业金融机构存款包括财务公司、保险公司、证券公司、资产管理公司、信托公司等机构的存款。

表 1-15　各地金融机构人均本外币存款余额

	本外币存款余额(亿元)	人口(万人)	人均(万元/人)		本外币存款余额(亿元)	人口(万人)	人均(万元/人)
北京	144086	2170	66.4	呼和浩特	6312.6	308	20.5
深圳	69668.3	1252	55.6	天津	30940.8	1562	19.8
上海	112462	2418	46.5	沈阳	15752.9	829	19.0
珠海	6928.7	167	41.5	南昌	10137.3	537	18.9
杭州	36483.2	946	38.6	佛山	14042.4	746	18.8
南京	30764.6	827	37.2	合肥	14235.4	786	18.1
广州	51369	1404	36.6	青岛	15129	920	16.4
厦门	10598.3	392	27.0	东莞	12497.9	826	15.1
无锡	15141.3	653	23.2	重庆	34853.5	3048	11.4
西安	20378.1	883	23.1	烟台	7932.6	706	11.2
济南	16560.6	723	22.9	唐山	8748.4	784	11.2
武汉	24499.41	1077	22.7	石家庄	11703	1078	10.9
宁波	18149.1	800	22.7	淄博	4376.4	468	9.4
成都	35800	1592	22.5	潍坊	7613.1	935	8.1
长沙	17141.8	765	22.4	保定	5860	1163	5.0
郑州	20349.6	972	20.9				

注：存款余额采用 2017 年数据，人口采用 2016 年数据

数据来源：各地统计年鉴

　　如果你去的是烟台、唐山、石家庄、淄博、潍坊等人均存款排倒数前几名的城市，就别指望哪天公司濒临倒闭，还有"扫地神尼"化身白衣骑士，来一场孙宏斌式的拯救①。这里的钱贵着呢，捂在手心里都怕化了。

　　当然，我们除了瞄准有钱人扎堆的城市，还要小心避开那些一言不合就"关门打狗"的地方。有些城市虽然虹吸了不少资金资源，但其营商环

① 2017 年，孙宏斌的融创中国以 438 亿元收购了万达 13 个文旅项目 91% 股权，帮助后者化解债务危机。而早前乐视同样债务累累，孙宏斌不断增资入股，被外界冠上"白衣骑士"称号。

境、法制文明等软实力还没有完全跟上来，仍习惯于政府干预。

而 A 股上市公司数量，可以反映一个城市的市场化程度。它就像一台 CT 机，是雄是雌照一下就知道了。

表 1-16　2017 年各地上市公司数量

	GDP 单位：亿元	增量（2017 年）	存量		GDP 单位：亿元	增量（2017 年）	存量
北京	28000	25	311	佛山	9549	8	36
上海	30133	38	279	西安	7469	0	33
深圳	22438	40	278	珠海	2564	3	28
杭州	12556	26	129	青岛	11037	4	28
广州	21503	19	98	郑州	9130	3	27
南京	11715	17	81	东莞	7582	8	27
成都	13889	4	75	济南	7201	2	24
无锡	10511	15	74	沈阳	5865	0	24
宁波	9846	18	74	淄博	4781	2	23
长沙	10535	11	61	潍坊	5858	2	22
武汉	13410	1	52	南昌	5003	0	19
天津	18595	0	50	石家庄	6461	1	16
重庆	19530	6	49	唐山	7106	2	10
厦门	4351	10	47	保定	3580	0	10
合肥	7213	7	44	呼和浩特	2743	0	5
烟台	7338	5	39				

数据来源：公开数据整理

武汉虽然贵为国家中心城市，上市公司数却刚刚突破 50。2017 年的 IPO 数量更是只有可怜的 1。不管是增量还是存量，都远远落后于隔壁的小兄弟长沙。

同样硬气不起来的，还有另外两个国家中心城市：西安（33）、郑州（27）。他们在各自省份中是龙头老大，但论起资本活跃度、创业创新活力，就不一定干得过江湖地位矮一头的无锡、宁波了。这两个城市的上市公司均超过 70 家，在这里吃饭碰到上市公司老总的概率，比你中彩票的概率还要高。

无锡、宁波之所以能够脱颖而出，可能是因为在群雄并起、竞争激烈的长三角中，两个城市都没有养尊处优的底气，只好秉持人无我有、人有我优的精神，不断优化政务服务水平。

今天，中国的资本和人才早已习惯了用脚投票。哪里的公权力更不傲慢，哪里的民营经济指数更高，就会往哪里冲，最终造成强者愈强、弱者愈弱的马太效应。所以，在这一轮惊天动地的抢人大战中，上市公司越多的城市越淡定，越靠后的城市越饥渴，也就丝毫不意外了。

在武汉、合肥、西安、郑州、济南、沈阳、南昌、石家庄、呼和浩特等上市公司数量处于中下游的城市，大中专生就能无门槛落户。甭管你是不是地球人，凡是用两条腿走路的，先拐了再说。天津（50）、重庆（49）、青岛（28）更是抢在中央松动户籍政策之前，就下决心干一票大的，酝酿出台租房也能落户的新政策。

而杭州（129）、南京（81）、成都（75）这些排名前十位的城市，就好像朝阳公园相亲角的大叔大妈，眼光挑剔，非"研究僧""小本科"不娶。

超级城市北京（311）、上海（279）就更不用说了，眼里只有那些头衔带有名山大川的一方霸主，什么"漠北双雄""天池怪侠""青海三剑"，来头越大越好，比如长江学者、院士、万人计划入选者等高端人才。

排名靠前的城市自带风口，飞天的机会更多。唯一的坏处，可能就是房价太高，求生成本大。经验表明，一个城市的房价往往跟上市公司数量存在正相关关系。背后的原因，有一部分可以归结为资本市场的造富效应：得力于资本市场的杠杆作用，员工一点小小的原始股权，进入 A 股后立马就能放大好几十倍；把股权一套现，转身就能成为楼市里的金主，托起房价。

不过，这个特殊人群的数量毕竟是有限的。更主要的原因，其实是上市公司数量越多，就意味着这座城市的市场化程度越高，民营经济越发达，整个社会的购买力也就越强。最典型的莫过于厦门。这座城市的 GDP 不到佛山、郑州的一半，经济规模不大，但上市公司指数却远甩 GDP 排名好几条街，说明厦门藏富于民。加之岛内面积小，房价长期堪比一线。

精致主义者要去"大城市"

如果你是一个精致主义者，喜欢浪漫、新潮、有品位的生活，那你应该去"大城市"。白天健身房，夜间小清吧。《蒋公的面子》刚演完，明天又来一场《妈妈咪呀》。城市只有大了，才可能无所不有，变着花样让你有腔调。不过，这里的大，不是指经济或者人口总量的大。

谈经济总量太虚。首先，长得漂亮的不一定就是范冰冰，也可能是打开美图秀秀的凤姐。出于政绩考核的需要，部分地区的地方政府有给 GDP 注水的冲动，我们看到的数据可能已经是粉饰过的。其次，离开面积谈总量都是在耍流氓，成都 GDP 比佛山多出 4 千亿元，却是用三倍于佛山的面积、两倍于佛山的人口换来的，如果要算人均 GDP 的话，成都比佛山低 4.07 万元，两者可比性并不强。

谈人口总量又太空。像重庆就是个常住人口超 3000 万的庞然大物，但很少给人一种大城市的感觉。如果你到主城区走一圈，会发现到处洋溢着一股城乡接合部的气息，串串香就开在公厕旁边，路易·威登门口蹲着棒棒大军，一些外表气派的高楼大厦里凋敝的设施，会让你瞬间想起刚逃离不久的五线小县城。山城很有味道，但说不上洋气。

保定与广州的常住人口也是上千万，村民的生活却是天上地下。广州猎德村时不时会组织赛龙舟，下水的人有很多是珠江新城的"包租公"，家里有好几套回迁房，每条船上的人总身价平均超过一亿元；而保定那边的农民，面朝黄土背朝天，天天骑摩托车在田里晃悠。这就是城镇化进度不一的区别。同样是征拆，有的地方一夜诞生 600 家亿万富豪，有的地方反而生产上访农民。

表 1-17　各地人均 GDP 数据

	GDP（亿元）	常住人口（万人）	人均 GDP（万元/人）		GDP（亿元）	常住人口（万人）	人均 GDP（万元/人）
深圳	22438	1252	17.9	济南	7201	723	9.9
无锡	10511	653	16.1	郑州	9130	972	9.38
珠海	2564	167	15.3	南昌	5003	537	9.3
南京	11715	827	14.17	东莞	7582	826	9.17
长沙	10535	765	13.78	合肥	7213	786	9.16
杭州	12556	946	13.26	唐山	7106	784	9.05
佛山	9549	746	12.79	呼和浩特	2743	308	8.9
宁波	9846	787	12.5	成都	13889	1592	8.72
武汉	13410	1077	12.44	西安	7469	883	7.63
青岛	11037	920	11.99	沈阳	5865	829	7.07
天津	18595	1562	11.9	重庆	19530	3048	6.39
厦门	4351	392	11.09	潍坊	5858	935	6.26
烟台	7338	706	10.38	石家庄	6461	1078	5.99
淄博	4781	468	10.2	保定	3580	1163	3.07

注：GDP 采用 2017 年数据，常住人口采用 2016 年末数据

数据来源：各地统计局

所以，"大城市"更精准的定义不是经济总量或者人口总量的大，而是民众钱袋子的大。

还记得开头那张人均本外币存款余额表吗？这张表脱下了所有城市的底裤，估计很多市长都恨不得阅后即焚。让我们再好好回味一下吧。

厦门、珠海就是典型小而美的城市，人均本外币存款余额 27 万元起跳，比起南昌、合肥、重庆、石家庄这类虚胖型选手，以及东莞、佛山这类遍地是产业工人的工业重镇，显然要更加精致可爱。

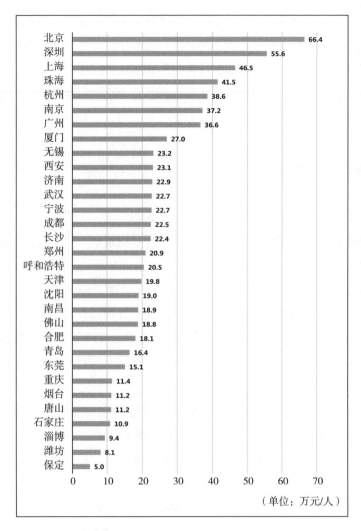

图 1-13　2016 年末各地人均本外币存款余额

数据来源：各地统计年鉴

　　杭州、南京的表现也着实不赖，分别为 38.6 万元、37.2 万元。这些地方消费力很强，不仅能够成全"我月入三万，怎么会少你一个鸡蛋"的煎饼摊大妈，还能养活遍地的咖啡店、潮牌店、24 小时书店。这里生活着一支人数众多的"有闲阶级"队伍，文化、艺术等精神创造层出不穷。

你很容易就碰到这样的沙龙：来的人有律师、大学生、诗人，大家的话题从北岛跳到卢梭，从耶伦跑到梅姨；出门抽根烟的工夫，还能撞见一个手里拿着《存在与虚无》的女孩，行色匆匆地赶来。

当然，想要在这些城市活得多姿多彩，你要么荷包够鼓，要么胸中有丘壑。

向往成为公务员的人如何选？

最后，向往成为人民公仆的人应该去哪个城市？

回答这个问题之前，可能你需要先问问自己是哪一种性格：守成型人格，或者建设者人格。

守成型人格一般追求稳定的生活和感情，不喜欢过快的节奏，这种属性的人与有体制味道的地方更匹配，比如沈阳、唐山和天津等。这些城市大多处在北方，经济上更偏向大国有、大工业，习惯了有形之手的摆动。其单位制的思维，在经历一段长时间的震荡重组后得到延续，渗透到城市的每一寸肌肤之中。

一入侯门深似海。体制内严谨的条条框框，并不是所有人都受得住的，反倒是具有守成型人格的人可以如鱼得水。在这个有板有眼的世界里，他们有自己的想法，但不会太过棱角分明，可谓进可步步为营，退可守土有责。

对于这种人，我会建议他带着这张表上路：政治经济学有一个"激励扭曲"的理论，说的是地方官员晋升锦标赛中，GDP 的考核权重过高，导致官员倾向于将资源投入大基建，因为这样能很快就反馈到经济指标上，易于被上级考察发现；而将资源投入教育、医疗等项目，吃得多吐得少，且效果难以量化考核，地方官员普遍动力不足。

以教育医疗支出占一般公共预算支出的比重为指标，可以看出你所下注的城市是更喜欢盖大广场和公园，还是更愿意花力气在民生，是更重视面子，还是更注重里子。

表 1-18 教育医疗支出占比一般公共预算支出(单位:亿元)

		一般公共预算支出	教育支出	医疗支出	合计	占比	年份
一线城市/直辖市	广州	1888	313	168	481	25.50%	2016
	重庆	4337	627	359	986	22.73%	2017
	北京	6407	887	398	1285	20.10%	2016
	天津	3699	502	203	706	19.08%	2016
	上海	6919	841	383	1224	17.70%	2016
	深圳	4211	415	201	616	14.63%	2016
新一线城市	杭州	1404	253	97	350	24.92%	2016
	青岛	1403	254	86	340	24.23%	2017
	武汉	1525	231	134	365	23.94%	2016
	南京	1354	218	90	307	22.70%	2017
	成都	1760	250	134	384	21.83%	2017
	无锡	989	157	59	215	21.77%	2017
	宁波	1411	215	87	301	21.37%	2017
	西安	943	120	73	193	20.48%	2016
	长沙	1041	157	55	212	20.37%	2016
	郑州	1515	176	91	267	17.61%	2017
二、三线城市	潍坊	638	165	60	226	35.37%	2016
	保定	521	112	64	175	33.68%	2015
	淄博	418	94	42	135	32.36%	2016
	石家庄	807	168	78	246	30.46%	2017
	东莞	599	143	36	179	29.91%	2016
	佛山	776	140	86	226	29.11%	2017
	唐山	643	117	62	179	27.83%	2016
	烟台	679	131	55	186	27.40%	2016
	济南	741	131	65	195	26.36%	2016
	南昌	654	100	69	169	25.80%	2017
	厦门	812	127	54	181	22.28%	2017
	合肥	860	119	52	171	19.90%	2016
	呼和浩特	402	54	26	80	19.79%	2017
	沈阳	809	108	49	157	19.39%	2015
	珠海	417	57	22	80	19.06%	2016

数据来源:各地财政局

以广东双子星为例，虽然广州的一般公共预算支出只有 1888 亿元，跟深圳的 4211 亿元根本不在一个水平线上，但细分来看，广州在教育、医疗的支出，不仅绝对数值直追深圳，相对占比也更胜一筹——广州有 25.5%，比深圳高出整整 10%。深圳的上市公司达 200 多家，双创指数直冲天际，随便哪个餐厅都有人在讨论 PE/VC，比广州不知道要高到哪里去。但是广州有 38 家三级甲等医院，深圳仅有 17 家，广州拥有病床位 9.51 万张，而深圳仅有 5.7 万张。

两地孰优孰劣，真的没有一个定论。只是如果去那种更重视里子的城市，你可能会有更多的获得感。

具有建设者人格的人精力旺盛、不怕困难，在新一代接班人中最具革命热情。这种属性的朋友，请到祖国最需要的地方去吧。

广阔的落后地区大有所为，集体建设用地入市、大机械化耕作、电子商务下乡，样样都考验真功夫。在那里，你可以见识到最真实的中国、最复杂的中国，那可是深居庙堂看不见的景象。不管你是现实主义还是理想主义，扎根老少边穷反正都是一种曲线救国的路径。正如"无知少女"①升迁最快一样，有基层经验的开荒者，关键时刻也最有可能被国家看中。

用力过猛或出现后遗症

在这场深刻改变中国的运动中，有的城市胃口很大。西安就是个极端典型，这座"网红"城市提出从 2018 年至 2020 年底，实现主城区人口规模达到一千万、全域人口达到一千五百万的宏伟蓝图。

缺口有几百万，时间只剩下三四年。为了抢人，整座城市都被动员了起来，三天一个誓师大会，五天一个攻坚大作战。结果，2018 年头 4 个月新增落户数 30 万，相当于过去一年的成绩。按照这种势头，未来西安的

---

① 无党派、知识分子、少数民族、女性四类群体的统称。

人口或许会迎来大爆发。

不过，照这个抢法，交通、教育、医疗等能跟得上吗？这指不定就是落户喜悦一时，进城后悔一世。如果过个五到十年，买房摇号，车牌摇号，上学摇号，甚至住个院都得"请排队摇号"，那就真是一个悲剧了。今天的深圳因为抢人大战，已经出现了学位紧张的后遗症。但愿西安等用力过猛的城市，配套设施也能跟得上来。

说句实话，选城市真跟讨老婆一样，没有最好的，只有最合适的。找准符合自身气质的城市，甚至比你的个人奋斗还重要。

第二章　京津冀版图重塑

北京离上海越来越远，离中央越来越近

黄汉城

2019 年刚开年，中国的"帝都"就密集发生几件大事。

1 月 10 日，中共北京市委和市政府牌匾从原址摘下，随后被送进了档案馆，四大班子通通搬往通州办公。

23 日，官方发布北京市年度经济数据，2018 年末北京全市常住人口 2154.2 万人，比上年末下降 0.8%。

24 日，中共中央、国务院发布意见，支持国有企业总部及分支机构向雄安新区转移。

……

重构北京城的行动早已拉开序幕。经济上的北京正在远去，政治上的帝都正缓缓袭来。

今天，北京正在经历一场前所未有的大巨变。未来，它离"中国第一大城市经济体"将越来越远。

赶人运动不分阶层

有一次，在天安门上，毛主席指着广场以南一带说，以后要在这里望过去到处都是烟囱。

那时，北京刚刚解放，工人阶级仅占全市人口的 4%。工业总产值不到天津的三分之一，上海的六分之一，工业整体很弱势。

作为一个依靠无产阶级上位的新政权，首都的"领导阶级"力量怎么能够如此薄弱？于是，把北京建设成全国的"经济中心"就成了首都的工作重心。

工业基地拔地而起，工人们不断涌来，没用多长时间，北京就从一座消费性城市变成了工业性城市。

过去几十年里，北京一直将上海视为经济上最大的竞争对手，一步步地逼近后者的体量。

2018 年，北京 GDP 相当于上海的 92.78%，为 1949 年以来最高（见第一章图 1-1）。不过，这个历史性的进程可能即将结束。因为今天的北京，正在淡化经济色彩。

据 FT 中文网报道，近年来北京采取了各种各样的手段赶人：停办农民工子弟学校，腾退批发市场，以每天几千个足球场面积的速度拆除违建，给予货币补偿让直管公房退租，京津冀地区医保通用以鼓励北京居民到外地养老……

这一场非首都功能疏解，不分阶层，不分等级。整治"拆墙打洞"清理的是外来人口，建设通州城市副中心疏解的是公务员，规划雄安新区迁移的是各类事业单位的知识分子。

不管你是世世代代生活在皇城根儿的老北京人，还是北漂 20 年终于混入主流社会的"凤凰男"，抑或是站在"食物链"顶端的体制内人群，但凡两条腿走路的，都可能在疏解名单之内。

来自北京市统计局、国家统计局北京调查总队的数据显示，2017 年末，北京全市常住人口减少了 2.2 万人，2018 年末再减 16.5 万人。以往平均每年 30 万人的净流入通道，现在终于被有形之手死死封住。

伴随着人口减少而来的，还有制造、零售、批发、运输、仓储等业态的外迁，它们散落在河北、天津，给这些地方带去了新的活力。

对北京来说，这种经济要素的外流其实也意味着 GDP、地方税收等的流失，可能会在后续产业替补上之前造成空当期，导致局部地区经济波动。

但北京非首都功能的疏解还是进行得一往无前、义无反顾。因为，今天的帝都已经不是北京市的北京，而是中央的北京。

越靠近圆心资源越集聚

早前 FT 中文网刊发《北京的无奈》系列文章，作者黎岩提出，这几年中国官方一直在强调要"讲好中国故事"，这实质上是对于传播中国经验和推广其价值观的内心渴求，不过更经常感受到的，是理论远远跑输实践而带来的"内心惆怅"。

确实，与历史上的顶峰相比，这种失落显而易见。

盛唐的首都长安城，是当时世界上最大的都市，有 100 多万人口，其中至少有 1/20 是外国人。在那个中国最为强盛的时代，海内外都为长安所代表的"中国模式"所折服，可谓是万邦来朝，气势恢宏。

今天，北京成为了国家的象征，展现着中国道路和中国力量。这个地方有 3000 多年建城史，860 多年建都史，是中华文化的集大成者，更是唯一出现在中国宪法中的城市。但这样一座活的历史博物馆，没有被无数次的天灾与战争打倒，却陷入了可能被城市病拖垮的危机中。

这些年，北京前后拆了两千多条胡同，旧城风貌岌岌可危。消失的四合院被高楼大厦取代，这些千篇一律的建筑，如何能体现一个复兴大国的历史独特性？

这些年，棚户区承载了无数北漂的梦，它变得越加拥挤，隐患重重。这种类似于贫民窟的居住环境，如何能向全世界证明这个国家的制度性胜利，如何能与社会治理失败的资本主义国家区分开来？

这些年，往来北京的外国领袖，所见的是为人民"服雾"、黑臭水体、垃圾围城、宇宙第一高房价等。

这些年，靠近权力中枢的重大活动，时常被大城市病干扰，从首都机场出来到天安门，可以堵到"少小离家老大回"……

大国崛起的路上，北京似乎越来越不首都。在决策者眼里，这一切的根源就是北京集聚了太多资源。

这里有中国最好的教育机构，最好的医生医院，最有权势的衙门，最有地位的国企。它像是一台永不停歇的抽水机一样，虹吸了全国的资源。

整座城市如同一个同心圆，越靠近圆心的位置，资源就越集聚。

不排除成立中央政务区

现在，中央要给所有这一切来个大翻篇。

2017 年发布的《北京城市总体规划（2016—2035 年）》中，北京有四个定位：全国政治中心、文化中心、国际交往中心、科技创新中心。该份规划出台前报党中央、国务院审定，这在城市规划审批中极为罕见，基本可以看作中央的思路。

请牢牢记住上述四个定位，这将是未来京津冀版图百年巨变的起点。

先看"科技创新中心"方面。2008 年奥运会前，北京市政府开始追求"世界城市"，想要将北京打造成为与纽约、伦敦并列的"世界第三极"，其特征之一就包含金融中心。野心之大，连上海都不放在眼里。但真要走到那一步，也意味着北京要像香港那样，资本账户开放、人民币自由兑换、外汇进出自由等。这对于国家的心脏来说，试验风险很大。

所以北京注定走不了纽约、伦敦的道路——用金融来引领全球。既然如此，中央认为那不如干脆开创出第二种模式，让北京成为世界科技创新的新引擎，用科技来引领全球，国际金融中心就交给上海好了。

再看"全国文化中心"方面。如果说科技创新中心是"引领未来"，那么全国文化中心就是"承接过去"，前者建立在后者的基础上。在一个蕴含古老中华文明的城市里，孕育着一股指引世界文明方向的科技力量。这种顺承和展示，隐含着以中国模式让世界变得更美好的愿望。

而"全国政治中心"和"国际交往中心"的定位，都是首都的核心功能，一个对内，一个对外。前者服务于中央党政军三套班子，保障国家政务活动安全高效运行；后者服务于重大外交外事活动，需要建好国际会议会展区、国际体育文化交流区、国际交通枢纽、外国驻华使馆区等平台。

在中心城六区的范围内，只要是这四个功能以外的其他城市功能，都会被中央开启离心机模式——甩出。正如 FT 中文网的评论所言，包含北京通州城市副中心、河北雄安新区在内的两个"千年大计"，实际上都是中心城六区的"泄洪区"。

　　未来随着首都核心功能的进一步强化，东城区、西城区可能会迎来深刻的行政区划调整。

　　这两个区域是首都的核心，承载了最重要的政治、文化和国际交往中心功能，但作为地方一级政府，东城区、西城区却仍要接受 GDP 等指标上的考核。

　　这种绩效指挥棒，使得两区存在追求经济利益的动机，导致二环内大拆大建，人口过度膨胀。如果要将经济发展从两区政府的职能中完全剥离出来，不排除东城西城会合并、组成中央政务区，换上一套全新的财政体制。

　　谁能想到，这一梦七十年，首都的形态已更迭了好几次？

财政过紧日子，全国支援帝都的时代来了？

黄汉城

如果我跟你说，最近国内有一个城市比较烦：

因为财政收支形势较严峻，财政局局长公开喊穷，向上级要钱要支持，市长则呼吁过紧日子，准备把三公经费砍掉 20% 以上；在这个地方，房地产业这头现金奶牛有点病恹恹，整座城市面临压力。

根据这些症状，你会想起什么画面？是不是荒废的工业园，过剩的住宅库存，讨薪的教师，空荡荡的双向六车道马路？怎么看都像是中西部某个十八线小城吧。

不，这里说的，其实是北京，中国地域"鄙视链"上最顶端的城市。

今天北京正在经历一场前所未有的大巨变。经济上的北京逐渐远去，政治上的帝都缓缓袭来。伴随着这股不可逆转的力量，首都的财政状况也开始吃紧了。

中国当代史就是充满了戏剧性。过去，是北京睥睨众生，未来可能要倒过来，由全国各地来支援北京了。

财政局局长公开向中央要钱

2019 年 3 月 7 日上午，全国两会时间。北京代表团召开分组会议审议工作报告，并向中外媒体开放，从这里发出去的声音可以传遍地球每一个角落。

大家很踊跃，你一嘴我一嘴地议开了。其中全国人大代表、北京市财政局党组书记、局长吴素芳的发言，可能是最令人意外的，她一开口就是向中央"要钱"：

"当前和今后一个时期，应该说我们进入了滚石上山、爬坡过坎、攻坚克难的关键阶段"，"北京正在面对城市减量发展带来的财政收入增速放缓问题，2019 年应该说是收支平衡最紧的一年"，"未来，在京央企及分支机构、金融业、高新技术企业等将会迁移，这都将对北京市的产业发展、财政收入的格局产生重大影响"。

根据北京晚报的报道，她当场建议中央财政加大对北京的资金支持，并给予更多的业务指导和政策倾斜。

吴素芳局长内心着急当属情理之中。不久前的 1 月 14 日，北京市市长陈吉宁做政府工作报告时就拉响了预警器。他说今年北京"经济运行稳中有变，存在下行压力，财政收支矛盾凸显"，"要树立过紧日子的思想，一般性支出压缩幅度不低于 5%"。

随后，吴素芳局长上台作财政预算报告时坦承，2019 年北京市财政收支形势较为严峻，财政收支"紧平衡"的特征更加凸显，今年会是近年来财力最"紧"的一年。

看来财政大管家也不是那么好当啊。

房地产这根拐杖不好用了

为什么北京的财政运行会面临一些困难？原因主要有几个。

第一，北京正在做减量运动。

前文已经提到，近年来北京坚定不移地疏解非首都功能，以整治拆墙打洞、停办农民工子弟学校等方式清理外来人口。而且还制定了非常严格的《北京市新增产业的禁止和限制目录》，将制造、零售、批发、运输、仓储等业态通通外迁。对北京来说，这种经济要素的外流也意味着 GDP、地方税收的流失，造成局部地区经济波动。

第二，房地产这根拐杖不好用了。

别以为北京有"总部经济"，有央企，有中关村，就不在乎房地产了。从 2016 年至 2018 年，北京国有土地使用权出让收入分别为 1169 亿元、

2945 亿元、1819 亿元，占当年度一般公共预算收入的比重为 23%、54%、31%。这股力量不容小觑。

2019 年北京财政预算报告也承认，房地产业是"我市传统支撑行业"，但是受"房住不炒"影响，"房地产等传统行业财政收入出现波动"。

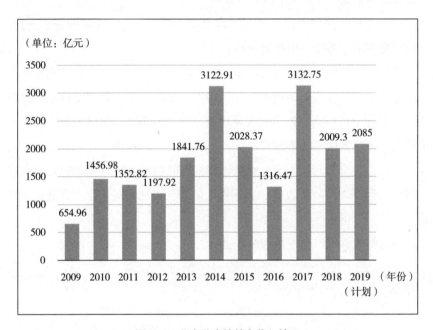

图 2-1　北京政府性基金收入情况

数据来源：北京市财政局

数据显示，2018 年北京政府性基金收入（主要构成是卖地收入）只有 2009.3 亿元，同比减少了 1123.5 亿。2019 年估计也好不到哪里去，有关部门预计政府性基金收入为 2085 亿，相当于 4 年前的水平。

从固定资产投资方面看也是一样的。2018 年 3873.2 亿元的房地产开发投资，占 GDP 的比重为 12.8%，比十年前少了 6 个百分点。

表 2-1　北京房地产开发投资占 GDP 的比重（单位：亿元）

年份	房地产开发投资	GDP	房地产开发投资 /GDP
2009	2337.7	12419.0	18.8%
2010	2901.1	14441.6	20.1%
2011	3036.3	16627.9	18.3%
2012	3153.4	18350.1	17.2%
2013	3483.4	20330.1	17.1%
2014	3911.3	21944.1	17.8%
2015	4226.3	23685.7	17.8%
2016	4045.4	25669.1	15.8%
2017	3745.9	28014.9	13.4%
2018	3873.2	30320.0	12.8%

数据来源：北京统计局

图 2-2　北京房屋新开工、竣工、销售面积

数据来源：北京统计局

自 2016 年北京率先开启新一轮楼市调控后，房屋新开工面积、竣工面积、销售面积都大幅下滑。北京财政预算报告称："在持续的房地产调

控政策影响下，房地产业财政收入预计仍将呈下行趋势。总体看，2019 年我市财政收入增长将明显放缓。"

第三，北京的减税降负力度很大。

2018 年北京积极落实减税降费政策，为北京市企业减税约 400 亿元，其中地方级减税约 187.8 亿元。我们知道，税收是地方政府一般公共预算收入的大头。像杭州，其税收收入占一般公共预算收入的比重就达九成以上。

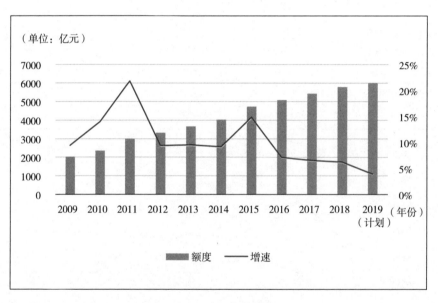

图 2-3　北京一般公共预算收入

数据来源：北京财政局

减税减得多了，一般公共预算收入就会受到影响。北京就是这样，2018 年北京一般公共预算收入增速只有 6.1%，为十年来最低，官方预计 2019 年将会进一步跌至 3.8%。

未来财政收支会更紧张

钱袋子是一切上层建筑的根基，关系着北京 2000 多万人口的命运。

会不会放松限购限贷，拿出房地产这个"夜壶"刺激下经济；会不会变相松开户籍制度，加入抢人大战；会不会减少国企补贴，影响体制内人群福利；会不会放缓底层人口的清理，使得服务行业的成本少增加一些……

这些，说到底都跟地方的财政收入有关。如果是一时紧张，可能熬一熬就过了。大家舞照跳，股照炒，生活不至于有大影响。但是很遗憾，未来两三年北京的财政收支可能还会更紧张。

第一，中央宣布进入大减税时代，财政收入变少。

2019 年中国要深化增值税改革，将制造业等行业现行 16% 的税率降至 13%，交通运输业、建筑业等行业现行 10% 的税率降至 9%，并继续推进税率三档并两档。

自从 2012 年试点营改增之后，增值税在帝都的钱袋子里地位越发突出，2017 年、2018 年两年占一般公共预算收入的比重均超过 30%。

增值税深化改革，势必会让北京的税收进一步萎缩。根据北京财政预算报告，"国家已明确的减税降费政策，将减少我市地方级收入约 300 亿元"。

第二，近来北京大事喜事多，财政支出变大。

70 周年国庆、第二届"一带一路"高峰论坛、世园会，以及 2022 年冬奥会、冬残奥会，哪一项不是关系大国形象的工程，资金需求旺盛？

以冬奥会为例，北京公布的预算为 39 亿美元，其中赛事编制预算约 15.6 亿美元，政府补贴 6%（约 6.3 亿元人民币）；场馆建设预算约 15.1 亿美元，政府投资 35%（约 35 亿元人民币）。单这一个项目就要花去 40 多亿元。

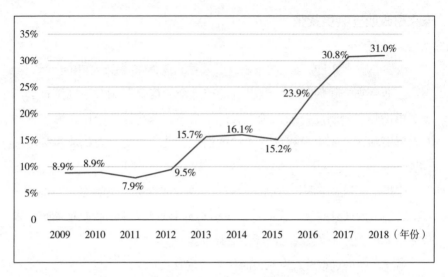

图2-4 北京增值税占一般公共预算收入的比重变化

数据来源：北京财政局

　　而且这还只是账面上的花费，现实中的配套基建并没有计算进去，一系列的隐形成本也没法估算，比如"奥运蓝"的成本，维稳安保的成本，企业停工的机会成本，等等。

表2-2　2018年财政总收入城市排行榜（单位：亿元）

排名	城市	财政总收入	GDP
1	上海	12213	32679
2	北京	11267	30320
3	深圳	9102	24691
4	重庆	8931	20363
5	天津	5029	18809
6	广州	4798	23000
7	武汉	4796	14847
8	成都	4373	15342

数据来源：各地财政局

真正花费多少，有点像糊涂账。与此相比，2014 年俄罗斯索契花了 500 亿美元搞了史上最豪华冬奥会，2018 年韩国平昌冬奥会花了 90 亿美元。

所以，你别看 2018 年北京财政总收入超过一万亿元，排名全国第二，感觉蛮高的。真花起来还是不够用。

中国当代史充满戏剧性

北京确实也不容易。

今天的"帝都"，早已不是北京市的北京，而是中国的北京。疏解非首都功能、全力做好政治中心角色，成为北京当前最大的政治。

它既有自身的刚性支出，要在改善民生方面加大投入，成为中国首善之区；又要构建高精尖经济结构，推动城市转型升级；还要肩负两个千年大计，支援雄安、建设通州城市副中心。说起来句句都是"不容易"。

为此，吴素芳局长在全国两会上公开提了几个建议，一是中央允许北京多发债，二是中央对北京多发钱。

从 2016 年至 2018 年，北京市分别发行了 1166 亿元、1070 亿元、644 亿元的地方政府债券，截至 2018 年 12 月其债务余额为 4248 亿元。

而财政部给北京核定的债务限额是 8666 亿元。理论上还有发债的空间，如果额度全部用满，可多发债 4418 亿元，相当于北京全年财政总收入的 1/3 左右。

如果中央加快发债审批，或者单独安排通州副中心发债权限，确实可以解燃眉之急。不过对于这种"花明天的钱"的做法，中央一直很慎重。

考虑到北京债务风险可控、项目成熟度比较高等因素，中央确实有可能增加其发债的空间，但应该不会允许一次性用完 4000 多亿元的剩余额度。

至于中央加大资金转移的建议，从 2015 年至 2017 年，中央对北京的转移支付（一般转移加专项转移）分别为 279.7 亿元、292.6 亿元、294.8 亿元，合计 867.1 亿元，比同为直辖市的天津少了近 150 亿元。

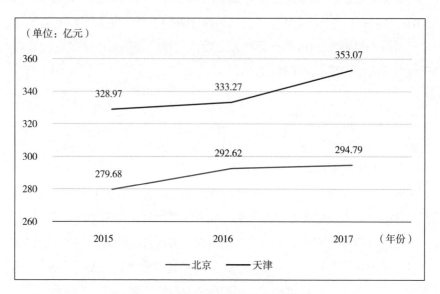

图 2-5　北京、天津的中央转移支付对比

数据来源：北京财政局、天津财政局

　　天津的政治地位远不如北京高，这样的拱卫之城 3 年内尚且有上千亿元资金转移，北京作为共和国嫡长子有何不可？

　　只要上边点头，北京确实能够分到更大的蛋糕。不过，有一点需要注意的是，全国财政的总盘子就那么大，北京多拿了，众多小兄弟们拿到手的就会变少，相当于全国各地都在支援北京了。

　　中国真是充满了戏剧性。

　　2018 年，站在鄙视链下游的一些城市，频频被爆财政揭不开锅。安徽出现教师讨薪潮、云南出现中国首例省级融资平台炸雷，天津最大国有房企天房集团惊爆 1800 亿负债。

　　今天，轮到了最顶端城市的财政收支紧张。不过细细想来，这两者还是有着本质区别的。

　　上一轮经济周期里，中西部缺少内生增长动力，长期依赖投资驱动。地方政府要么从银行直接借贷投资，要么以担保、明股实债的形式诱导相关企业下水投资。由于缺乏核心竞争力，大量投资或者无效，或者沉淀在产能过剩的产业。

项目回报率低，债务又高。要化解这些天量地方债，只有两种方式，要么印钞稀释，要么全民征税，反正最终都是由老百姓买单。中央即便出面兜底化解了危机，地方上还是遵循老的发展逻辑，一切照旧。

北京可不一样。它是在减税让利于民的时候，在摆脱传统支柱产业、培育新增长点的时候，在强化首都功能的时候，遇到了财政收支压力。

中央若给予北京支持，使之蹚过这道急流，北京将会是全新的北京。

天津疯狂"抢人",是对上轮经济周期的大清算

黄汉城

2018 年 5 月最大的新闻,就是天津"抢人",而且几乎是"零门槛"抢人。

堂堂一个直辖市,而且还是首善之地的海上门户,却如此屈尊降贵、逮谁要谁,显得比偏居一隅的西安还要饥渴。

是什么,让大津门如此焦虑?答案就是它自己。

这座城市走到了命运的十字路口。其财政收入大跌,经济增速倒数,再不抢人就有跌出"强二线"之虞。

下血本抢人,其实正是天津下定决心告别投资驱动模式,探索内生增长动力的努力。

我们发现,这一轮风起云涌的抢人大戏,只是全国各地对上一轮经济周期作出大清算的一个缩影。抢人大战的背后,折射了中国政经逻辑的一大转变:投资在驱动地方经济增长方面已经失去魔力,人才才是城市的未来。

天津不是第一个疯狂抢人的,也不会是最后一个。

官方服务器陷入瘫痪

北京到天津,直线距离只有一百公里。2018 年 5 月 16 日至 19 日的 96 个小时里,跑在京津高铁上的"和谐号",载满了一车车被天津梦撩拨起来的人。

肇因就是天津于 5 月 16 日发布的"海河英才"计划。

这是一份堪称中华人民共和国历史上最宽松的落户计划。该计划白纸

黑字写道，在津无工作、无房、无社保，年龄不超过 40 周岁的全日制高校毕业本科生可直接落户，在线申请三天即可获得反馈结果。

这种"零门槛"政策不知引燃了多少人的情绪。5 月 17 日清晨，天津公安 App 的服务器便因招架不住太多人同时进行线上申请而陷入瘫痪。有些北漂甚至连夜赶往津门，凌晨三点就站在行政许可服务中心门口排队等待办理落户。

尽管天津广发告示说，"海河英才"行动计划是天津市政府及有关部门出台的人才引进新政，具有长期性和稳定性，建议申办者择机安排，尽量减少昼夜排号。翻译成白话，就是兄弟们莫急，咱这个广场活动天天搞，吃饱喝足有力气再来。

然而，这阻止不了焦虑的蔓延。谁知道政策会不会一天三变，谁都怕自己被关在窗口之外。

惊恐、不安、愤怒、失落……全国人民的各种情绪，犹如决堤的洪水一般在天津几个政务服务大厅里横冲直撞，集体爆发。

天津不得不打上一个个补丁，从人事档案存档到预审核，门槛越来越高，将那些只为了孩子"高考移民"的人挡在门外。

最后，大概有几百人抢在天津还没做好防备之前，闯过了那道门拿到准迁证。后续乌泱泱赶来的大部队只能仰天长啸，恨不得时间能够倒回一秒。

短短一秒，就决定了几百个孩子的命运。

人口税收均负增长

赶来落户的人，很多都是因为看中天津是个"高考天堂"。

天津一年只有 6 万名左右的高考生，平均每五个学生中就有一个能考上一本。其 985 录取率全国第一，211 录取率全国第三，几乎眯着眼睛都能上重本，根本不用开外挂。

不过，单 5 月 16 日那晚就有 30 万人排队申请落户，后续还会有一大

波 "抢准考证" 的人赶在路上。如果未来分配给天津的录取名额保持不变，即便只多了 6 万户高考家庭，也意味着当地 "土著" 考生的竞争难度会增加一倍。

为什么天津这么饥渴，宁愿牺牲掉本地居民的一些高考优遇，也要大规模抢人？这是因为，天津已经到了史上最危急的时刻了。再不抢人，天津真可能要跌出 "强二线" 城市梯队了。

在 GDP 超万亿的前十二名城市中（不含北上），天津是唯一常住人口负增长的城市。

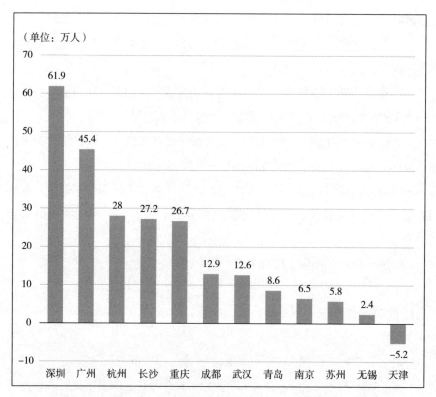

图 2-6 2017 年 GDP 超万亿前十二名城市 (不含北上) 常住人口增量

数据来源：各地统计年鉴

2017年，天津的常住人口为1556万人，同比减少了5.2万人。当广州、杭州、长沙、重庆等地一年新增常住人口少则20万、多则50万时，人们正在逃离天津。即便底层劳动人口从北京离开，这些人似乎也没有将触手可及的天津列为停留之地。

在GDP超万亿的前十二名城市中（不含北上），天津是唯一税收收入负增长的城市。

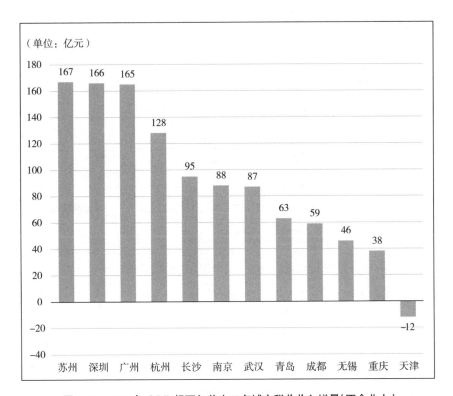

图 2-7　2017 年 GDP 超万亿前十二名城市税收收入增量(不含北上)

数据来源：各地统计年鉴

2017 年，天津的税收收入为 1612 亿元，同比减少 12 亿元。税收是一个城市最为核心的财政收入来源，这一块的负增长，意味着天津经济活力下降，大面积"肾亏"。

在 GDP 超万亿的前十二名城市中（不含北上），天津是唯一的上市公司数量零增长的城市。

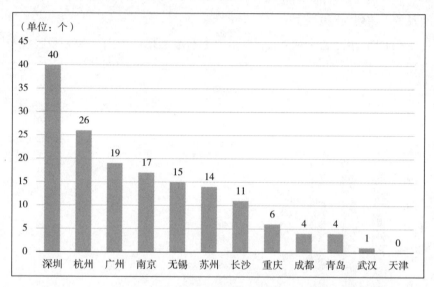

（单位：个）

图 2-8　2017 年 GDP 超万亿前十二名城市(不含北上）上市公司数量增量

数据来源：根据公开数据整理

A 股上市公司数量基本代表了一个城市的民营经济指数、资本活跃度和创业创新活力，比 GDP 更能反映一个地区的综合经济实力。2017 年，GDP 刚刚跨入万亿俱乐部的"新贵"长沙（10200 亿）、无锡（10511 亿）分别新增了 11 个、15 个上市公司，而天津（18595 亿）的这一数据却是零，实在对不起直辖市这个名头。

2018 年 1 月份天津滨海新区发生 GDP 注水风波，而 4 月份公布的第一季度成绩单，又吓坏了天津人：2018 年第一季度，天津 GDP 增速从去年的 8% 跌落至 1.9%，在全国 31 个省区市（不含港澳台）中排名倒数第一。

其实，不单单是人在逃，钱也在跑。根据中国人民银行天津分行的数据，2017 年天津非金融企业存款增量仅有 194.18 亿元，仅相当于 2016 年的 1/3、2015 年的 1/7，两年的时间就少了上千亿元。

这种断崖式的下跌着实令人意外。因为近年来天津的经济虽说有些坎坷，但毕竟是连年增长的，企业的存款增量不至于跌得这么厉害。最大的可能，就是钱都跑到了别的地方去。

在这种情况下，天津能不急着抢人吗？

投资驱动难以为继

直到 2017 年年末，天津仍在靠天量固定资产投资拉动经济发展。

表 2-3　全国主要城市固定资产投资占 GDP 比重（单位：亿元）

城市	固定资产投资	GDP	固定资产投资 /GDP
重庆	17440	19530	89%
长沙	7567	10200	74%
青岛	7777	11037	70%
成都	9404	13890	68%
天津	11274	18595	61%
武汉	7871	13410	59%
南京	6215	11715	53%
无锡	4967	10511	47%
杭州	5857	12556	47%
苏州	5629	17000	33%
北京	8948	28000	32%
广州	5919	21500	28%
上海	7246	30133	24%
深圳	5147	22286	23%

数据来源：各地统计局

2017 年，天津固定资产投资高达 11274 亿元，占 GDP 总额的 61%，排名全国 GDP TOP14 城市的第五。绝对值则排全国第二，仅次于常住人口 3000 多万的庞然大物重庆。

正如财经作家罗天昊所言，从 2003 年到 2013 年，天津滨海与重庆两江是中国当之无愧的重点战略区。中国拼命扶持滨海新区发展，财政系统的融资拨款，再加上央企投资，已高达数万亿元之巨。

投资驱动助推了滨海乃至天津的 GDP 增长。但在迈入经济新常态的当下，这种模式显然不可为继。

第一，开工爽一时，开业痛一生。当经济活力跟不上时，投资驱动容易造就一大片鬼城。天津滨海新区就有类似之苦，响螺湾 CBD 看外表颇有中国曼哈顿的气势，内部人气却是可可西里。

第二，在这新一轮政治周期里，天津虽仍是中国的战略重地，但无法像过去一样获得长达十年的国家资源倾斜，宠儿时代已终结。

天津下血本抢人的背后，其实正是天津下定决心告别投资驱动模式，探索内生增长动力的努力。

目前中国的区域竞争已开启了一个全新的篇章。北有雄安新区，南有海南自贸港。前脚刚出了长江经济带，后脚马上又有一个粤港澳大湾区。而自贸区则以雁形的方阵，由东向西飞向全国筑巢。神州大地哪一处不是战略重点？

哪里都"特"，也就哪里都不"特"。在实行普惠政策的今天，已经没有哪个地方能够说得上是真正的政策洼地了。那种依赖中央输血、躺着赚钱的日子正在成为过去式，所有投资驱动型城市都必须自我救赎，争当制度创新领先者，激活经济内生动力，只有如此才能立足于不败之地。

所以我们才看到，这一轮抢人大战中，抢得最凶的几个城市，基本都是投资驱动城市：南昌（固定资产投资与 GDP 之比为 102%）、石家庄（98%）、郑州（83%）、武汉（59%）等地，大中专生就可以零门槛落户；重庆（89%）、青岛（70%）步子迈得更大，准备布局租房即可落户的政策；西安（100%）在拿到国家中心城市的"牌照"之后，痛定思痛，走上抢人之路，成为引领上一波抢人高潮的网红城市。

表 2-4 "抢人"城市固定资产投资占 GDP 比重(单位: 亿元)

城市	固定资产投资	GDP	固定资产投资 /GDP
南昌	5115	5003	102%
西安	7463	7469	100%
石家庄	6310	6461	98%
重庆	17440	19530	89%
郑州	7573	9130	83%
青岛	7777	11037	70%
天津	11274	18595	61%
武汉	7871	13410	59%
济南	3962	7201	55%
呼和浩特	1490	2743	54%

数据来源: 各地统计局

而那些早已向内生增长转型的城市, 如无锡 (47%)、杭州 (47%)、苏州 (33%)、广州 (28%)、北京 (32%)、上海 (24%) 都傲娇着呢, 对人才千挑细选。

投资驱动型城市的集体转向, 其实正是中国对上一轮经济周期的旧模式作出的大清算。

天津的落户大战不是第一波高潮, 相信也不会是最后一波。

一线容不下肉体, 三、四线容不下灵魂

不管怎么说, 天津已经走上了一条救赎之路。除了高考福利之外, 天津也有它的致命诱惑。

作为北方第一大港、中国第六大城市, 天津房价却只有 1.5 万元到 3 万元。这对于有志于生活在大城市的人来说, 无疑是福音。

当其他城市因为开发商捂盘惜售, 或者政府不愿意多供应住宅用地, 导致库存紧张的时候, 天津加大了土地供应总量, 提高中低价位、中小套

型普通商品住房的供应比例。

2018 年 2 月末，天津商品住宅去化周期达到 23.7 个月，在全国 TOP14 城市中排名第一，说明了天津"满足居民合理住房需求"的口号不是白喊的，确有实干精神。

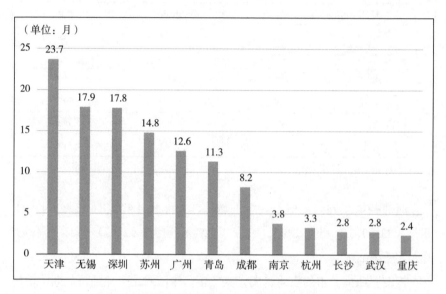

图 2-9　全国各城市商品住宅去化周期（2018 年 2 月）

数据来源：中指研究院

另外，天津也正在向"佛系"城市转变。2017 年，天津的非税收入为 698 亿元，同比下降了 32.7%。

非税收入包含罚款、行政性收费等，侧面反映了一个城市对企业吃拿卡要的程度。这一块大幅下滑，说明天津正在努力地落实国家减税降费政策，积极调整财政结构，努力"做实做优"财政收入，天津的经济发展正处于由速度规模型向质量效益型转变时期。

有人说，一线城市容不下肉体，三、四线城市容不下灵魂。这条救赎之路若发挥得好，天津很可能会成为为数不多的、既容得下肉体又容得下灵魂的城市。

一张白纸的雄安，凭什么叫"千年大计"？

黄汉城

千年后再回首，我们或许会感谢雄安新区的横空出世。

虽然它现在还处于婴儿期，但它即将引起的大震动早已积蓄在大坝之外，只等闸门一开。

首先我们要明白，雄安的野心并不是要成为中国的第三极：雄安不像深圳，身边缺乏香港这样的"超级联系人"；雄安也不像上海，并非万里大河的出海口。它前不着村后不着店，自然地理条件远不如深圳和浦东，要将它打造成一个 GDP 超万亿的超级城市，难度很高。

不过，中央又对它寄予厚爱。"千年大计、国家大事"的定位，用词极为罕见。在中国几大战略中，京津冀协同发展、长江经济带，甚至是天字号工程"一带一路"，官方也只是说百年大计，可见雄安新区规格之高。

综合这两个因素推测，雄安的战略意义绝不仅限于经济范畴，而是上升到了更高的层次。

中国从一个闭关锁国的经济体发展到现在，一路披荆斩棘，卸掉了身上种种枷锁，剩下的都是一些"硬骨头"，涉及经济体制、社会治理、土地财政、生态环境等。许多顽症动一发则牵全身，几乎无从下手。

雄安的使命，就是为国家充当第一实验田，总结成功经验并复制推广，帮助中国刮骨疗伤。

关心雄安，并不是说它会带来多少投资和就业机会，这并不是最重要的。最关键的地方在于，它的一举一动，都可能颠覆现有的游戏规则，打破陈旧的利益格局。

中国第一个租城？

地方政府是土地一级市场的垄断者。纵观过去几十年的城市史，你会发现，地方政府经常像挤牙膏一样供应土地，使得物以稀为贵。

好处是政府可以收割一大笔土地出让金，手里有钱，就能反哺城市基建，把城市建设得更加现代化。坏处是间接推高了房价，加剧了全民炒房的风气，经济脱实向虚。

2017年4月，刚出生的雄安新区就关闭了一百多家售楼处和中介机构，宣示将"房住不炒"进行到底。但具体是如何抑制炒房，大家还很迷糊。随着新区工作的深化，相关制度已经越来越清晰了。

结合近来雄安爆出的消息看，未来新区的住房政策将是"租购并举、以租为主"，而且还会建立起一套完全不同于现行制度的"住房租赁积分制度"。

初步设想如下：第一，来了就是雄安人，政府提供租赁住房包你有房住；第二，租购同权，如果租房不爽想买房，那你要工作时间长、贡献多，攒够一定积分才能下单；第三，楼市半冻结，房子必须持有20年以后才可出售，而且出售的时候政府有优先购买权。

这一招确实够狠。政府低价出让一块地，开发商可以来招投标，但买的不是以往的土地使用权，而是房屋建设权。开发商按照市场机制建房，所建的房子用于租赁，从中赚取一定的施工费。

随后，政府会在附近规划、建设好配套的幼儿园、中小学、医院等，让那些租客享受与买房者一样的公共福利。

而买房的大门，只为那些长期扎根雄安、攒够积分的人敞开，炒房者根本无处下手。就算要卖，政府也有优先购买权，避免房屋频繁"倒手"推高房价。

这种设置，无疑会激励外来人口将更多心思放在工作上——踏实干活，诚信缴税，没事就献献血，多参与志愿者服务，做一个合格的市民争取给自己加分。如此一来，所有购房行为都变成了对城市的长期价值投资。

1987年，深圳敲响了土地拍卖的第一槌，从而拉开国有土地使用权有偿让渡的序幕，造就了后来轰轰烈烈的土地财政运动。

三十年后的今天，雄安新区将告别深圳模式。一旦实验成功，很可能会打开中国的另一扇大门。

中国第一个公民社会？

社会治理现代化，是一项极为复杂、极为艰巨的系统性工程。

过往中国底层的种种矛盾，很大程度上都是源于上下良性互动的长期阻滞。在这方面，雄安犹如一张白纸，没有历史包袱，更容易化繁为简杀出一条血路。

首先，雄安的可塑性空间大。当前新区核心所辖人口尚不到10万人。根据规划，新区远期将承载200万至250万人口。这个体量，放全国来看就是一个"小"城市，很适合做社会实验。

其次，雄安的人口素质高。它主要承接北京的非首都功能，未来会有行政机关、事业单位、金融机构、高等院校、研究部门等迁移过来，流入的人口当中，有许多高学历、高收入的青壮年。而且上文也说了，雄安的住房制度会让居民"来了就是雄安人"，对城市产生向心力。

最后，雄安的自主权强。它是继浦东、滨海之后又一个具有全国意义的新区，至少是副省级级别，地方立法权充足。

这种人口条件和政策优势，放在国内600多个城市当中都是非常罕见的，百年来少有。

现在农村凋敝，乡里多是老人、妇女、小孩，承接不了社会实验。而沿海地区的制造业重镇，则农民工聚集，市民化程度低，不太关心公共事务。

全国政协委员、清华大学教授李稻葵曾大胆设想过，雄安作为制度创新高地，应该是这样子的：部分基层官员岗位可以尝试差额选举；基层性的税收，例如物业税乃至个人所得税可以交由基层政府管理使用；教育经费由新区统一安排，以此平衡各学区之间的教育资源；基层政府定期召开公共政策讨论会、听证会，交由本地居民表决重大公共事务……

这里面任何一个点的突破，都可能以点带面，激发更多社会活力。

其实，雄安可以探索的领域远远不止上边几个。它的想象空间很大，关键在于监管部门能否把步子迈得更大一些。

中国第一个智慧城市？

从 2017 年开始，国内互联网大鳄纷纷布局雄安。马云把阿里应用最广的云计算、物联网带到了雄安。李彦宏把他最得意的无人驾驶车辆开到了雄安。马化腾则拿出了大数据、金融云、区块链。

未来的雄安必然是一座聪明的城市。想象一下这样的场景：出门前先在手机上下个单，无人驾驶汽车就来到了家门口等候；进超市买东西，不用打开支付宝那么麻烦，直接刷脸；开车出商场车库，抬杆就走。全市每个公开场所安装可人脸识别的摄像头，将人与城连接在一起。城市的"神经网络"能够自主思考、学习和成长，并通过物联网系统来调配人的需求，从此告别拥堵、排队。

未来，它很可能会是中国第一个无人驾驶城市；中国第一个有大脑的城市；中国第一个数字城市……

其实，科学发展与伦理问题总是相伴而生的。每一次技术的历史性突破，都会给人类的道德观念带来新的冲击。在我们看来，雄安最伟大的地方还不是孵化新技术的落地，而是由此引发的上层建筑的改变。

打个比方，无人驾驶车辆行驶在路上，受外力作用突然失控，前方有两个选择，左边是一个过马路的老太太，右边是一群小孩，系统选择冲向左边，由此造成的法律后果该如何界定和分责？

再举个例子，今天克隆技术已不是难题，制造克隆人取下部分器官，给肾衰竭的病人换上，之后再对克隆人进行技术处理，病人家属能否接受？社会能否接受？

科学的创新可谓一日千里。很多时候跟不上时代步伐的，往往不是技术，而是相关的伦理以及处于空白区间的法律法规。

按照中央的定位，雄安要建设成为创新驱动发展引领区。如果它变得像硅谷一样，在人工智能、生物科学等高精尖领域有所突破，那么，它就会最早遇到类似无人驾驶事故的伦理难题。

来之，论之，修之，解决之。作为技术的试验区，雄安同时也会颠覆掉很多上层建筑。

今日雄安，明日中国

目前包含雄安在内，全国有 19 个国家级新区。在官方的话语体系中，国家级新区是承担"国家重大发展和改革开放战略任务"的综合功能区，"发展"放在了"改革"前面。

但是这一次，雄安很不一样。它实际上是把"改革"放在了第一位，更突出体制"改革"的任务，而不是经济"发展"的任务。

今日之雄安，可谓是明日之中国。它就像是一个刺破机制脓包的剑客，一个挑战既有秩序的勇者。所有不关心雄安的人，都将无法洞察中国未来的走向。

环雄安楼市冉冉升起，这是下一个人生赌场？

刘春萍

帝都往南一百公里的地方，一个"环雄安"楼市正在冉冉升起。

雄安作为千年大计，杜绝一切炒房行为，它像一座坚硬的堡垒刀枪不入。前有楼市一夜冰封，闻风而动的炒房客被"关门打狗"，后有白纸黑字，原则上不许在辖区内建设高楼。

高层的态度很明显：中国的经济脱实向虚太严重了，雄安作为待开发的处女地，绝不能像之前的海南一样，沦为房地产的加工厂。

为了将这个国家级新区打造成宜居宜业之地，高层前后找了 1000 余名专家、200 多支团队、2500 多名技术人员来规划设计，可谓用心良苦。

不过，在雄安还没搞起来之时，"环雄安"一带已经急不可耐了。2019 刚开年，一些手握权力和资本的人就围着雄安画了一个圈，征地、拆迁、盖楼、卖楼，一片热火朝天。

他们下注雄安一定会成为"明日之星"，怀着各种小心思疯狂入场。这里边，有揣着明白装糊涂的地方政府，有不惜赚取最后一个铜板的开发商，也有怀揣着炒房暴富梦的投资客。

一场关于房地产的阴谋阳谋徐徐展开。

20 天征地一万亩

徐水，位于河北保定市的东北方向，距离雄安板块内的容城只有十几公里，开个摩托车眨眼就能到。

新区刚设立那会，这里的楼市也跟着"一人得道，鸡犬升天"，与白沟、霸州、定兴一同被称为"环雄四小龙"。

站在"千年大计"的边上，徐水区的政治觉悟甚高，一点都不敢懈怠。它在2019年的政府工作报告中，喊出要"积极争取京津雄产业转移合作，把徐水打造成雄安研发成果产业化的第一承接地"、"围绕与雄安同区一体化目标，持续补短板、提品位，实现与新区同城发展"。用一句话来概括，就是徐水一定会服务大局，打好雄安牌，抓住历史机遇迎头赶上，实现产业升级。

不过，徐水既没有雄厚的商贸经济实力，也不具备京津十字路口的地理优势。它最大的优势，是有一大片平坦的优质耕地。

2018年10月，徐水化身"征地狂魔"，短短20天内就征地万亩，事涉17个村庄，气势凶猛，一副甩开胳膊准备大干一场的架势。

然而，嗅觉敏锐的媒体还是发现了一些猫腻。央广新闻披露，徐水区征收的万亩土地，疑似"未批先占"，而且在其所征地中，有一部分土地，是国家规定不能改变用途的永久性基本农田。

吃相这么难看到底是为了什么？征用这么多耕地难道不是为了产业升级吗？

央广网的记者走访发现，一块原本在征地公告中规划作为"釜山文化村"的农田，在征地结束后却成了配有高尔夫球吧、垂钓俱乐部的豪华别墅群"天业·悦山湖"。该项目顶着徐水区最高房价桂冠，每平方米单价2万。有赖于"环雄安概念"，小区楼盘卖得特别火爆，截至2019年3月已经没有库存了。

可以说，这种"挂羊头、卖狗肉"的现象比比皆是，甚至涉及雄安新区周边管控区……

据央广网报道，位于管控区的东史瑞镇，当地以建造景观大道为名征收土地，结果铲平的地面升起一幢幢商业住宅楼。被政府以建设粮库为名征地的徐水区津宝路地块，中途也鬼使神差地成为一个名叫"鑫龙盘"的小区。

在刘伶路片区，有村民指着眼前的"尚品"楼盘对记者说："这一片以前都是我们的耕地，政府从我们手里以每亩11.9万元的价格收走地，现在我家这 3 亩多地都卖了也买不了一套房!"

长太息以掩涕兮,哀民生之多艰。

在很多村民眼里,这只叫房地产的怪兽太过凶猛。它张开血口大盆横冲直撞。所到之处,无不屈服。

北方"小义乌"躁动不安

看完雄安的西边,我们再来看北边——高碑店市,一个人口只有 57 万的十八线小城。

这里最发达的小镇叫白沟镇,号称北方"小义乌",以箱包百货闻名华北平原。自雄安新区划出之后,到那里做生意的小商贩,没有一天不在感受着"雄安概念"的冲击。

火车站外,"热爱雄安新区、建设雄安新区、奉献雄安新区、服务雄安新区"的墙壁宣传语尤为醒目。

商贸城内,打着"北京南、雄安北"旗号的店铺正在"火热招商中"。就连小酒店也不忘蹭一把千年大计的热度,在名片上印上"服务白沟,对接雄安"的标语。

在"环雄"概念的鼓动下,整座小镇洋溢着一股躁动不安的情绪。

2017 年,因为离雄安只有半步之遥,白沟一度成为房地产投资客的心头好。"炒房天团"从全国各地涌来,将这里的售楼处团团围住。

在他们的"不懈努力"下,白沟新城的房价"顺利"从每平方米 5000—6000 元狂涨至每平方米 16000 元,一度成为环雄楼市的房价之王。而当时整个白沟镇的 GDP 只有区区 75 亿元。

如今,由于受到房住不炒调控的影响,白沟新城房价已回落至每平方米 9000 元。不过,这依然阻止不了当地政府的卖地热情。

2018 年 12 月,白沟新城一下子发了 12 条征地公告,征地面积 400 多亩,相当于 642 个篮球场,用途全部为住宅用地。

房价长期看涨

如果说雄安是房地产的禁区，那么环雄一带，俨然已是下一个"人生赌场"。

虽然"房住不炒"的大刀就悬在头上，但一点也吓不倒这些赌客的热情。他们对赌的，正是雄安一带的未来。

2018 年 12 月发布的《北京人口蓝皮书》透露出两个信息：一是自 2017 年开始，北京市外来人口、户籍人口实现了双下降；二是京津冀地区常住人口呈现加速增长态势，预测未来雄安的人口规模将达 1000 万人。

目前雄安的常住人口只有 100 多万，未来新增的近九百万人口，很可能有一部分会外溢出来。扣除不可开发的白洋淀生态区，雄安新区每平方公里需要容纳 7100 多人，简直比中国最拥挤的城市深圳还要逼仄，目前深圳的人口密度大概是每平方公里 6000 人。

而且中央对雄安的规划中，又明确提出"原则上不建高楼"，这么多人口难道要建个地下宫殿安置吗？

再说了，随着阿里巴巴、腾讯、百度、京东金融、360 奇虎、深圳光启等 48 家企业的相继入驻，雄安的产业发展将一路飞驰，各类医疗、教育等资源也会被带动起来。那么，环雄地带肯定会受到辐射，蓬勃发展。

长期来看，环雄安"四小龙"的房价是看涨的。只是在基本面都还没有起来的时候，有些人已经等不及了，急于先入场赚一把再说，才不管会不会透支未来。

谁会被钉在历史的耻辱柱上？

2019 年开春，市场迎来"楼市小阳春论"，撩拨着许多人的心。环雄楼市是否会杀出重围，成为那匹大隐隐于华北的黑马？

要回答这个问题，还得从中央对雄安的期望说起。

作为"千年大计"，雄安的野心并不是要成为中国的第三极。它的战略意义已突破了经济范畴，而上升到了更深层次。雄安的使命，是为国家充当第一实验田，帮助中国刮骨疗伤。

在这片光芒环绕的改革试验区里，我们真心希望，雄安经验能够颠覆现有游戏规则，打破陈旧的利益格局。

那些追求短期利益的人，干扰雄安"千年大计"的人，注定会被钉在历史的耻辱柱上。

燕郊，正在成为梦寐以求的"北京"

冯震华　黄汉城

河北廊坊燕郊镇，是北京的"睡城"。

每个工作日的下午六点，国贸附近的公交站，总是挤满密密麻麻的"北漂"。他们拖着疲累的躯壳，像沙丁鱼一样把自己塞进了沉闷的930路、816路。一个半小时的颠簸后，这群人回到了燕郊。

作为全国极少数距离天安门只有30公里的城镇之一，燕郊名副其实就是"燕京之郊"。

有这样的地理优势，燕郊原本有机会成为北京外围最繁华的地方。但事与愿违，燕郊只是单纯、机械地为北京提供养分，而没有与北京形成最大效率的互补。

不过，随着通州正式成为北京的城市副中心，京津冀协同发展摁下了快进键。未来北京的资源会流向通州。

而距离通州仅有"一步之遥"的燕郊，将与通州一体化规划发展，迎来更多与生活、生产相关的产业供给，在廊坊北三县一带形成新的区域中心。

燕郊，有望成为梦寐以求的"北京"。

房价一度腰斩，如今楼市回暖

先来看一个数据。

中国社科院住房大数据BHPI显示，2019年2月，燕郊房价环比上涨7.63%，连续3个月上涨。

当地房产中介向媒体表示，燕郊二手房成交均价两个月内每平方米涨了近 2000 元, 2019 年 1 月已经回到了 18805 元／平方米, 而新房普遍都在 2 万元／平方米之上了。

除了价格, 成交量也在上升。据链家 App 数据显示, 2018 年 12 月链家在燕郊西区各个门店共成交大约 150 套二手房, 而 2018 年 7 月的时候才成交大约 30 套。

各大房产自媒体平台异常激动, 重磅、起飞、躁动、春季攻势等用语随处可见, 媒体头条都是这样的表述:"现在已经比年前涨了 2000 多""二手业主都不想卖, 想买的人只能等着排队""电话都被打爆了"……

曾经一度"冰封"的燕郊楼市, 似乎终于要走出低谷了。

1978 年改革开放之初, 燕郊成为对外开放经济区之一, 某种意义上与深圳、厦门等城市是一个圈子内的朋友。甚至在即将迈入 21 世纪的时候, 燕郊还蹭上了最时髦的"高新技术"的名头。

但即便如此, 燕郊的房价还是长年徘徊在每平方米 4000 元左右。

直到 2010 年, 北京下发了当时最严格的"限购令", 刚需者和投资客们被迫转移阵地, 来到了离京最近的燕郊。突然爆发的庞大需求, 急速推升了燕郊的地价和房价。

2013 年, 北京人流传一句笑话, 在北京拿地开发, 未来售价要乘以 2, 在燕郊拿地开发, 未来售价得乘上 20 才行。燕郊从高新技术产业开发区变成了房地产狂欢之地。

2017 年, 环京一带出台严厉限购措施, 打击短期投机, 导致燕郊楼市一夜"冰封", 其房价从最高的 3 万元／平方米直接跌到 1.8 万元／平方米。2015 年, 燕郊全年卖出 21700 套新房, 环京限购之后, 全年卖出的新房数不到 4000 套。真是应了那句老话,"眼见他起高楼, 眼见他宴宾客, 眼见他楼塌了"。

今天, 燕郊的房价之所以会回涨, 主要是有两大政策利好: 一是北京城市副中心正式启用, 燕郊与北京城市副中心通州只隔着一条潮白河; 二是连接燕郊和北京中心城区的地铁"平谷线"规划正式敲定, 由短期刺激带来了触底反弹。

燕郊房价长期处于低谷，现在 2 万元左右的价格，其实把之前炒房客吹的泡沫挤得差不多了。

北京将吞并燕郊？

从行政区划的角度来看，燕郊是燕郊，北京是北京。

长期以来，京津冀地区沙化、石化和盐碱化现象十分严重，本身的经济产出难以与富庶的江南相提并论。而偏偏首都选定在这里，其对周边水资源、粮食等基本需求非常大。这导致环京一带一直在默默奉献。

有人形容说，北京"吸血"环京一带，虹吸了周边大量人口和资本，最终形成了环京贫困带。而上海则恰恰相反，上海更像是在给苏州等卫星城"输血"，让后者为其产业做配套，最后助力上海越来越强，周边城市也不弱。

所以，北京越富庶，环京一带就越贫困。这一点，和国家发展大都市群的理念是相悖的。

经过十几年的房地产开发，燕郊的产业结构变得有些畸形。投资客最多的时候，还出现了"炒房一条街"，密密麻麻的房产中介在这条街道上恶性竞争，哄炒房价。

据《小康》杂志报道，在燕郊的产业园区规划图纸上，东南部是密密麻麻的工业开发区。但实地去一趟就会发现，这些产业多是活在图纸上，空旷的土地上看到的是几栋搁置的厂房。

可以说，以房地产为导向的经济模式，长期吞噬着燕郊的实体经济。

这个时候，京津冀协同发展战略来了。2014 年 2 月 26 日，高层明确京津冀协同发展是一项重大国家战略。实现京津冀协同发展要坚持优势互补、互利共赢、扎实推进，加快走出一条科学持续的协同发展路子来。一年后，中央通过《京津冀协同发展规划纲要》，说明顶层设计已经基本完成。

规划指出，推动北京非首都功能疏解取得新突破，加快打造现代化新型首都圈，努力形成京津冀目标同向、措施一体、优势互补、互利共赢的协同发展新格局，打造中国经济发展新的支撑带。

协同发展的紧迫性很强，坊间开始盛传，北京将会吞并廊坊北三县（香河、大厂、三河），用这种方式给北三县注入强大势能。

不过，在我们看来，短期内变革北三县行政区划的概率很低。

第一，党中央和国务院批复的《北京城市总体规划（2016年—2035年）》中，北京对人口的控制目标是 2300 万，现在已经达到 2150 万，几乎快到极限了。如果吞并北三县，人口就会超标。

第二，京津冀协同发展，是为了消除环京贫困带，带领河北共同富裕，向全世界证明中国首都没有"灯下黑"。如果廊坊北三县是通过变成"北京"而致富的，就证明不了。因为那还是北京名下的地区富了，而不是河北富了。

防止北京出现贫民窟

对于北京来说，如果不能消除环京贫困带，将更多底层人口导流到周边，不排除未来可能会出现贫民窟现象。

住建部政策研究中心主任陈淮认为，历史上很多发达国家在城镇化过程中，都曾经出现过贫民窟。伦敦是用了一百年来消除贫民窟，纽约用了五十年。目前北京同样存在着类似隐忧。

他指出，1997 年亚洲金融风暴、2008 年金融危机，中国沿海发达地区遭遇前所未有的冲击，大批企业倒闭或者放长假，导致上千万农民工返乡。农村成了容纳上亿剩余劳动力的蓄水池。但是如果再来第三次经济风暴，我们可能就没那么幸运了，因为新一代农民工的乡土情结并不强烈，可能不会简单地返乡，而是大量地滞留在城市。

一旦真的发生经济风暴，将会极大地干扰北京的首都核心功能。所以，我们就不难理解为何北京近来急着赶人，疏解人口了。

在这个过程中，廊坊北三县，尤其是燕郊，自然会成为第一梯队的蓄洪区。

据《北京日报》报道，2018 年，北京市规划和自然资源委员会同河北省城乡住房建设厅，组织编制《通州区与廊坊北三县地区整合规划》，立足京津冀协同发展，处理好北京城市副中心与通州区、廊坊北三县地区的关系，打破"一亩三分地"的思维定式，积极稳妥地做好交界地区规划建设管理，推动北京城市副中心与河北省廊坊市北三县地区统一规划、统一政策、统一标准、统一管控。

北京要成为全国政治中心和国际交往中心，最大的任务就是服务好中央党政军的政务活动、服务于重大外交外事活动。与此无关的功能，都会被北京开启离心机模式，一一甩出。所以，高等院校、金融机构、三甲医院等板块会尽快转移到城市副中心通州以及雄安新区。

在我们看来，北京疏解非首都功能是中央的下达的命令，是政治使然，具有极大的确定性，进程会很快。

目前大量一体化的基础设施正在环绕着通州周边展开。例如 2019 年春，京秦高速实现与京津贯通，燕郊到东六环只需 5 分钟；连接通州与燕郊国家高新技术产业开发区的燕潮大桥，历经 4 年建设终于正式通车；地铁"平谷线"地面综合商圈的投标也已经完成，更多的产业将重新塑造燕郊的面貌。

燕郊与通州一体化发展，意味着燕郊将会受到北京最大程度的辐射。未来燕郊将不仅仅是一座"睡城"，而是一座集产业、居住为一体的新城市。

燕郊，正在成为梦寐以求的"北京"。

第三章　华南，杀出一条血路来

广深港高铁开通，抹平大湾区的边界

史哲

2018 年 9 月 23 日上午 6 点 44 分，从深圳北站开往香港西九龙站的 G5711 次高铁列车正点发车，标志着广深港高铁全线投入运营。这是一个再次确认大中国的仪式，不要把它看得过于日常。

中国已经建成通车的高铁线路超过 2 万公里，相比之下，26 公里或是一个微不足道的数字，甚至连成为零头的资格都没有，但就因为这段铁路所在的位置，它注定会在中国历史上留下浓重的一笔。

意义堪比"欧洲之星"

铁路的本质是连接。当然，它指的不只是铁轨这种有形的方面，还包括通勤的时间、流程、便利性等诸多无形的方面。

早在 1911 年，内地与香港就已经通铁路了。在后来的一百多年里，那条老铁路伴随着国运的起伏时断时续，大约二十年前被"广九直通"所取代。但不管是浓烟滚滚的蒸汽机车，还是清洁的高速动车组；不管从九龙到广州的车程是过去的 5 个多小时，还是后来的 2 小时；在相当长的时间里，人们都感觉香港依然是香港，内地仍旧是内地。

高铁以及为了方便两地往来实行的"一地两检"，将会使那种心理上的距离大幅缩小。看看新的铁路编组运行图，香港—深圳形成半小时生活圈，香港 广州形成 1 小时生活圈，香港与内地 17 座城市之间用高铁织就了 10 小时以内的主干支脉网络。

对于一个国家而言，有形的、物质的连接，比虚拟的网络连接更容易建立起超越空间的心理连接。

当年，英法两国为了确保欧盟的成功，即使背上高额的债务也下定决心要建造英吉利海峡海底隧道。1994 年，当第一列欧洲之星通过海底隧道连接起了英国与法国时，在欧洲人的内心，英国才真正不再是那个总是冷眼旁观游离在欧洲大陆之外的"岛"。

同样，港珠澳大桥也将具有类似的意义。对于中国这样面积广阔的大陆国家而言，铁路的价值比交通本身更意味深远。按照铁路发明者英国的说法，铁路是一种可以强化国家存在的工具。

值得内地学习的地方

中国在国际上积极倡导"一带一路"，而在珠三角地区，这"一路一桥"能否真正由线而面构建起一个整体性的湾区经济带，同样至关重要。

在完成了把世界引入中国、把中国推向世界的窗口任务后，香港有相当长一段时间游离在中国经济整体规划之外。

两地高铁的建设过程既让我们观察到了两地的割裂，但同时也更加认识到两地的互补，一旦这种互补演化为整体性的竞争优势，整个粤港澳湾区将有可能上升一个新的台阶。

26 公里高铁的建设，香港从动工到最终通车用了 8 年多时间，原计划2014 年完工，结果工期一拖再拖，建设成本不断突破计划。

施工难度大、沿线地形复杂的确是主要原因，但西九龙高铁站的各种纰漏则让人叹为观止：勘察不仔细，一开工就撞到地底电缆和地下水管道，这种低级错误本该在设计时避免；之后又因为各种麻烦导致设计一再更改……

还有高素质建筑工人严重短缺。香港本地劳动力不足，又长期不开放外劳，迄今为止香港建筑业外来劳工只有两千人，而与香港情况类似的新加坡有多少外劳？ 130 万，其中 70% 以上和建造业相关。所以，新加坡重大工程几乎很少出现延期的情况。

26 公里高铁建设，暴露了香港的很多短板。至少在建造业方面，香港这个发达地区真的是整体性落后。以这样的效率，真不知道香港今后要如何与新加坡竞争。

当然，我们也看到了香港对于公共预算的严格负责态度。有人说，香港高铁每公里造价比内地贵了好多倍。这方面可能也有很大的误解。

香港高铁造价包括了线路、车站以及相关的非铁路系统工程，而内地的高铁造价一般只包括线路和常规车站，类似广州南站这样的枢纽站点则是单独立项，不会包含在高铁成本里的。

26 公里香港高铁线路，大约花了 350 亿元人民币，折合每公里造价13.4 亿元，大约为广深段的 5 倍多。如果考虑到香港人工成本占了造价的一半，稍稍折算一下，大约比内地贵 4 倍不到。这个造价已经比英国那条每公里造价近 3 亿英镑（约合人民币 26 亿元）的全球最贵高铁好很多很多了。

香港对于高铁建设所花的每一笔钱都要求物尽其用，对于工程中出现的各种责任问题都试图穷究到底，这一点其实更值得内地学习。

整合粤港澳经济

所谓的整合，就是要让后进更快地接近先进，这才有可能提升竞争力。

高铁通车，对周边房地产的影响立竿见影。

香港已经是全球最贵的楼市。广深港高铁通车当日，西九龙高铁站附近的一个叫汇玺的楼盘加推新单位，单价高达每平方米 28 万—45 万港币。别看 26 公里最后花了 800 多亿港币，按照这个地价，开发完高铁周边地块十有八九还有得赚。

从广州到香港，沿着高铁南下，形成了从每平方米两三万到近百万元人民币的五六档阶梯价差。随着广深港高铁的通车，香港初创企业和资金会加速转移至番禺、南沙，对于房地产的带动恐怕也不小。

当然这还是次要的，最重要的是粤港澳的经济整合。港资是广东改革开放最大的助推器，香港是广州最重要的外来资金来源地。广州利用港资的增速除了在2013—2014年遭遇低谷之外，整体处于快速增长状态，它凸显了广州与香港的高关联度。

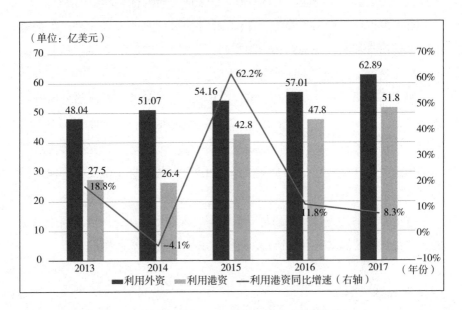

图3-1　广州2013—2017年利用外资及港资情况

数据来源：南方都市报

　　高铁的开通将广州、深圳、香港更加紧密地联系在一起。这个三角地带是中国最活跃、最开放、最自由的区块。

　　这个地方拥有堪比一个国家的庞大人口基数，而且人口每年仍以远超其他地区的速度涌入。这个地方拥有中国最活跃的民营经济，最完备的制造体系。这个地方拥有多方面的区位优势，只是需要加大力气整合；这个地方拥有快速崛起的创新能力；据世界知识产权组织调查，按区域创新集群的世界专利申请排名，这一地区在2016年就已经超越旧金山湾区，仅落后于东京大都市圈。

　　事实上，湾区经济要想在世界格局中占据一席之地，最终都会归结到技术创新这个要素上：要么你是技术更新换代的发动机，要么你是把新技术大规模推向市场的加速器。所以，未来技术的开发、应用，以及核心企业的成长壮大十分重要。这一点只要想想微软、谷歌之于旧金山就能一目了然。

云、人工智能、区块链、生物技术等构成了信息革命下半场，目前"深圳—香港—广州"在这些领域已经有了全国领先的企业、研究团队和成果。如果以"一路一桥"为契机，各生产要素就能够在粤港澳实现更加自由的流通，那无疑将会给这一块改革开放的前沿阵地再一次腾飞的契机。

如何观察大湾区建设成功？

从地缘格局上讲，三地整合带来的改变将主要体现在以下三点。

第一，在技术初始端，中国目前不占优势，但在创新驱动下，"世界工厂"已经开始了产业升级之路。中国对世界前沿应用保持贴身跟踪，使得更多的"中国智造"走出实验室，实现大规模商业应用。这一点已经得到诸多验证，因为"世界工厂"总是能用更少的时间、更低的成本生产出符合它们想象的零配件。粤港澳大湾区作为全球产业链条上不可替代的一环，未来将更多体现在"智造"层面上。

第二，全球分工体系重构，粤港澳湾区地位上升。在低端制造向东南亚转移的趋势下，全球产业链将可能从过去的"中国珠三角—中国香港 / 中国台湾 / 韩国—发达国家"，转变为"东南亚—中国粤港澳—发达国家"，中国粤港澳大湾区成为衔接西方发达工业国和东南亚国家的枢纽，给东南亚提供资金及中高端生产技术。事实上，目前从中国向东南亚迁移的工厂，确实也转移了不少的中国要素。以中国长期的世界工厂经验，它更容易和发展中国家交流，更习惯当地的环境。

第三，在中美贸易争端的大背景下，粤港澳大湾区尤其是香港，有可能成为中国打破西方高技术围堵的一个破局点。而且，一旦真能实现人员、商品、交通的自由流动，香港将会获得调整产业规划的良机，能更好地应对来自新加坡的全方位挑战。

事实上，有一些政策已经露头。2018 年 9 月 1 日起，《港澳台居民居住证申领发放办法》实施，港澳台居民居住证持有人在居住地依法享受劳动就业，参加社会保险，缴存、提取和使用住房公积金的权利。已经有越来越多的香港人北上，在广深科创走廊上创业打拼，打通香港与内地的技术研发生产链条。

从某种程度上来讲，这或许会是一个观察粤港澳大湾区的窗口：有多少香港人愿意到内地创业、工作、生活，成为大湾区是否建设成功的重要指标。

造价 1100 亿元的港珠澳大桥，为何值得用一百年收回成本？

黄汉城

2018 年 10 月 23 日，港珠澳大桥通车。为此，中国最高领导人专门赶到广东，为它揭开新的一页。

永远不要小瞧一座桥、一条路的力量。

13 世纪末，京杭大运河完成了中国经济重心南北转移的最后一步。19 世纪末，西伯利亚大铁路让俄罗斯远东从寸草不生的鬼地方，摇身一变成为地下宝库。

1869 年，苏伊士运河的打通，让欧洲和亚洲的航程至少缩短 7000 公里，"抹平"了这个地球。1994 年，英法海底隧道跨越英吉利海峡，打破了盎格鲁 – 撒克逊人奉行几百年的光荣孤立精神，欧洲格局焕然一新……

历史上的世纪工程都曾经深刻影响人类社会生活。同样，作为目前世界最长的跨海大桥，有人还在计较它的建造成本、未来通车数量以及何时回本。

站在历史的高度，说港珠澳大桥的意义怎么重大都不为过。

"双 Y" 变 "单 Y" 大桥吃不饱

一座港珠澳大桥，也是一部三地政经史。

1983 年，香港财阀胡应湘率先提出，要建一座跨海大桥将香港与珠海连接起来。这位地产大佬后来在内地广结良缘，投资了珠三角多条高速公路和发电厂，并为此奔波呼吁了多年。

当时，内地刚打开国门，万物初生。港英政府对这个设想一脸冷淡，"港珠澳大桥在 20 年后才会有实际需求"。

转眼到了 2002 年，珠三角腾飞为世界工厂，为了将珠江两岸的高速公路贯通起来，广东准备修建深圳到珠海的隧道，专门跑到香港招商。香港美国商会主席詹康信闻此大吃一惊，假如先建了这座桥，香港就会被边缘化。

香港这才如梦方醒，内地趁势提出了"双 Y 方案"：用一座大桥将香港、珠海、澳门和深圳，两个经济特区和两个特别行政区连接起来。不过，香港眼瞅着昔日的小渔村在自己眼皮底下强势崛起，有些酸溜溜，于是发挥自己长袖善舞的独特地位，把"双 Y 方案"改为"单 Y 方案"，将深圳硬生生挤了出去。

就这样，从设计到完工，港珠澳大桥历时 14 年，最终得以出世。

不过，由于缺乏深圳这个民用汽车保有量 300 多万的一线城市，而且还不是所有车辆都能跑港珠澳大桥，这座耗资 1100 亿元的大桥面临着"吃不饱"的巨大尴尬。

出于对港、澳道路承受能力和防范走私的考虑，政府实行了非常严格的牌照配额制。只有拿到粤港两地车牌、港澳两地车牌、港籍单牌但拥有澳门配额、办理一次性配额申请的车辆，或者是粤港澳三地政府商议可经港珠澳大桥的车辆，才可以通行港珠澳大桥，其他车辆则不被允许。

说实话，这些特殊车辆数量非常有限，以至于粤港两地牌奇货可居，在黑市上能炒到几十万元人民币一块①。

而且目前珠江口在建或者已经立项的跨海通道，还有虎门二桥、深茂铁路珠江公铁两用大桥、深中通道，这些项目都会分薄港珠澳大桥运量。

按照深圳职业技术学院一位专家的计算：根据大桥目前的总投资，假设静态回收期为 50 年，每年综合成本率（包括利息、维护、运营成本等）按 1.5% 计，大桥每年过路费保守估算最少需要 36.8 亿元，按每车次平均

---

① 相关法律规定，香港投资者到广东省投资，3 年内累计纳税额达到 10 万元人民币以上者，在合同有效期内可准予办理 1 辆入出内地商务车辆牌证；累计纳税额达 50 万元人民币以上者，准予办理第 2 辆；累计纳税额达 100 万元人民币以上者，准予办理第 3 辆。投资者包括香港的公司、企业、其他经济组织或者个人。

收费 150 元计，则大桥每天需要通行 6.7 万车次。

表 3-1　港珠澳大桥车型分类及收费标准表

收费车型	交通运输部《收费公路车辆通行费车型分类》		收费标准（元／车次）
小型客车 （私家车、出租车）	1 类客车	7 座及以下客车	150
	2 类客车	8 座~19 座客车	
大型客车 （过境巴士）	3 类客车	20 座~39 座客车	200
	4 类客车	40 座及以上客车	
穿梭巴士	3 类客车	20 座~39 座客车	300
	4 类客车	40 座及以上客车	
普通货车	1~5 类货车	各吨位货车 （不含集装箱车）	60
货柜车	4~5 类货车	20 英尺集装箱车、 40 英尺集装箱车	115

数据来源：港珠澳大桥管理局

但是据香港运输及房屋局局长陈帆透露，预测到 2030 年，大桥每日通行车次为 2.9 万。这个数据远低于 6.7 万，而且这还是 11 年后才能达到的水平。

这样一折算，港珠澳大桥有可能要超过 100 年，也就是在下个世纪才能收回成本。

为什么，中国要花 1000 多亿去建设一座可能会亏损的大桥？这背后到底有什么玄机？

征服海洋的新时代

很少有人能注意到港珠澳大桥的全球性意义。

在世界上最繁忙之一的航道上，建设世界最长的跨海大桥，其难度之大，直逼人类技术极限。

比如东西两座人工岛，中国的设计方案是将 120 个钢圆筒植入海底造岛，但是每个圆筒直径 20 多米、高 50 米、重 500 多吨，体积相当于一座十几层的大楼，要如何使其在波涛汹涌的大海中平稳实现振沉？

比如说海底隧道，每节沉管重达 7.5 万吨，相当于一艘航空母舰的重量。要如何克服气象、海流、淤泥、浮力的障碍，在 46 米深的海水中精准对接 33 节巨型沉管，并把误差保持在 2.5 厘米之内，做到滴水不漏？

世纪工程要求世纪工艺，中国项目团队不断研发出了新材料、新工艺、新设备、新技术来攻克难关：全世界最大的起重船，单臂固定起吊 12000 吨；全世界最大的深水碎石整平装备，碎石基床铺设可以全部自动化控制；世界首创的深插钢圆筒快速筑岛技术，221 天快速成岛……

在这座大桥之前，中国工程师从来没有做过"外海"沉管隧道。为此港珠澳大桥项目团队曾向荷兰一家公司求助，但该公司开出了 10 多亿元的天价咨询费，谈判只能以破裂告终。

当时全世界都断言，这段长度 5664 米的海底隧道，堪称人类迄今为止最为复杂的一项工程，中国人肯定完不成。谁能想到，中国真的攻克了这座"珠穆朗玛峰"。

中国的"蝴蝶翅膀"扇动一下，全世界的地缘格局突然有了新的可能性。

对内，这可能开启了中国基建征服海洋时代的序幕。近年来，虽然中国在非洲、中东、东南亚等地承建了许多基建项目，逢山开道，遇水架桥，但也只能说是大陆的王者，海洋话语权很弱。

十二五规划纲要中，中国规划了"京台高速公路"。2016 年公布的十三五规划纲要中，中央进一步规划了北京—台北高铁。

这条跨海通道早晚都是要建的，因为这是弥合两岸几十年分裂的需要，也是将宝岛台湾融入大陆经济圈的需要，其政治意义、历史性意义可以说是中华文明五千年历史中最高等级的基建工程。但建这条跨越 80 海里（约130 公里）的跨海通道谈何容易，放在几年前都会被说成是天方夜谭。

今天，有了港珠澳大桥这个跳板，中国就可以顺利进入海洋大基建时代，因为中国已经有了经验，有了基础，京台高速公路或者京台高铁不是那么遥不可及的事情了。一旦台海通道建成，整个两岸格局都要重新改写。

对外，这很可能是中国基建征服全世界的开端。港珠澳大桥的成功，是标志着中国基建水平实现从 0 到 1 的历史性拐点。

印度、斯里兰卡之间的保克海峡，西班牙、摩洛哥之间的直布罗陀海峡……未来地球村的哪一处区域一体化，会不需要中国技术团队？全世界都会敞开大门，邀请中国工程技术团队合作。中国可以借此撬开庞大的国际市场，走出国内基建饱和、产能过剩的瓶颈。

只要垄断了这一系列高端技术，中国就掌握了定价权和话语权。荷兰咨询费一开口就是十几亿，我打个折 5 亿可以吧？创汇价值绝对不亚于出口一架波音 737。

而且，整个工程的服务技术是可以无限次复制的，在经贸顺差萎缩的大背景下，可以提升中国服务贸易的含金量。由此，在世界政经秩序新一轮洗牌的动荡中，中国就有了对抗"修昔底德陷阱"①的大杀器：既然高端科技产品一时半会还出不来，那就先卖点你们没有的技术服务吧！

2 亿年前，古大陆开始解体分裂，形成今天相对孤立的几大洲。2 亿年后，中国又给大陆架连为一体的历史性趋势，添加了一块有重量的新砖石。

有利于港澳长期繁荣稳定

港珠澳大桥设计寿命 120 年，绝对算是一个百年工程。百年工程从来都不局限于眼前利益，而是放眼更长的时间阶段来布局。从政治账上来看，港珠澳大桥的价值远非 1100 亿元可以衡量。

---

① 在国际关系中，新崛起的大国与原有的"老大"必生冲突，严重的甚至会诉诸武力，称为修昔底德陷阱。港珠澳大桥通车之前，美国对中国发动贸易战，进而演化成科技战、金融战，使得中国的出口和经济大环境面临下行压力。

历史上，香港错过了好几次转型的机遇，沦为一座房地产之城。董建华提出"八万五计划"无疾而终，刘德华呼吁香港填海造地遭到大围攻。

城市的未来被房地产绑架，成为中国第一个阶层固化的城市，向上流动空间萎缩。而年轻一代却将根源归结于外因，并心生怨愤，社会内部的向心力晃动不止。

港珠澳大桥恰好可以作为珠三角区域一体化的棋子，压缩时空距离和通勤成本，形成"珠海—香港—澳门"1小时生活圈，引流一部分居住环境逼仄的香港居民过上"珠海生活、香港工作"的生活。在这方面，珠海显然比深圳更有房价洼地的优势，性价比更强。

不仅如此，中国这几年还一直在推进自贸区实验，牵头RECP（区域全面经济伙伴关系），实际上正是在努力朝着零关税、零补贴、零壁垒的方向前进。珠海、深圳作为新一轮改革开放的桥头堡，经济自由度与香港这个自贸港越来越接近，以此吸引更多香港年轻一代在内地创业就业，为其提供更为广阔的上升空间。

在同一个社区生活，有利于香港居民感受大家庭的温度，有利于消除心理上的隔阂和鸿沟，增进两地同胞之间的认同感。桥梁的联通就是第一步，第二步便是人心的联通。

近年来，澳门的支柱产业博彩面临下行压力。而邻居海南正在虎视眈眈，在自贸区自贸港的双加持下，向着世界旅游中心发起冲刺。这对于澳门的经济发展无疑是一大利空。

港珠澳大桥的横空出世，可以将澳门与作为购物天堂的香港连在一起，使澳门进一步融入香港旅游圈的辐射范围，增加每年入境澳门的海内外游客，提振澳门经济。

港澳两地的现状与未来关系重大，因为全世界都想要检验"一国两制"是否成功，台湾也想要观察"一国两制"是否具有优越性。

这笔账，远不是用计算机可以算出来的。

粤港澳大湾区横空出世，剑指全球科创中心

黄汉城

2019 年 2 月 18 日，中央印发《粤港澳大湾区发展规划纲要》。

改革开放 40 年来，广东、香港、澳门出台的规划汗牛充栋，但是涵盖三地发展的顶层设计，这还是第一次。

粤港澳大湾区是顶层亲自谋划、亲自部署、亲自推动的国家战略，是中国的"千年大计"，战略地位非同寻常。

最首要定位：国际科技创新中心

今天，引领世界格局变动的无非是两股力量，科技和金融。

中国有一个全球排名第三的国际金融中心香港，单个城市的资本调配实力，几乎可以比肩纽约、伦敦。

但是在 960 万平方公里的疆域上，却没有一个足以睥睨众生的国际科创中心。包括北京的中关村、上海的张江，其实都无法与美国硅谷相媲美。

制造业是中国的立国之本。因此，在这份"千年大计"的规划纲要里，中央给粤港澳大湾区最首要的定位，就是"具有全球影响力的国际科技创新中心"。

这里有十分活跃的民营经济，有高度完备的产业链条，有品种繁多的金融工具，是很适合于孵化科技创新的，但是，这个囊括 7000 万人口的大湾区，涉及两种制度、三个关税区、三个货币区，有很多无形的墙在阻碍着全要素的流动。

香港创新实力雄厚：有 4 所大学排名全球 100 名之内；有 16 所国家重点实验室，数量超过广东省；还有几位科学家甚至有望拿到诺贝尔奖。而

珠三角内地九市的生产能力又很强大。按理说，这是绝佳的搭配，是上天的恩赐，但是两者之间却很难无缝接轨，将优势转化成具体的成果。

举个例子，据《香港商报》报道，香港科技大学在广州有一个园区，其科研设备进入园区需要被征收关税。这本身就不合理。

2018 年我在参加第十二届泛珠三角区域合作与发展论坛时，也听到香港财政司前司长梁锦松抱怨说："香港在很多方面是世界领先的，比如说医学上，脑神经、心脏、肝脏移植这些高端技术。但香港缺临床的病人，因为很多的病香港根本就没有病人。国内有很大的市场，怎么样把两个方面结合起来？"

他的吐槽并不是没有道理的。或许你还不知道，两地科研合作项目中，一份小小的血液生物样品，想要跨境运输都需要经历万千关卡。

所以，长达 2.5 万字的粤港澳大湾区发展规划纲要，有很长的篇幅就是在讲两个字——"拆墙"。

目前，深圳和香港两地政府扶持资金，均不能直接划入对方的机构和企业。所以纲要提及，"要支持香港私募基金参与大湾区创新型科技企业融资"，其实就是在探索资金流动的自由化。

目前，两地人员来往的通关手续繁多。所以纲要提出，"要研究为符合条件的珠三角九市人员赴港澳开展商务、科研、专业服务等提供更加便利的签注安排"，其实就是在探索人员流动的自由化。

类似的举措还可以列举很多。中央卷起袖子"拆墙"，让市场在大湾区起到基础配置的作用，无疑会迸发出更大的协同效能。这是粤港澳大湾区追赶旧金山湾区的第一步，也是粤港澳大湾区千年大计的起始点。

一个棘手的问题

说到底，在高层眼里，粤港澳大湾区的任务就是要在科技创新、服务贸易两大方面取得巨大突破。服务贸易暂且不提，科技创新离开国际性人才的参与，肯定是行不通的。

在芯片设计、人工智能、新能源汽车、机器人、生物医药这些关键性领域，与美国相比，中国在核心技术上至少要落后20年。

追赶世界最先进的水平，不是单靠国人卷起袖子、闭门奋斗就行的，还需要借助外力，也就是全球性的人才。

这一点，我们看过往几十年的历史就明白了，中国在两弹一星、生物科技等领域所取得的重大突破，很少是完全依靠本土培养的人才队伍的，基本上都有在海外任教的华人教授回国助力。

有多少海外的顶尖人才愿意来粤港澳大湾区，决定了大湾区所能抵达的最远边界。正如马化腾在第十二届泛珠三角区域合作与发展论坛上说的，"赛道已经准备好了，就等接棒的运动员了"。

偏偏在这方面，粤港澳大湾区有一个相当棘手的痛点——生态环境。笔者有段时间住在广州珠江新城，出门走几步就是珠江，夏天散步的时候总能闻到一股被阳光暴晒后的独特气味。所以我经常会对朋友开玩笑说：走，到珠江边上感受一下祖国的大好江山。

大湾区之所以有那么多条黑臭水体，有个很大的原因是，这里是珠江的最下游，污水可以直接出海，搞起粗放式发展顾忌较少，不用像水体发源地云贵地区一样，还要考虑下游上亿民众的用水安全。这个"地理优势"，历史上曾让大湾区实现了飞速发展，但放在今天来看，反而会引发很多矛盾。

对于那些习惯了蓝天白云的高端人才来说，你让他们从海外过来吸雾霾，闻臭水沟，有多少人不会心里打鼓？中国人可能早已习惯，但外国顶尖人才却很难乐意"消费降级"。

记得2007年之前，国内兴起了一阵对"龙象之争"的讨论，很多人觉得印度会赶超中国，因为印度有庞大的人口红利，有丰富的廉价土地，有官方语言为英语等诸多优势。但是这种赶超根本没有实现，反而是与中国之间的差距越拉越大。

除了种姓制度下的社会割裂、联邦制下的地方保护主义等原因，还有一个重要的阻力，就是印度的生态环境实在太差了。民众在恒河的下游洗浴，几百米外的上游就有人在火化尸体、在排泄，公共卫生条件着实恶劣。

即便是自嘲"抵抗力在全球数一数二"的中国人，去印度出差一趟也会胆战心惊，自来水不敢随便喝，食物不敢随便吃，只敢喝瓶装纯净水，吃麦当劳。就这种条件，怎么吸引全球性的高端人才过去乐业？

对中国来说，其他维度的文明变革，可能因难度较大，而一时无法下手。唯有生态文明，在决策者当中最没有争议。

广东省省长马兴瑞在第十二届泛珠论坛上公开表示，与旧金山湾区、东京湾区和纽约湾区相比，粤港澳大湾区有两大差距，一是科技创新整体的实力和产业升级之间的差距，一是生态文明建设的差距。生态文明被提到与科技创新一样的地位，说明生态环境对于大湾区的发展来说极其重要。

这两年，珠三角内地九市大力整治跨界流域，实行最严环保责任，这是大家喜闻乐见的事情。生态环境改善，即便不是大湾区崛起的充分必要条件，也是必不可少的条件，必须同步进行。

未来，即便算大湾区的 GDP 总量没有超越纽约、东京和旧金山三大湾区，良好的生态环境也将是一种巨大的成就和软实力。它绝对比牺牲环境和资源，用低人权"血汗工厂"模式所换取的经济发展，更具有长远的可持续性。

粤港澳大湾区托起中国之魂，值得期待。

北上定居

这份规划还有一个历史性意义，就是它的出台，意味着中国开启了"一国两制"的全新阶段。

上一个阶段的关键词，是"内地融入港澳"。通过承接香港的制造业，珠三角九市跟香港形成了"前店后厂"的关系；人民币借助香港通道，走向国际化；内地企业在香港资本市场上市融资，扩大生产规模……

在这个过程当中，收益最多的地方，当属内地。广东彻底改变了过去一穷二白的局面，涌现出广州、深圳两座一线城市，佛山、东莞两个全球制造业基地。

想当初港澳回归的时候，邓小平说过保持一国两制五十年不变。一眨眼，20 年过去了。珠三角已经沧海桑田，风水轮流转。

今天的香港，被质疑为"环深城市"，澳门则遇到产业瓶颈。在这个新的时代背景下，高层亲自谋划，开启了第二个阶段——"港澳融入内地"。

第一步，就是为港澳居民提供更为广阔的生活和发展空间。纲要提及，鼓励港澳居民中的中国公民依法担任内地国有企事业单位职务；研究推进港澳居民中的中国公民依法报考内地公务员；研究扩大澳门单牌机动车在内地行驶范围；研究制定香港单牌机动车进入内地行驶的政策措施；鼓励在广东建设港澳子弟学校或设立港澳儿童班并提供寄宿服务；扩大内地与港澳专业资格互认范围，拓展"一试三证"范围……

这份规划纲要，虽然没有明确提及"北上定居"，但字里行间的意思，已经跃然纸上了。这是很多人没有注意的地方。

为了让珠三角成为港澳真正意义上的后花园，中央可谓诚意满满。以澳门为例，规划纲要提出，支持珠海和澳门在横琴合作建设集养老、居住、教育、医疗等功能于一体的综合民生项目，探索澳门医疗体系及社会保险直接适用并延伸覆盖至该项目。

换句话说，横琴这片内地管辖的土地，将直接移植澳门的福利体系，使得那些在内地养老、行动不便的澳门老人，不用返澳就能享受澳门式的免费医疗，免去了舟车劳顿之累，待在横琴就能实现看病复诊。而且这里还是一条龙服务，居住、上学都包了，俨然是一个小而全的生活社区，这几乎相当于在珠海再造一个澳门。

增进香港、澳门同胞福祉，为港澳同胞提供更多发展机会，对于联通人心，对于保持港澳长期繁荣稳定，具有莫大的帮助作用。

《人民日报》评论文章就很有意思："建设粤港澳大湾区，是香港、澳门探索发展新路向、开拓发展新空间、增添发展新动力的客观要求。"细细咀嚼，这句话大有内涵。

湾区人的"特权"

放眼全国，粤港澳大湾区算是非常独特的城市群了。从体制上看，这里就像是"欧盟"，具有多极化的特征，香港是金融中心，深圳是科创中心，广州是商贸中心，澳门是旅游休闲中心，佛山、东莞是世界工厂……

很多人对于粤港澳大湾区的讨论，集中在"到底谁才是龙头"上。似乎大家都很担心，缺少一个核心引擎就不足以带领整个湾区，尤其是在美国将中国视为"新冷战"对手的情况下，缺乏龙头是件很要命的事情。

其实，这恰恰是粤港澳大湾区的机会。从长远来看，粤港澳大湾区在"拆墙"、在融合的过程中，会慢慢模糊城市的"边界"。当所有人的潜意识里，对自己的定位都是"湾区人"，而不再去刻意区分我是香港人、他是深圳人、你是澳门人的时候，湾区的"一体化"就算是真的成功了。

为此，"湾区人"也应该要有别于其他地方的特权。这样在珠三角的出海口上，才能形成你中有我、不分彼此的氛围，合成一个拳头出力。

第一，这里应该设立一个互联网特区。信息的自由流通，是湾区经济的标配。2019 年的广东两会上，民盟广东省委会提交了一份提案，建议在大湾区建立统一的互联网特区，建设与港澳直连互通的互联网环境。

这一点，有些像正在冲刺国际旅游岛的海南。海口、三亚正准备学习泰国曼谷，打造一个外国游客聚集区，集聚区内的外国人可正常使用 Facebook、Twitter、YouTube 等。

粤港澳大湾区的建设目标，可是成为世界级的湾区，自然不能只"便宜"了外国人。信息的自由流通，恰好是现代激烈的商业竞争中应有的基础服务。

第二，湾区人率先成为"合格境内个人投资者"。《21 世纪经济报道》说，香港正与内地探讨在大湾区内先行先试跨境"理财通"的计划，以满足区内居民快速增长的跨境理财服务需求，完成投资后只能换回人民币现金，境内资金只在境内提取。

如此，生活在大湾区的内地居民，便可以通过更广泛的渠道投资海外股票、债券、纸黄金等。这还只是第一步。长期来看，允许湾区人投资海外金融资产应该空间更大一些，限制更少一些。这样，既能让这里的居民分享海外经济体的增长红利，也能为全国性资本账户开放打开一个突破口。

第三，湾区人应该享有更大的自主权。中国（海南）改革发展研究院院长迟福林曾建议，将广东自贸区的开放政策扩大到整个大湾区，不单单是南沙、前海、横琴三个片区，珠三角内地九个城市都有份；大湾区在外商投资负面清单尤其是服务贸易清单的制定中，能有更大的自主权，实行更加开放的服务贸易市场准入机制；广东率先将港澳资本视为内资，取消或放宽对港澳投资者股比限制、经营范围限制，使得大湾区的资本实现真正的自由流通。

整体而言，粤港澳发展规划纲要只是一份纲要，里边有一些详细的操作指南，也有很多模糊化的顶层设计，需要广东、香港和澳门进一步的探索开拓。

如此一来，就会涉及非常复杂的博弈，地方与地方的博弈，中央与地方的博弈，哪一层都不轻松。最关键的棋子，可能要数广东了。

华为又跑了，深圳遭遇中年烦恼

黄汉城

2018 年 7 月 6 日，当第一缕晨光从东边倾泻而下，大连街上的行人慢慢多了起来，一切都是那么慵懒。

很少有人注意到，此时数十海里之外的黄海上，有一条满载美国大豆的巨轮正以 13.5 节的速度，疯狂冲向这座北方明珠。

让它如此焦虑的，是已开始倒计时的中美贸易战。差一秒，都可能被额外征收超千万元的关税。

这艘海上货船与即将落地的 25% 关税搏命赛跑，而 2 万公里外的南方，也同样发生着一场扣人心弦的生死时速。

5 天前的 2018 年 7 月 1 日，1500 辆汽车从深圳的各个角落出发，经大岭山来到东莞松山湖。车上坐着的 2700 人，全都是中国第一大通信巨头华为的研发人员。这里边，有不少人的身上承载着一个赶超美国的使命。

"中兴事件"暴露出了中国制造业的命门所在，不掌握关键核心技术，就很容易被卡脖子，陷入生存危机。华为创始人任正非决定从每年超过一千亿元的研发经费中，拿出 20% ~ 30% 用于基础研究，集中精力冲锋。

在这场伟大战役面前，试图闭关修炼的华为却遭遇了一座难以跨越的巨山——普通人不吃不喝工作 100 年都承受不起的深圳的高房价。

最终，华为选择了离开。"空心化"再次威胁深圳。中国是全球最为澎湃的国家，而深圳是全国最有前途的城市，因为历史巨轮的突然转向，同时陷入了一种不确定性之中。

当初我们用房地产拉动经济的畸形路子，便在这个微妙的节点上，变成一种难以想象的苦果回报给了我们。

有 596 家上市公司的半年利润都买不起一套房

1979 年，中国经济百废待兴，忧心忡忡的老人家提起笔，在南海边上画了一个圈，深圳就此开启了光荣与梦想的一页。

三教九流纷至沓来，挤满了能落脚的每一个角落。有的人成为生产线上的螺丝钉，也有的人一层层往上爬，成为今天能在华润城门口淋雨排队买房的人。

这里的故事，天天颠覆着农村孩子的想象力。街上的流浪汉向你展示空荡荡的裤腿乞讨时，可能兜里的银行卡足够买两辆宝马；出入前海的金融才子，别看外表衣冠楚楚，说不准干的都是下田割"韭菜"的体力活。

深圳有多少人，每天就会产生多少谎言。唯独有一种人从不行骗，他们的名字叫房产中介。这么多年来，中介一直在说房价要涨，房价要涨，房价就真的像打了鸡血一样，一路没停过。

今天，A 股很多上市公司辛辛苦苦干大半年，利润都不够在深圳买一套住宅。根据东方财富网数据，2018 年上半年有 596 家上市公司的净利润不到 1000 万元，占 A 股上市公司总数的 16.35%，而现在深圳南山、福田随便一套位置优越的房子，都远不止这个价了。这种魔幻现实主义，恐怕连见过世面的邓大人都不曾预料。

深圳，正在从各个方面向对岸的香港看齐，员工平均年薪 70 万元的华为只好用脚投票。

2018 年 7 月 1 日那一天，华为正式启动搬迁，动用了 40 辆 8 吨货车，共 60 车次，将这场中美大国博弈下华为的"武器装备"通通搬离深圳，送往隔壁东莞建立另一座"营地"。2700 名华为人乘坐 1500 辆车子，从深圳来到松山湖上班，这支浩浩荡荡的队伍，将与全世界的研发中心一起攻城拔寨。

曾经深圳人看不上眼的东莞，成了最大赢家。税收、专利、GDP，要啥有啥，谁叫我的土地、房子就是这么便宜！

表 3-2　深莞两地购买不动产成本比较

	土地使用权均价	房屋建筑物均价
东莞	354元/平方米(2007年)	1966元/平方米(2009年)
深圳	919元/平方米(2008年)	9500元/平方米(2009年)

数据来源：华为2013年年报

工业区改造的经念歪了

其实早在2016年，华为就跑过一次，那时它迁移了最下游的制造环节。当时有一种意见说，这不能怪深圳。因为拿不出土地给企业扩张，是深圳的先天缺陷。

从存量上看，深圳土地面积为1997平方公里，约一半的土地被划入基本生态控制线，根本不能开发。剩下的土地几乎已经开发完毕，只余下区区可数的几十平方公里。

从增量上看，深圳也没有权限吞下东莞、惠州和汕尾，搞直辖市扩大疆域面积。而城中村改造牵涉范围又太广，拆迁难度、时间成本和资金成本极高，难以用三旧改造的方式，腾出一大片土地搞工业。

确实，深圳大概只有北京的1/10、上海的1/3、广州的1/4那么大，是一线城市当中面积最小的城市，也是全国最缺地的城市。

深圳很委屈，但在可腾挪的空间中，深圳又做了哪些努力呢？

历史上，深圳有大大小小的工业区900多个，其中近2/3的老工业区规划不合理，容积率低，厂房设施落后。这块大蛋糕若能盘活，便能释放出非常可观的土地量。

深圳二话不说卷起袖子就开干，只是干着干着，这本"工业区改造"的经就念歪了。

从2011年至2016年，深圳工业区改造总面积达1248公顷，其中有51.9%的土地被拿来做居住用地。换句话说，深圳披着工业区改造的外衣，一边干着改造的活儿，一边做着房地产的生意。

表 3-3 深圳工业区改造面积情况（单位：公顷）

年份	工改工	工改居	总数	工改居占比
2011	132	185	317	58%
2012	131	157	288	55%
2013	29	25	54	46%
2014	68	79	147	54%
2015	158	167	325	51%
2016	82	35	117	30%

数据来源：深圳市城市规划设计研究院

没办法，房地产生意的盈利实在太高，拉动经济效果实在太显著了。近十年来，房地产成为中国最赚钱的行业，炒房客、开发商、地方政府只要抱上这条大腿，就能积累巨额的财富。

尤其是 2015 年 3 月 30 日，历时几年的政策沉默后，中国重启了以房地产拉动经济增长的做法，狂飙突进的楼市让人上瘾。

在这种浮躁的大环境下，深圳也未能抵挡得住诱惑。2014—2017年，深圳每年市本级的土地出让金分别占地方财政经济总收入的 17.7%、12.3%、24.8%、18.5%。

表 3-4 深圳土地出让金情况（单位：亿元）

年份	土地出让金	地方财政总收入（地方一般公共预算收入＋政府性基金收入）	占比
2014	552	3123	17.7%
2015	435	3545	12.3%
2016	1019	4102	24.8%
2017	809	4378	18.5%

数据来源：中国指数研究院

每年几百上千亿元的土地出让金收入，即便是对自我造血能力强悍的深圳来说，也不是一笔小数目。利益驱使下，工业用地的改造方向发生了扭曲。

区域专家金心异透露过，深圳工业用地最多的时候有 200 平方公里，但最近几年，搞工改工、工改商，实际上盖了很多写字楼。"我觉得现在还剩的工业用地能有 120 平方公里就不错了"。换句话说，深圳并非无地可用，而是土地另有他用。

2014 年到 2016 年，深圳的公寓、豪宅、办公大楼一栋栋拔地而起，房价也跟着一飞冲天，但官方没有及时出手干预、死死摁住，导致房价从均价 3 万元冲到了 5.5 万元。

紧跟着，就有 1.5 万家企业逃离深圳，其中不乏明星企业的高新制造环节：大疆科技迁至东莞，中兴迁往河源，比亚迪迁往汕尾，欧菲光、兆驰股份、兴飞科技、海派通讯迁至江西南昌。

如果说当年转移制造部门，深圳还可以用缺地的借口来搪塞，说是要从生产型城市转向研发型、服务型城市的话，那么，今天华为研发部门的大撤退已让深圳无话可说。

生死皆因房地产

人至中年，深圳遇到了大烦恼。

制造业跟服务业，就像皮与毛的关系。

失去了制造这一核心环节，港口、物流、仓储、金融、法律、会计、保险、广告、售后、培训等第三产业能服务于谁呢？没有了制造，剑指下一个"硅谷"的深圳，其创新不就成了无本之木吗？

粤港澳大湾区是中国的千年大计，深圳如果陷入产业空心化，还怎么能够撑得起广深创新科技走廊，进而推动"中国制造"走向"中国智造"，与全球顶尖湾区一争高下？

如果深圳被拖累，就不仅是大湾区的损失，还是整个中国的损失。台湾新竹园可谓前车之鉴。

深圳市社会科学院副院长陈少兵认为，2000 年以前，全球除了硅谷，新竹科技园是科技产业发展最好的地方，曾经在 3 平方公里的土地面积上，创造了超过当时整个深圳的高新技术产品产值。"但现在不管是科技创新，还是产业化，我们几乎已经不再提及新竹。它的一个很大的问题是产业空心化，大量核心生产环节外迁，看似占领了市场，扩大了规模，但自身却弱化了，最终也没有维持持续创新的过程。"

一江之隔的香港，也因为选择了房产造城的道路，屡次错过转型升级的机会。现在，香港的房价宇宙第一高，彻底扼杀了年轻人的创业活力，没有谁敢于轻易放弃稳定的薪酬下海创业，那无疑是一场高风险的赌博。

高房价的噩梦正全面袭来。"楼市四小龙"的南京、苏州、厦门、合肥已出现了"房价驱人"，杭州的房价也令人生畏，照这个趋势涨下去，逼走阿里巴巴也不是没有可能。

当下的中国，外部贸易冲突此起彼伏，内部经济面临下行压力。而此时去杠杆正处于最最关键的时刻，上轮经济周期大放水的泡沫还未完全出清，中国再也无法像 2008 年金融危机一样来个 4 万亿托底，继续延续经济的深度调整。

风雨飘摇之际，房子成了全民的信仰，在富人眼里，它是躲过经济周期大洗劫的神物。在中产阶级眼里，它是赌上身家性命都要护住的财富。

去杠杆若用力过头，连累了房价下跌，这群人可能会上街扯横幅。去杠杆若是力度疲软，明斯基时刻 ① 降临的警报就一日不除。可谓紧缩是死路，刺激也是死路。所有人都处于进退维谷的困境。"房地产经济学"的苦果，就是用这样一种悖论式的手段嘲笑我们的。

2018 年 7 月 5 日，央行定向降准，释放出 7000 亿元的流动性用来浇灌小微企业和债转股，但谁也不知道，这里头到底会有多少钱拐个弯，继续流入楼市。

生也房地产，死也房地产。深圳的中年烦恼，亦是国家的中年烦恼。

---

① 明斯基时刻（Minsky Moment）是指美国经济学家海曼·明斯基（Hyman Minsky）所描述的时刻，即资产价值崩溃的时刻。明斯基观点主要是经济长时期稳定可能导致债务增加、杠杆比率上升，进而从内部滋生爆发金融危机和陷入漫长去杠杆化周期的风险。

大国博弈炸出中国最牛街道办

黄汉城

中国向来是一个卧虎藏龙的地方。

2019 年 5 月，美国继中兴之后，又开始"制裁"华为、大疆。网上流传的段子说，这不是美国与中国的贸易战，是美国发起的与深圳市南山区粤海街道办之间的贸易战。

这片神奇的区域，走出了华为、中兴、大疆等科技巨头，堪称中美贸易战演化成科技战的桥头堡。

平常，它掩盖在大深圳的光环之下，但在当前这种非常时刻，粤海就显露出了自身非凡的实力。

在 2019 年 5 月 21 日的记者见面会上，华为的任正非透露说，他很喜欢一幅照片——一架在二战中被打得像筛子一样的伊尔-2 飞机，尽管浑身弹孔累累，但它依然坚持飞行，最终安全返回。"我在网站上看到这张照片，觉得很像我们公司的情况，就发给大家。我们现在的情况就是一边飞一边修飞机，争取能够飞回来。"

这是华为的韧性，也是粤海乃至深圳的生命力。

中国的区域分化太严重了，以至于很多时候，我们只能集中力量单点突破，造就几个极域地带来跟全球竞争。美国有华尔街、硅谷，日本有银座、筑波科学城，而中国则有一个粤海，一个与国运深度捆绑的小小街道。

上市公司数量比一个省还多

粤海街道位于南山区的中心，面积不大。根据深圳市规土部门的数据，粤海街道辖区陆地面积只有 14.23 平方公里。如果不考虑红绿灯和塞车，开车绕一圈只要十来分钟。

再看行政级别，它只是个处级单位。在讲究政治地位的中国，绝对"不值一提"。但就是这么个小小街道，蕴藏着足以叫板全球的力量。

一个粤海街道，创造了不少于 2509 亿元的 GDP。整个南山区的 GDP 为 5018 亿元，排名中国第三，一个街道就占了其半壁江山。如果把它看作一个城市，粤海的体量已相当于省会兰州、经济特区汕头，轻松挤入全国 GDP 前一百强。

一个粤海街道，所掌控的资产富可敌国。根据《2018 年胡润全球富豪榜》，这里坐镇着两位全球华人首富，拥有 2950 亿元财富的马化腾以及拥有 2600 亿元的许家印。多少商业帝国的总部，就挤在这个小小片区里。

一个粤海街道，在资本市场上所能支配的资源相当于一个省。这里诞生了 112 家上市公司（截至 2019 年 4 月），几乎秒杀绝大部分中西部省份。这些登陆 A 股、港股、美股的深圳企业，利用全球资本扩张自身实力。

当地一名公务员感慨：这里每天都在经历潮汐式的人流、车流，上班时车从四面八方哗啦啦地涌过来，下班时又像退潮似的散开去。以至于很多人下班以后不敢马上走，要在办公室待上半个小时。

30 年前，粤海不过是一片滩涂。30 年后的今天，粤海成为中国科技高地。

这片神奇的土地上，有 318 栋产业楼宇，分布着 946 家高新技术企业，还埋伏着当今中国最有爆发力的"独角兽"，数量多达 9 只。它们涵盖了当今中国诸多高新技术产业——人工智能、大数据、云服务、量子通信、生物医药、新能源汽车、新材料等。

粤海的实力深不可测。仅一个下辖的高新区，就能创造深圳 1/5 的税收、1/3 的专利。

可能你会问了，为什么作为中国第一大都市的上海也在发力科技，但在这次科技大战中的曝光度，却比不过一个粤海街道？

这里，就不得不提到粤海的经济底色了。遥看魔都的经济格局，国资、外资、民资三分天下，国有资本力量雄厚，天然注定了上海的创新会更多受到有形之手的牵制，重复建设、利益输送、推诿扯皮的事并不罕见。反观粤海，创新的主导力量是民企，其活力和效率自然更高。从昔日一片滩涂蜕变成今天这个模样，粤海的腾飞是建立在解放精神禁锢的基础上的。每一次解开枷锁，粤海总能激发出更多的活力。

它的成功，并不是制度安排上有多么特殊，而是每次改革推不下去的时候，总有一个声音在天空回荡："如果要杀，就先杀我好了。"这也是"深圳模式"的真正本质。一种对旧有机制的毁灭后重生。

人均 GDP 是硅谷的一半

40 年前，粤海曾差一点成为中国最早开放的试验田。当时在香港工作的袁庚，见识到了资本主义市场的强悍，他很想在内地有一块试验田，为百年招商局打开一个新局面。

1979 年 1 月，也就是三中全会闭幕的二十几天后，袁庚飞到北京当面向高层领导汇报。李先念用铅笔在地图上画了一块地，对袁庚说："就给你这个半岛吧！"

这个圈就是深圳的南头半岛，包括了蛇口、粤海好几个地方，总面积30 多平方公里。袁庚没敢全要，因为当时招商局全部资产只有 1.3 亿元，根本招架不住。最后，他只要了位于粤海下边的一小块地，即 2.14 平方公里的蛇口。粤海就此失去了"中国第一块试验台"的历史地位。

然而，粤海并没有错过历史的班车。它"以市场为导向"，抓住特区建设的机遇而脱胎换骨。

今天，如果你从上帝的视角俯瞰粤海，会发现这里的写字楼鳞次栉比，道路如同棋盘分布，园林绿化带点缀其中，每一栋建筑都是精雕细琢。而城中村这种从农业时代向工业时代转化的杂交物，则被压缩成一小片，躲在一个小小的角落里。这种档次和画风，仿佛是纽约的曼哈顿。

长期以来，中国总是习惯于说"总量"，而不喜欢说"人均"。这能够突出成绩，却也掩盖了很多问题。

前文已经讲到，中国经济规模早已超过日本，是后者的近三倍，很多人高喊中国的实力秒杀日本。但中日的世纪之争，谁赢谁败，并不是比拼两个国家的经济规模谁更高，而是看各自第一大的城市，上海与东京谁更强。

上海人口是东京都的两倍，面积是东京都的三倍，但上海的 GDP 只有 3.06 万亿，仅为东京的 1/2。只有当上海的经济体量高过东京时，才能说中国真正超越了日本。只有当上海的人均收入超越东京时，才能说中国碾压了日本。

毕竟，东京都心区（千代田区、港区、中央区）的人均收入，可是高达 45 万元人民币 / 年，比起上海城镇居民人均可支配收入 6.8 万元，不知道要高到哪里去。同样都是每平方米 10 万元的房价，哪里的中产阶级会更脆弱？

目前，中国经济体量已是世界老二。中国绝不能再炫耀总量了，而必须讲究起亩产和密度，努力用更少的资源、更少的投入，来撬动更多的发展。这样，中国才能避免陷入中等收入陷阱。

在这方面，粤海无疑是冲在了最前面。按照常住人口 20.49 万人算，粤海的人均 GDP 高达 18.5 万美元，这个数据是非常令人震惊的。要知道，全世界人均 GDP 最高的国家 / 地区是卡塔尔，人家靠卖石油才撑到 12.8 万美元，粤海街竟然比世界第一还高。

当然，每天都会有职业人群从宝安、龙华、罗湖等地赶来粤海上班，实际就业人口肯定不止 20.49 万。2500 亿元的 GDP 也不全是常住人口创造的。

根据发达国家的经验，CBD 的就业人口比常住人口翻上个两三倍一点都不稀奇。2014 年时任粤海街道党工委副书记对外透露说，粤海实际管理总人口 60 余万。若按照这个数据计算，粤海街道的人均 GDP 是 6.32 万美元，排名世界第十二。同为高新区的硅谷则是 12.8 万美元，粤海已接近硅谷的一半。

但是，粤海的房价可能已超过了当前的经济发展水平。来自安居客的数据显示，粤海街道后海板块的二手房均价为 11.2 万元，科技园板块为 8.6 万元，可跻身全球房价最贵十大城市。而硅谷 2018 年的房价中位数是 120 万美元一套，按照套均 100 平方米算，约合每平方米 8 万元人民币，如果按套均 80 平方米算，约合每平方米 10 万元，与粤海基本持平。

从这个角度讲，粤海的房价还是着急了点。

中国永不衰落的地方

放眼全国，南山区的实力可以说是非常雄厚了。

这里有以"粤海"为代表的科创力量，以"前海"为代表的金融力量，堪称深圳的科创中心和金融中心。

虽然今天南山的实力还不足以颠覆硅谷、华尔街的地位，但历史告诉我们，没有什么事情是一成不变的。若有国家意志的支持，南山乃至深圳的未来将极富想象空间。

在科技方面，日本制造业虽然发达，但也严重受制于终身雇佣制导致的僵化劳动力市场，受制于社会创业活力不足，而且日本"重厚长大"型的产业结构，偏重于垂直分工的特征，导致其没有及时抓住第三次工业革命的机会，信息、IT 等产业落伍。德国则陷入民粹主义等文明冲突之中。深圳遇到了千载难逢的历史机遇。

在这场科技冷战中，粤海或者说深圳的使命，就是牢牢抓住下一代技术大浪潮的先机，率先单点突破，形成护城河，引领第四次工业革命的下半场。

根据智谷趋势的统计，2018 年深圳的出口额为 1.6 万亿元，出口依存度高达 67%。排名全国第四。

表3-5　2018年中国出口依存度城市排行榜

排名	城市	出口额（亿元）	GDP（亿元）	出口依存度
1	东莞	7956	8279	96%
2	苏州	13687	18600	74%
3	厦门	3339	4791	70%
4	深圳	16274	24222	67%
5	珠海	1887	2915	65%
6	惠州	2209	4103	54%
7	宁波	5551	10746	52%
8	中山	1802	3633	50%
9	上海	13667	32680	42%
10	嘉兴	2017	4872	41%
11	江门	1123	2900	39%
12	绍兴	2046	5417	38%
13	佛山	3527	9936	36%
14	无锡	3754	11439	33%
15	青岛	3172	12002	26%
16	郑州	2577	10143	25%
17	杭州	3417	13509	25%
18	广州	5608	22859	25%
19	烟台	1773	7833	23%
20	天津	3207	18810	17%

数据来源：各地统计公报

　　这意味着深圳的经济发展，还是很依赖外部大环境。粤海的未来，就是要帮助深圳产业升级，打造出更为硬核的"中国制造"：吊打高通级别的芯片，秒杀波士顿动力级别的机器人……只有这样，才能让"深圳离不开世界"变成"世界离不开深圳"，重新改写深圳与世界的关系。

　　在金融方面，深圳能否成为资本的配置中心，取决于与北京的远近关系。上不上科创板，给不给自贸港，是不是人民币国际化的桥头堡，其实都是北京的一句话。

如果在这个时候，国家能够继续深化改革，在前海自贸区有步骤、有计划地取消外汇管制，开放资本项目，深圳或将成为投资自由化、贸易自由化的世界高地。

若真是这样，那么中国永不衰落的地方可能只有两个，一个是北京的西城区，一个是深圳的南山区。前者是政治核心，负责发号施令，改变全球政经规则。后者是经济核心，负责全力冲刺，挑动全球经济脉络。一南一北遥相呼应。

未来某一天，当华为真的站上世界最高点的时候，深圳就不会是今天受制于人的模样了。

汕头最盛产首富，也最为失落

林小琬　黄汉城

城与国，可谓辅车相依。过去四十年来，中国上下一心，筚路蓝缕，创造了一个又一个经济奇迹，也缔造了一个又一个光荣之城。如今，国内外形势风云突变，世界正处于百年未有之大变局。

在这样一个历史关口，我们很有必要审视中国的微观镜像，重新梳理区域经济的演变路径。或许只有这样，才能更好地"以启山林"，直面挑战。

这一站，我们选择了与改革开放同生的汕头经济特区，一个我们无法绕开的样本。这座城市位于国角省尾，背靠几千万东方犹太人——潮汕人，这是一个彪悍的族群。在国内，潮商与浙商平分秋色，在海外，他们掌握了庞大的资源帝国，从香港的黑帮到亚洲的首富，都有潮商的身影。

矛盾的是，作为潮汕人的根，汕头却成了中国最失落的经济特区。经济发展缓慢，曾经的一手好牌竟然全部打烂，如今连很多普通的地级市都比不上。

我们不禁想问："汕头，你配得上潮汕人这个族群吗？"

一度手握三张好牌

2017 年，汕头交出了一份非常"抢眼"的成绩单：GDP 为 2350 亿元，仅为同期深圳的 10.5%，厦门的 55.6%，珠海的 90.9%。人均 GDP 达到 41889 元，仅仅相当于同期深圳的 23.3%，厦门的 38.5%，珠海的 28.6%。

历经几十年的埋头苦干，这个总想睥睨天下的粤东重镇，终于把自己建成一个 GDP 连江苏最穷市宿迁都比不上的城市，毫不费力地成为中国最失落特区。

表3-6　中国四大经济特区发展对比

项目	深圳	厦门	珠海	汕头
人口（万人）	1252	401	176.5	561
2017年新增人口（万人）	55.1	0.9	9	3
建成区面积（平方公里）	925	334	110	150
GDP（亿元）	22438	4351	2564	2350
人均GDP（元）	179217	108504	145269	41889
人均可支配收入（元）	52938	46630	44043	22521
服务业占比（百分比）	58.61	57.73	47.97	45.14
预算收入（亿元）	3332	696	314	150
存款余额（亿元）	69668	10598	6928	3341
社消总额（亿元）	6016	1446	1128	1683
大学数量（所）	12	16	7	3
一流大学数量（所）	0	1	0	0
规模以上工业产值（亿元）	29777	5914	4653	3786
规模企业利润总额（亿元）	2024	340	409	291
高新技术企业数量（个）	10988	1425	1478	420
专利申请量（个）	177100	14678	20737	14463
上市公司数量（个）	382	72	36	31

注：以上数据截至2017年

数据来源：各地统计局、财政局

　　就算不拿深、厦、珠作对比，谁又能想到，一个位处东南沿海的经济特区，人均GDP甚至不及全国平均水平，而且差距每年都在拉大。2018年全国人均GDP为64644元，汕头只有44792元。

　　最失落特区，汕头当之无愧。但汕头并不是天生注定失败，以前的汕头甚至占尽了天时、地利、人和，随便一张牌打出来都能镇住场子。

　　第一张好牌，政策优势。1980年，全国人大批准在汕头建立经济特区，当时全国绝大部分地方都是铁板一块的计划经济，僵化异常，连上海的开发还要等到1990年之后。汕头抢先十年起跑，获得了关税减免等诸多优惠政策，这是极为难得的历史机遇。

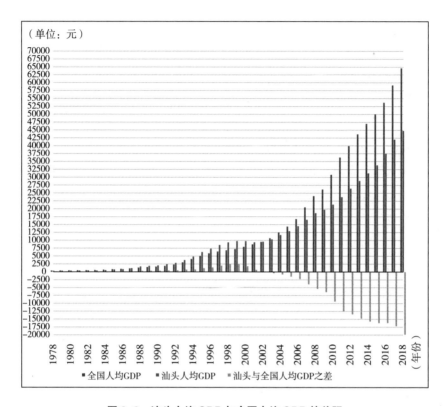

（单位：元）

图 3-2 汕头人均 GDP 与全国人均 GDP 的差距

数据来源：国家统计局、汕头统计局

第二张好牌，贸易优势。1858 年，大清王朝尚存之时，恩格斯就说过："汕头是中国唯一具有一点商业意义的口岸。"从地理位置上看，汕头虽然没有像深圳一样，有毗邻"超级联系人"香港的优势，也不像厦门一样，能对望"亚洲四小龙"之一的台湾，但汕头临近西太平洋国际黄金航道，粤东、赣东南、闽西南地区的进出口历来都是通过汕头港的。

国际贸易，本是这座城市的历史基因。1933 年，汕头港的货物吞吐量达 675 万吨，仅次于上海、广州，居全国第三。1979 年，汕头的对外贸易量在省内仅次于广州，每年创汇规模能达到一亿美元。

第三张好牌，侨乡优势。汕头最大的底气，其实是背靠一个强大的族群——潮汕人。据统计，潮汕人在海外有 1000 多万华侨，数量全国居首。这个族群不止人数庞大，经商能力也一向出众。多年来在全球商业版图上搅动风云的，从来不缺潮汕人的身影。

在香港，潮汕人雄踞首富榜，"超人"李嘉诚、"股市狙击圣手"刘銮雄皆为一代传奇人物；在泰国，曾经有 3 个潮汕人接连登上首富宝座，富豪榜前十名也一度有 8 位潮汕人；在欧洲、加拿大的华人首富中，也出现过潮汕人的身影……2017 年胡润全球十亿美金富豪榜上，海内外潮商上榜 62 人，财富总额达到 15873 亿元。有彪悍、聪明的族群为后盾，汕头吸引外商投资的起点就比别人高出一大截。

汕头曾经也是干出过一番成绩的。1998 年，朱镕基视察汕头时说过，"汕头发展势头很好，比我想象的还要好"。那是汕头的高光时刻，其人均收入比全国高出 50%，人均 GDP 比全国高出 35%。

但进入 21 世纪后，汕头发展却一落千丈。同时期，东南的沿海城市踩中了全球化的历史进程，珠江边上东莞靠"三来一补"飞黄腾达，山区里的义乌靠小商品贸易闻名天下。

为什么汕头能把一手好牌打烂？要解答这个问题，可能还要从一条江开始讲起。

一条震惊中央的江

"我去过全国许多地方，还没有看到过如此黑臭的水体。在汕头，还有没有干净的水了？"据第一财经报道，2018 年 6 月 15 日，中央第五环境保护督察组副组长、生态环境部副部长翟青，在督察练江整治时发出了上述愤慨。

想知道这条震惊中央的江长什么样吗？你可以到潮汕地区实地走一走，绝对会大开眼界的。你也可以直接打开卫星地图，俯瞰对比潮汕三条母亲河：从东北到西南，分别是韩江、榕江和练江，就算是在卫星地图上，也能清晰看出西南角的练江水体，黑得触目惊心。

当地居民称，练江水一碰到脚，皮肤会发痒发烂，一浇到田地里，菜就会枯死。面对练江今时今日的惨状，谁还会记得，曾经的它是因为河水清澈蜿蜒如一道白练而得名的。

往上游回溯，整条练江惨不忍睹，其中，有一个叫贵屿的小镇，即赫赫有名的"全球电子垃圾拆解第一镇"。这个地方位于汕头市潮阳区，曾经每年走私进口数量庞大的废旧电脑，以至于各家各户门口都堆着电路板。村民们将析解元件的硫酸溶液直接倒入河流中，全然没有考虑后果。

在《南风窗》2001 年的报道里，贵屿的空气已是"污浊呛人"，"河道、地下水完全污染，农民喝的水都必须用水车去几公里外的水库拉来"，挣到钱的人，都去了外地买房。

而贵屿只是练江污染的冰山一角。沿岸的印染业、纺织业、电镀业、造纸业相当发达，在长达 20 多年的时间里不断重创练江。媒体上连篇累牍的报道，着实让人胆战心惊，心理承受力好的朋友可以去网上搜索看看。

现在，我们不禁要提出一个问题，为什么汕头会出现全广东乃至全中国最臭的一条江？这个问题的答案，其实就是汕头溃败的密码。

海洋文明精神是把双刃剑

前几年去汕头调研时，某区委书记给我们讲了一个段子。如果有生意找上门来了，潮汕不同片区的人反应是不同的，喝韩江水的人第一反应是问：有没有违法？喝榕江水的人第一反应是问：会不会出事？喝练江水的人第一反应是问：能不能赚钱？

寥寥几句，就把这些片区人的特点生动地刻画了出来——喝韩江水的人遵守法律，喝榕江水的人敬畏法律，喝练江水的人无视法律。

喝练江水的人，主要指生活在汕头潮南区、潮阳区和揭阳市普宁的居民。国美黄光裕出生在这里，腾讯马化腾祖籍也在这里，宝能系掌门人姚振华出身于这里。这个片区的人，最具有海洋文明的冒险精神，也最能代表潮汕人族群的商业性格，但这个地方偏偏最为"野蛮"。

讲一个故事，你就能明白了。1993 年至 1998 年，汕头的投资、出口、利用外资大幅落后于同期全国平均水平，但很诡异的是，同期汕头的城镇居民储蓄存款却从 55.9 亿元扩张到 284.2 亿元，农村居民储蓄存款从 14 亿元暴涨到 66.3 亿元，汕头的 GDP 也增长了 186%，远高于同期全国平均的 153%。

表 3-7　1993—1998 年汕头 GDP、投资、出口、利用外资情况

	汕头	全国平均水平
GDP 增幅	186%	153%
投资增幅	71.70%	140.50%
出口增幅	79.80%	100%
利用外资增幅	51.60%	138.20%

数据来源：汕头统计局、国家统计局

那么问题来了，汕头当时的 GDP 从哪儿造出来的？居民暴增的收入又是从哪儿获取的呢？练江可以告诉你答案。整个练江流域，曾经就是走私、造假、逃税、赌博泛滥的重灾区。

第一，逃税骗税触目惊心。这里出现过共和国成立以来金额最大、作案最为疯狂、涉及人员最多的世纪第一税案：2001 年查处的潮阳、普宁两地骗取出口退税案中，虚开增值税金额达 323 亿元，骗税 42 亿元，涉税犯罪团伙约 150 个，有 30 人被判处无期徒刑以上刑罚，19 人被处极刑。以至于 21 世纪初，全国有 19 个省市发文要求企业不要跟潮汕地区做生意，汕头经历了难以想象的经济灾难。

第二，造假疯狂到了极点。假烟、假币能以假乱真。民间盛传，除了原子弹，没有潮汕人不会造的。正经生意的实业也因此遭受严重冲击。在全国小有名气的"拉芳"从不敢提自己的产地是潮阳，而是在包装上写着"汕头经济特区广汕公路旁"。从 1999 年到 2001 年期间，汕头外迁企业多达 1200 家。

第三，六合彩泛滥。六合彩是一种从香港嫁接过来的赌博游戏，它像瘟疫一样碾压了潮汕经济。据新华社报道，2001 年广东省妇联调查发现，有的乡镇 100% 的家庭都参加过六合彩赌博，家破人亡的悲剧时有发生。职工无心上班，农民无心耕作，学生无心上学，商铺无心营业。

潮汕人是一个极其复杂的族群，善于将正面与反面发挥到极致。这股不服输、敢冒险的劲儿，在法制健全的地方（如香港），能成就名扬四海的巨贾大亨；而在法制尚为薄弱之地，也能滋生一群漠视契约精神、信用缺失的赌徒式商人。

潮汕族群所具有的海洋文明精神，原本可以用来勇闯雷区，突破旧体制桎梏而取得跨越式发展。遗憾的是，在汕头这种精神的正面效应没有发挥出来，负面效应也没有压制住，反而沦为一把对当地发展极具杀伤性的武器。汕头的全局性溃败，就来源于此。

2018 年，中央环保督察"回头看"发现，上一轮环保督察留给汕头的 13 个整改项目，无一按时完成，汕头应该投入环保资金 1.58 亿元，而实际仅投 0.06 亿元，光说不练，督察组直言"令人震惊"。

练江的"劣 V 类"黑臭水质维持了整整 20 年，几近完美地阐释了什么叫作汕头模式——民间有钱便赚，哪管他洪水滔天。这种模式，可以赚一时，赚不了一世。

特区永不褪色

一个在改革开放前沿的城市，一个民营经济本就发达的地区，却沦落到今天的地步。这不由得让人心生疑问：是市场经济出错了吗？

当然不是。在潮汕这个宗族发达的熟人社会，"人情关系"有时胜于法律规则，胜于契约精神。关系渗透进社会的每个角落，文化上排外，潜规则盛行，政商关系过于紧密。加之人多地少，人与人、人与地之间关系非常紧张，父母非常希望子女能够获个一官半职，以荫庇家族。从这一点来看，汕头就是"南方的山东"。

如今的汕头，在外地人眼中只是一个美食朝圣地。潮汕牛肉丸、潮汕牛肉火锅、潮汕砂锅粥火遍全国，而汕头就像一个终日忙于做菜的中年油腻男，谁还记得它曾经风华正茂的样子？

不过，从试错的角度来看，汕头样本也有可取之处。特区是中国永不褪色的试验田，实干、创新、开放都是被深圳验证过的改革经验。汕头也给全国所有城市立了一个教训：蔑视契约精神的发展模式，一定是不可持续的；与改革开放相悖的社会风气，如果不及时扭转，就会付出惨痛代价；在经济上是这样，在任何其他领域上也是这样。

2019 年 6 月 4 日，广东省发改委在回复人大代表建议的函件中称，原则上支持代表提出的"支持汕头申报建设自由贸易试验区"的建议。省里已经发话了，汕头能否重新出发、迎来新时代的逆袭？

全中国第一个自贸港，海南凭什么？

黄汉城

2018 年 10 月 16 日，国务院正式批复设立中国（海南）自由贸易试验区，同日下发了总体建设方案。

这颗"南海明珠"享受到中央史无前例的厚爱：海南进行全域试点，全岛 3.54 万平方公里面积都是自贸区；这是中国第一个拟建设的自贸港，并有望成为世界上面积第一大的自贸港，远超香港 1106 平方公里、新加坡 719 平方公里、迪拜 3980 平方公里。

在国运的十字路口，海南迎来了前所未有的历史使命。它的未来，绝不是成为下一个香港，下一个澳门，而是再造一个"中国"，为中国命运转折点寻找方向。

战术上海南或许不行，但战略上海南的想象空间有很大。

不可能成为金融中心和博彩中心

所有幻想海南会成为下一个香港的人，都可以散了。

香港之所以能够成为国际金融中心，有一个很大的前提条件，就是香港本身就是国际航运中心。

它紧挨着内地，市场腹地纵横千里，充当了内地与世界之间的"超级联系人"，香港每年的集装箱吞吐量，可以超过 2000 万标箱。物流、航运的发达，孵育了后续诸多的金融需求。

新加坡的崛起也是差不多的道理。由于背靠马六甲海峡，新加坡成为全球贸易网络中最繁忙的十字路口，并发展起了转口贸易、加工制造、航运维修等产业，进而延伸到了航运融资、航运保险、航运结算……

用一句话来说，金融中心起源于航运中心，前者的发达离不开航运的反哺。而海南，偏偏就不是中国海上丝绸之路上的重要节点——2017年，海南进出口总额为702.4亿元，仅占全国277923亿元进出口总额的0.25%，体量非常之小。

而且中央也明确提出了，海南自由贸易港"不以转口贸易和加工制造为重点"。出于生态保护的考虑，海南并不适宜发展粗加工业等容易破坏生态环境的行业。因此，海南的下一步重心在于旅游、医疗、教育等服务业，而不是致力于把金融、航运做到多强。

海南自己没有这个心，也极度缺乏人财力。金融属于知识密集型产业，站在了服务行业鄙视链的上端。香港集聚了华尔街、伦敦金融城多少人才，才撑起一个全球第三金融中心的位置。对于海南这样一个一穷二白的大农村，你说有多少人愿意抛家弃子，过去吃这碗饭？

所有幻想海南会成为下一个澳门的人，也可以散了。

第一，因为内地反腐，澳门博彩行业已有下行势头。如果另开一个博彩中心抢生意，拉低澳门的税收和GDP，如何向全世界证明"一国两制"的优越性？这几年不断有人唱衰香港，那么澳门这个"小儿子"怎么也得扶起来。所以，想要海南开赌场、搞博彩、放开跑马，这辈子都是不可能的了。比起经济账，政治账显然对大局更为重要。

第二，历史上全国人大对自贸区、经济特区的法律豁免，向来都只局限于经济领域。而赌场、跑马要解禁，涉及刑法领域的豁免，这就牵扯到了意识形态和伦理道德，非常复杂，历史上也没有过先例。

那些期待海南放开博彩，靠一些激烈手段来刺激、拉动旅游业的人，还是赶紧打消这个念头吧，永远都不要有这个想法了。

其实，翻开海南自贸区的试点内容目录，里边大概有60%是现在中国11个自贸区已经尝试过的事情：取消船舶（含分段）及干线、支线、通用飞机设计、制造与维修外资股比限制；取消国际海上运输公司、国际船舶代理公司外资股比限制；取消新能源汽车制造外资准入限制……

这些开放领域，与今天通行全国的自贸区负面清单差不了多少。因此，海南其实是作为后进生在追赶别人，要先把别的自贸区已有的成熟经验复制在手，然后再谋求发展。

海南的起点较低，注定了很难在经济上成为下一个香港，下一个新加坡，成为国际一流的航运中心、金融中心、贸易中心。这不是海南所能企及的位置。

它最重要的历史使命，并不是向上去塑造中国经济的高度，而是向下去全力探索中国经济禁区的深度，为再造一个"中国"做好准备。

作为中国最"特"的特区，中央对于海南抱有非常大的期待。

上天恩赐的最佳试验田

过去 40 年，中国栉风沐雨，砥砺前行。就在大国崛起的关键性节点上，全球政经格局发生了重大变化。

2018 年 12 月 30 日，全面与进步跨太平洋伙伴关系协定 (CPTPP) 正式生效，该协定覆盖范围占全球经济总量的 13% 和全球贸易总量的 15%。2018 年 7 月 25 日，美欧自贸区同意启动谈判，一旦落地，其范围将覆盖全球经济总量的 50%，全球贸易总量的 33%。2019 年 2 月 1 日，欧盟与日本的经济伙伴关系协定 (EPA) 正式生效，该协定覆盖范围占全球经济总量的 30%，全球贸易总量的 40%。

这些封闭的小圈子门槛极高，一上来就是零关税、零壁垒、零补贴。美国总统特朗普尤其强调美国利益至上，他想抛开 WTO 这个更有利于发展中国家的贸易格局另起炉灶，拉拢起欧洲、日本等一帮发达国家建立自贸俱乐部。

这对尚处于转型期的中国，要求极高。中国很难一下子就达标，有被边缘化的危险。

2013 年上海自贸区的成立，其实就反映了中国很早就开始布局，准备对接世界上通行的经贸规则。只是碍于历史和技术上的原因，中国以自己的步伐和节奏在推进这一布局。这几年来，中国相继建了 11 个自贸试验区，积累了一系列可复制推广的经验。但实话说，这些都还不够。

举个例子，今天现行自贸区负面清单已由190项减少到45项，但还是有许多限制领域，外资进不来，或者进来了也有股权比例方面的限制，有可能会撞上无形的"玻璃门""弹簧门"。

中国开放的边界到底在哪里，经济的禁区到底有多深？如果市场准入门槛再低一些，会不会造成海外资本疯狂涌入，进而冲击到本土相对弱势的民族产业？取消外资在敏感领域的持股比例，会不会动摇国民经济的安全命脉？

疑问有太多太多了。中国急需有一个地方挺身而出，为国家做好压力测试和风险测试。在这个时候，海南进入了中央的视野。

第一，海南具有相对独立的地理位置。11海里的琼州海峡就像一道天然屏障，将海南与大陆隔离开来，使得海南岛不会像浙江自贸区的舟山、福建自贸区的平潭那样，离大陆太近，三下五除二就能游过去，进出通道尽在掌控之中。

有这个优势，很多试验才能大胆地推下去。举个例子，海南自贸区总体建设方案中提出，要"积极支持实施外国旅游团乘坐邮轮15天入境免签政策"，这要是放在内陆地区是很难想象的，因为内地桥路相通，外国人免签入境后，拦路打个顺风车就能流入全国各地，根本无从追踪，难免存在各类隐患。

第二，海南经济规模较小，但又是一个完整的地理单位。2017年，海南省的GDP为4462.5亿元，仅相当于宁波市的一半，占全国总量的0.54%。2017年，海南省的本外币存款总量为10096亿元，占全国总量的0.6%。放在国内的城市阵营中，海南整个省的体量也就相当于一个三、四线城市的水平。因此实验过程中，可能产生的负面影响的规模也比较小，是可以承受的。

另一方面，海南常住人口为925.7万人，比香港、新加坡两个自贸港还要多一些，对试验来说人口充足。而且海南是省级行政体制，下辖18个市县，层次丰满，拥有一个完整的政治、经济、社会生态圈，简直是上天恩赐的最佳试验田。

表 3-8　2017 年海南相关经济指标占全国比重（单位：亿元）

	海南	全国	占比
GDP	4462.5	820754	0.54%
本外币存款总量	10096	1693000	0.60%
进出口总额	702	277923	0.25%

数据来源：海南统计年鉴

　　早在 2017 年的十九大报告中，中央就提出加快形成全面开放新格局，赋予自贸区更大的改革自主权，探索自由贸易港建设。此后，全国各地但凡有点实力的港口城市，都摩拳擦掌，发起全面冲刺的号角，但未有一个获得批准。

　　如果搞自贸港是要拔高中国经济的高度，为什么不选上海或者广东，而是舍近求远，选择一个各方面基础都很薄弱的海南呢？可见醉翁之意不在酒。

　　国家经济引擎有粤港澳大湾区就够了，有长三角就够了，有京津冀就够了，造经济增长极的事情有更优秀的选手在。海南的任务，在于探索中国改革开放的边界和深度。

杀出一条血路

　　早在 2018 年 4 月，中共中央、国务院下发了一份支持海南全面深化改革开放的指导意见，这份顶层设计透露出了海南建设的时间表：到 2020 年，自由贸易试验区建设取得重要进展；到 2025 年，自由贸易港制度初步建立；到 2035 年，自由贸易港的制度体系和运作模式更加成熟。

　　从这份时间表可以看出，中央留给海南探索深度的时间并不长。前两年用来打基础，以追赶其他兄弟省市建成自贸区。两年后，就要马上切换进入自贸港模式，用 5 年时间打造出自贸港的初步框架。

自贸港是当今世界最高水平的开放形态，要求资金、货物、信息、人员的自由流动。海南要做中国第一个自贸港，就意味着海南必须朝着零关税、零壁垒、零补贴的方向努力，率先实现这样的画风：

关税上，即便不是对进出海南的绝大部分货物免征关税，也要比现今 9.8% 的平均关税低得多。壁垒上，海关估价、检验检疫、进口许可证、进口配额等技术壁垒将逐步取消，不再设置一道道防火墙来保护本国没有比较贸易优势的产业，而是让竞争提振本土产业实力。投资上，除了涉及国家安全领域之外，内外资一视同仁，给予外资准入前的国民待遇，将市场准入门槛降为国内最低的"洼地"。通关上，程序上极为简便，除了禁止进出口以及需要检验检疫的特殊货物外，其他货物一律不用报关和统计，靠岸即可直接放行卸货。

2019 年 1 月 12 日，海南拉来了马云、马化腾、梁建章、宁高宁、周其仁等人，成立了海南省政府首届企业家咨询会议。"功守道大师"马云被推选为咨询会议主席，他在主持成立大会时提建议说，海南在贸易方面可对标香港实行税制改革，在全岛流通和消费领域取消关税和增值税，并取消不必要的进口管制，允许货物自由进出和流转。其实就是希望海南的实验可以更大胆一些。

在海南自贸港里，我们平常一些敢想不敢做的"硬骨头"，是完全可以先行探索、先行试验的。比如说资本账户开放，比如说人民币自由兑换，比如说国企竞争中立，等等。

按照马云说的，"这些政策是否能落实，中央是否批准，我是这么觉得，不去努力就永远没有，努力了未必有，但不努力肯定没有"。

的确，在海南推进改革的复杂程度、敏感程度、艰巨程度，丝毫不亚于在计划经济时代办经济特区。这不是单靠海南省自己的力量就能实现的，还需要中央各部门的配合，需要中央权力的下放。

但归根结底，闯禁区成功与否，关键还在于海南自身。历史上，中国几次遇到结构性问题的转型门槛，都被巧妙地回避掉了，民众最熟悉的莫过于那条最轻巧的道路，即用房地产拉动经济。

海南也曾经一味地走捷径、抄快路，正如海南省委书记刘赐贵所说，海南曾犯过三次错误：走私汽车，房地产泡沫崩盘，以及国际旅游岛建设时沦为房地产加工厂。

这种急功近利、想赚快钱的暴富心态使得海南错失了历史性机遇。如今，改革举措落实宜快不宜慢，宜早不宜迟。

在国运的十字路口上，海南又一次迎来了巨大的历史使命。

突破禁区闯出去，给中国杀出一条血路来，40 年前是深圳，40 年后的今天要看海南。"不管前面是地雷阵还是万丈深渊，我都将勇往直前，义无反顾，鞠躬尽瘁，死而后已。"1998 年 3 月，朱镕基在当选总理时曾经这样说过。

我想，设立海南自贸港的初心也应该如是。

第四章　长三角的对手，绝不是珠三角

全球首个进口博览会，为什么不在广州而在上海？

林小琬

2018 年 11 月 5 日，中国首届进口博览会在上海正式开幕。其规格之高，用新华社一句话就能体会出来：国家主席习近平"亲自谋划、亲自提出、亲自部署推动"。

当天，上海市民调休两天，交通限行，进博会的概念股全线上扬，全国上下都能感受到这场盛会的浩大声势。

放在新时代的大棋盘上，上海进博会是中国经济寻求再平衡的关键信号。当出口导向转为进口导向，当投资驱动型经济逐渐转为消费驱动型经济，聪明人会在这波机遇里找到财富机会。

进口博览会的战略意图，可以通过三个问题来厘清：为什么选择这个时间窗口举办进口博览会？为什么在中国举办世界上首个以进口为主题的大型国家级展会？为什么地点会选择在上海？

为什么是此时？

再也没有比这更好的时机了。2018 年是中国改革开放四十周年，时间点很特殊。中国有理由、也有必要进行一次重大的政策宣示和行动，向外界传达中国"主动扩大开放"的决心。

这一年，中国的国内外形势也在发生极为深刻的变化。

首先，国内经济显现疲态。过去十年突飞猛进的债务经济埋下了很多地雷，产能过剩、国企改革不充分、私企实力不足……突出矛盾一个个地密集冒头，不确定性加速上升。

其次，全球经济增速放缓，背后是一个核心的转变：中国和世界老大的贸易摩擦加剧，中美关系转眼从"夫妻"变成了"冤家"。中美在关税、学术、科技交流等各个层面的冲突不断蔓延，新"冷"战的味道越来越浓。

不管是官方还是民间，对贸易谈判的进展都不再盲目乐观。在 2018 年 7 月 31 日、10 月 31 日两次政治局会议中，中央对外部环境的研判从"明显变化"升级为"深刻变化"，非常务实。

所谓"神仙打架，小鬼遭殃"，此时其他国家难免会对中国产生忧虑：你们会不会为了保持国企的竞争优势，继续采用补贴等扭曲市场竞争的手段？你们会不会担忧外部冲击，进而放缓打开国门做生意的步伐？

进口博览会，就是一个最直接表现"吸纳进口商品，向国外开放国内市场"的举动。在开幕式上，国家主席习近平宣布将在五大方面加大推进开放力度，承诺会继续降低外企在中国的贸易壁垒，具体包括激发进口潜力、持续放宽市场准入、营造国际一流营商环境、打造对外开放新高地、推动多边和双边合作深入发展。

这种宣示释放出三个信号：中国对"开放"是主动积极的，是内部经济发展需求，不是谁逼的；中国的开放还在进一步扩大，没有止步不前；最高领导人亲自表态，中国对开放的重视程度不容置疑。

既然外界都认为中国面前有一道坎，中国当然更要证明自己迈得过去，开放的大门也不会关闭，只会越开越大。

从以往经验来看，外资、外企以及洋货就像是一条鲇鱼，扔进中国的大水缸里，才能激发众多本土沙丁鱼的求生欲。

中国经济 40 年的腾飞，就是在开放条件下取得的。未来扩大开放会带来更持续的繁荣，中国和世界都认这个理。

为什么是中国？

作为拉动世界经济增长的火车头之一，中国肩负的责任越来越重大。

既然是作为国际贸易的积极推动者，中国就得兑现对全球化的承诺，让世界共享中国发展的大机会，让全世界看到中国绝不仅仅是出口大国，未来还会是进口大国，不单单只是出口创汇赚别人的钱，还会进口消费让别人赚钱。

中国有 13 亿人口，进口消费市场潜力巨大。世界银行的数据显示，2010 年到 2016 年期间，中国进口消费品在总进口额中的占比一直维持在 10% 以上。官方多次研判，消费升级是大势所趋，进口消费必然也将提速。

据英国《金融时报》报道，在首届进博会期间，有不少中国企业身负采购进口大订单的任务。中央对外透露说，预计未来 15 年中国进口商品和服务将分别超过 30 万亿美元和 10 万亿美元。"进口大国"的饼已经给各国画好了，决心也展现了，接下来就看你们接不接得住中国市场。

对中国来说，树立进口大国的形象是顺势而为，战略意义十分重大。

其一，中国必须坐稳世界第一贸易大国的位置，才能占据国际话语权，才有能力影响国际贸易规则。这是上海商务委总经济师张国华公开发表的观点。

打个比方，假设一国的出口市场有一半依赖中国采购，那么这个国家会轻易跟中国吵翻、闹别扭吗？中国的低端制造，其他国家有选择权，大不了去越南、泰国、马来西亚找替代品，贵一点也行，但是中国 13 亿人口的消费市场，一旦没了，要去哪里补回来？

对于中国消费者而言，这绝对是好事一桩。中国要加入进口消费大国的俱乐部，就必须进一步提高居民购买力，因此下一步的动作，很可能是进一步降低关税。目前中国的加权平均关税率为 9.8%，普遍高于欧美发达国家。

其二，中国是"世界工厂"，过去的经济腾飞是以破坏生态和消耗资源为代价的，现在中国借助进口商品、技术、服务来淘汰国内落后产能，转向高质量发展。对中国制造业来说，这是一次不可避免的阵痛，但也是转型升级的必经之路。

全球贸易格局可能会迎来一次深层次调整。中国制造业必须抓紧时间，丢掉巨婴的心态，充分融入全球化竞争的格局中。如此，我们才能真正摆脱"中兴危机"的阴影。

为什么是东方明珠上海？

按常理说，广州是千年商都，还有承办出口博览会（广交会）的丰富经验，应该比上海更适合承办进口博览会，为什么这次会选择上海，而不是广州呢？

这是因为，上海和广州的经济腹地很不一样。以珠三角为核心的华南区域，聚集了中国最密集的商品生产线，在广州举办出口博览会，从广州走向全世界顺理成章。

而上海作为万里长江的出海口，众多商品可以顺着这条黄金水道，直达中国腹地最广阔的疆域，那里有着中国庞大的消费市场，如武汉、重庆、成都等千万人口级别的大城市。

借着长江这条经济带，上海成为中国最大的进口消费品集散地，这里的口岸进口贸易可以占据全国近三成，70% 的进口服装、53% 的进口化妆品、37% 的进口汽车从上海进口销往全国各地。

上海往东看，是日本、韩国等发达国家；往西进，是中国广阔的内陆，货物中转需求量更大。相比于广州，上海显然更有希望打造出一个具有全球竞争力的亚太中转枢纽。

目前，上海拥有集装箱吞吐量世界第一的上海港，坐稳了全国最大口岸的地位。在举办进博会之前，2017 年上海口岸进口 33445.1 亿元，增长 18.9%，创 6 年新高，远超预期。其中作为进博会的"桥头堡"洋山港，在 2018 年上半年进口量猛增 27.8%，集装箱吞吐量增加了 9.3%。

从中国改革开放的这盘大棋来看，把进口博览会安排在上海，更是长江三角洲区域一体化发展国家战略中的一个重大棋子。承办全球首个进口博览会，有利于在国家战略层面进一步巩固和提升上海的地位，要"同一带一路建设、京津冀协同发展、长江经济带发展、粤港澳大湾区建设相互配合，完善中国改革开放空间布局"。

上海进博会是中国经济寻求再平衡的关键信号，我们由衷地希望，中国在深化改革开放这条路上能够稳步前进。

正如国家主席习近平在开幕式上致辞中所说的："中国经济是一片大海，而不是一个小池塘。大海有风平浪静之时，也有风狂雨骤之时。没有风狂雨骤，那就不是大海了。狂风骤雨可以掀翻小池塘，但不能掀翻大海。经历了无数次狂风骤雨，大海依旧在那儿！经历了5000多年的艰难困苦，中国依旧在这儿！面向未来，中国将永远在这儿！"

杭州被 G20 选中的秘密：不按套路出了三张牌

邓科

杭州是中国第一个网红城市。近年来，杭州的名气越来越大，甚至有人预测，未来广州的一线城市的地位将会被杭州所取代。

这座城市的命运转折点，可以追溯到 2016 年 9 月 4 日。当天，G20 峰会在杭州拉开序幕，这个齐聚全球 20 位最有权势领袖的巅峰会议，将杭州推向了世界的舆论中心：G20 此前的举办地都是华盛顿、伦敦、多伦多、圣彼得堡这样的国际城市，此回首次来到中国，没选择在北京或上海，而是选择了一座"1.5 线"城市。

其实，这已不是杭州第一次被追问"为什么是杭州？"。过去近二十年，杭州由一座无可非议，好山好水好人文的旅游集散地，变成了一座"越来越说不清"的城市……

说它是一座明星旅游城市，可它又是国内仅有的几个第三产业超过 60% 的城市之一；说它是隐逸文化的发源，可它引领的移动支付和普惠金融，正在勇猛精进地带着人们奔向未来；说它是座 1.5 线城市，可它身上又有着太多让北上广深等正牌一线城市汗颜的"之最"；说它水土宜人适合养老，可越来越多来自硅谷、华尔街的技术、金融精英纷纷回国入杭……

杭州为什么会爆发出如此洪荒之力？

那些让北上广深也汗颜的表现

如果不带现金，只带一部手机出门，哪座城市你能生活得最好？

答案是杭州。

杭州已悄然成为全球最大移动支付之城。早在 2016 年，杭州超过

98％的出租车、超过 95％ 的超市便利店、超过 50％ 的餐馆都可以使用移动支付，甚至有相当部分的菜市场小摊也能用手机买单。

杭州有最完善的公共自行车租赁网络，是中国唯一一个被 BBC 评为"全球公共自行车服务最棒"的城市。

杭州有遍布全市的信用借还网络，可凭支付宝中芝麻信用分免费借雨伞、充电宝等。

杭州是养老床位最充裕的城市；是白领年终奖最高的城市；是国内大城市中，真正做到"斑马线前车让人"的城市。

北京大学 2016 年 4 月发布的报告表明，互联网金融发展指数杭州最高，拥有金融街、中关村的北京和拥有陆家嘴的上海，仅排在第七和第八位。

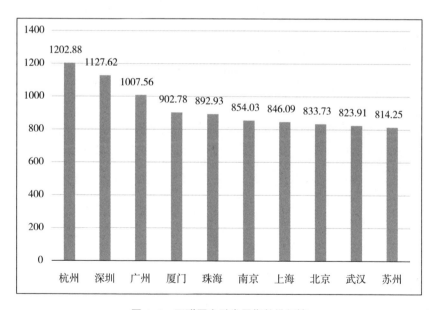

图 4-1 互联网金融发展指数排行榜

数据来源：北京大学

杭州与北京、深圳一道被公认为中国创业潮的三大中心，而从 G20 召开前夕的发展速度来看，杭州最快。

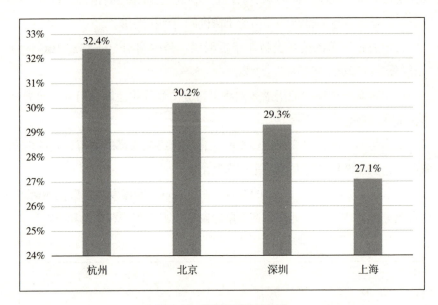

图 4-2　创业项目增速情况

数据来源：杭州市政协调研报告

杭州当然还是电商之都、快递之乡、互联网金融的绝对中心，是中国新经济的代表。

一座城市的全面繁荣无论是生活、商业，还是科技等方面，杭州似乎都具备了。

取消西湖门票是一种互联网思维

杭州的这种成长蜕变，与四大一线城市不太一样。

北上广深，多多少少都是政治助力的结果。北京不用说了，政治中心；上海的腾飞得益于浦东的政策红利；深圳是因为一位老人在南海边画了一个圈；广州有广交会的加持。

杭州的成长蜕变，基本是靠自我生长，不按套路出牌，实现弯道超车。杭州能实现颠覆，有诸多要素，这里重点谈两个不按套路出牌的关键节点。

第一个节点，本世纪初，杭州逆势而动，在西湖拆掉围墙，取消西湖景区门票，西湖景区就此成为全国第一个免门票的 5A 景区。

这期间，黄山风景区，旺季门票由 80 元 / 张上涨至 230 元 / 张；张家界的武陵源核心景区，门票由 158 元 / 张上调至 245 元 / 张。

杭州不按常规套路出牌的意图是：不以旅游作为直接赢利点，而是以旅游业作为导流的入口，发展其他产业。不得不说，杭州的意图确实达到了。西湖免门票十年间，游客数量增加 2.1 倍，旅游总收入增长 3.7 倍，达到上千亿元。

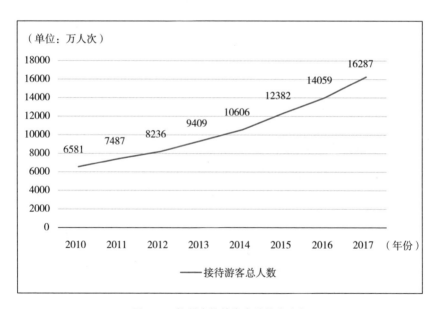

图 4-3　杭州市接待海内外旅客人数

数据来源：中国统计信息网

人流量的增加，使得杭州餐饮、旅馆、零售、交通等相关行业迎来井喷，摆脱了单纯依靠门票的低附加值发展模式，同时对整个第三产业的发展都有促进。

2001 年至 2016 年，杭州市第三产业增长速度达到 9.3 倍，将同为旅游城市的西安、桂林（近 5 倍增速）远远抛下。相对于北京、上海这样的一线城市，杭州的第三产业发展也有速度优势。

回过头来看，西湖模式就是在用互联网模式发展城市：用免费的方式获取流量，不直接从入口挣钱，有了流量来发展其他业务。

西湖模式的效果广受认可，但为何其他地方仿效的少？这背后有一个不可言说的秘密：门票收入比较确定，来钱快，更重要的是便于政府控制。如果免掉门票，客流可能增加一些，但旅游财富都流向各色小贩、旅行社、出租车公司、酒店等民营个体、民营小企业手里，藏富于民，而政府能够支配的财富就少了。这是很多地方政府不愿意面对的局面。

敢于坚持流量入口意识，敢于藏富于民，这次不按套路出牌，给了杭州更大的发展格局。

借势互联网弯道超车

第二个更为关键的节点，是互联网真的来了。

两个"不按套路出牌"者碰到了一起。

一个是杭州市，没有按当时主流做法去发展重化工、制造业，而是重点发展第三产业，尤其是科技和金融。

另一个是阿里巴巴，在当时也是个不按套路出牌的存在。马云当时还是个穷小子，从一部叫《扬子江中的大鳄》的纪录片中可以看出，回杭州创业是不得已的选择，当时他在北京做网站，到处去找政府机构求合作，想利用互联网技术，向世界展示中国，但接连碰壁。

马云后来说：阿里巴巴来到杭州，很多人问我为什么（总部）不在北京、上海，而选在杭州。我创业那会儿诺基亚很棒，它的总部在芬兰一个小岛上，所以重要的不是你在哪里，而是你的心在哪里，你的眼光在哪里。北京喜欢国有企业，上海喜欢外资企业，在北京、上海我们什么都不是，要是回杭州，我们就是当地的"独生子女"。

发展至今，很难说是杭州成就了阿里，还是阿里成就了杭州。但公认的是，杭州依靠这次出牌，完成了量级上的跨越。

最典型的表现就是，在国内经济面临下行压力的背景下，有两座城市的数据却很抢眼，一座是杭州，另一座是重庆。两座城市 2016 年上半年的经济增速都达到两位数，在全国 26 个主要一、二线城市当中分列一、二名。

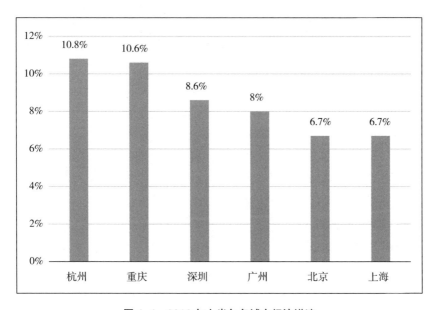

图 4-4　2016 年上半年各城市经济增速

数据来源：各地统计局

杭州与重庆各有其发展特色，因此，有人认为，"重庆模式"和"杭州模式"代表了中国经济的两种道路。

两种模式有什么不同？一言以蔽之，重庆模式重心在第二产业，杭州模式重心在第三产业。

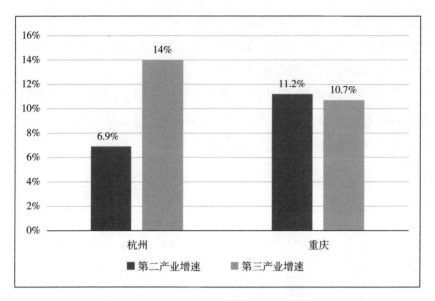

图 4-5　2016 年上半年杭州、重庆产业增速情况

数据来源：杭州统计局、重庆统计局

"杭州模式"的特点是以服务业立足，尤其是与互联网相关的互联网金融、电子商务、大数据等产业发展极快，信息经济对 2015 年杭州 GDP 增长的贡献率已经超过 50%。

"重庆模式"的特色在于其工业化道路的转型比较成功，重庆已成为全国最大的汽车生产基地，笔记本电脑的产量占世界总产量 40%。与其他内陆地区简单承继劳动密集型的产业不同，重庆重视产业链延伸和集群优势，把加工贸易的"微笑曲线"大部分留在了本地。

在重庆、杭州的双峰并峙中，杭州模式被认为更具前沿性和趋势性。

互联网的嵌入和生长，帮助这个城市弯道超车，杭州从一个以旅游为主打标签的二线城市，升级为具有全局辐射力的中心城市。

天堂与硅谷

弯道超车的过程中，杭州的气质也在变。

"天堂硅谷"是杭州的最新称呼。天堂，代表好山好水，悠闲的一面；硅谷，代表创业创新，拼搏的一面。

杭州不再是单纯的慢生活城市，而是有了快节奏和拼搏氛围的创新城市。

从阿里巴巴开始，杭州逐渐形成互联网生态圈。

这里有产业集群的效应。比如中国第一座互联网金融大厦落户在杭州，吸引了一大批互联网金融企业的入驻，包括我们熟悉的蚂蚁金服、挖财、铜板街、51 信用卡、恒生电子、数米基金网等。在互联网金融的企业集群方面，杭州走在前沿。

另一方面，阿里巴巴会根据员工入职的先后时间编排工号，截至 2016 年杭州 G20 召开时已排到了十多万，其中离开的有六七万人，很多都选择留在杭州创业或发展，阿里系成为杭州创业圈中的一大帮派。

杭州有四大创业系，阿里巴巴 IPO 后出来创业的阿里系、浙大为代表的高校系、以千人计划人才为代表的海归系，以及创二代、新生代为代表的浙商系，俗称"新四军"，其中阿里系是第一大系。

互联网重镇形成后，杭州就成为各大巨头的必争之地。有人曾勾勒出杭州的互联网权力地图：杭城以西的余杭，是阿里系的"天下"；杭城以南的滨江，是"网易系"的总部；杭城的西南方向，在富阳东洲新区，一个规划占地 500 亩，投资资金 13 亿元的电商产业园已经整装待发，投资者是京东；而从富阳往北延伸 30 公里，是百度在杭州的首家分公司，已签约入驻"西溪籍"；与之相邻的，是腾讯在杭州的创业基地。

把互联网变成像水电煤一样的基础设施

第一次不按套路出牌，用流量入口思维治理城市，打开了发展的格局。

第二次不按套路出牌，基于互联网和新经济实现了弯道超车，在经济转型上成为典范。

现在杭州在进行第三次出牌，试图把互联网变成像水电煤一样的基础设施。这在全世界远没有任何一个城市做到过。

早在2016年8月16日，在杭州用支付宝就可以坐公交车，这是全国首例。此举推行4天之后，杭州又有新动作，只要支付宝芝麻信用分在600分以上，无须押金，杭州居民和各地游客便可在景区、机场、公交站等315个点免费借雨伞和充电宝，这也是全国首例。

杭州的智慧程度已遥遥领先。

第三次出牌有一个核心，就是金融服务，城市生活的便捷性绝大部分都与支付和信用相关。其中最关键的就是普惠金融的实现。

普惠金融是联合国首先提出的概念，目前已成共识。用大白话解释，就是把金融服务变得和水电煤一样，所有人，不论阶层，不论贫富，不论城乡，都能平等、方便地享受到金融服务。做到这点的前提有两点：一是风控安全，二是大大降低金融成本。

杭州敢于挑战普惠金融的难题，在于有互联网金融这张"王牌"支持。

业内流传一件趣事，一个银行系统的员工和一个蚂蚁金服的员工在一起吃饭，别人问他们：你们对小额贷款的定义是多少？银行系统的员工说，50~200万元。蚂蚁金服的员工说：最低几千也可以贷，平均获批额度在5万元左右。

蚂蚁金服的员工举了个例子，解释了为何能服务那么多低净值用户：每笔线上贷款的IT成本，不到1块钱，这个成本是银行的几百分之一。

技术带来的低成本和创新流程，使得普惠金融的实现成为可能。2010年至2016年，有400万家小微企业从蚂蚁金服获得贷款，其中95%的贷款项目，额度都在3万元以下。

北京大学曾发布《互联网金融发展指数报告》，其中一项结果表示：

不同城市距离杭州越近，距离北京、上海、深圳越远，互联网金融发展水平就越高。该报告说，这主要是因为蚂蚁金服成为互联网金融的最大数据源，距离该数据源越近，互联网金融的推广力度就越大，从而互联网金融发展水平也就越高，这也进一步说明互联网金融并不是完全超地理的金融现象。

没有任何传统金融优势和政策倾斜的杭州，借助互联网金融的势能，意外地成为一个金融重镇，这是弯道超车的又一实例。

它的意义甚至超出国界。国际金融秩序一直由西方发达国家主导，但移动支付，中国却走在了前面。

一位业内人士在 2016 年初曾有过这样一段描述：美国大约有 15％用户用过 PayPal、Apple Pay 等移动支付，但实际上并没有成为日常生活习惯，对比中国移动支付发展的势头，可以说美国现在更像 2013 年的中国，在移动支付发展上落后中国 2 年以上。

不想平庸的未来

不按套路出牌，肯定是想避免平庸。观察一座城市能否具有世界性的影响，往往有三个衡量指标。

1. 有没有举办世界级的盛会

1851 年伦敦举办首届世博会，1964 年日本举办奥运会，这些世界级盛会某种程度上是这座城市站到世界舞台中央的加冕礼。2016 年 9 月，杭州代表中国首次举办 G20 首脑峰会。

2. 有没有世界级的公司

西雅图有波音、微软，纽约有花旗银行，慕尼黑有西门子，东京有索尼，杭州有阿里巴巴和蚂蚁金服。

3. 有没有向外输出能够影响世界的产品或商业模式

洛杉矶的好莱坞电影公司向外输出的是影视大片和文化，慕尼黑的西门子向世界贡献着工业 4.0 最前沿的技术，杭州的阿里巴巴和蚂蚁金服正在向世界输出互联网贸易和普惠金融的模式。

没有政策红利，完全靠原生力及不按套路出牌的发展思路，杭州在过去十几年一路弯道超车，冲到世界面前。现在的第三张牌会有什么影响和改变，让我们拭目以待。

"佛系"杭州，全靠卖地支撑？

黄汉城

对于 2018 年地方两会来说，最大的波澜就是会前爆出的"GDP 造假"事件。内蒙古、天津滨海新区先后承认经济数据有水分。

"经济数据"是地方两会中最有价值的信息，不过，这也是让地方最为纠结的地方。所以，每年都是公布 GDP 的时候腰板挺直，晒财政账本的时候小心翼翼。

哪些项目应该精确，哪些项目应该模糊，总是要来来回回推敲、反反复复打磨。表面看来，这些公开的数字枯燥无味，但里头实则干货满满。

这两年最热的词莫过于"土地财政"。中央多次强调要降低地方对土地财政的依赖，那么实际情况如何呢？

我们选取 35 个重点城市近几年的财政报告，以土地收入为切入点深挖，还真是挖出了点东西。谁在裸游，谁在演戏，一目了然。

说好的最严调控呢？

区域经济中有一个概念，叫作"土地财政依赖度"，计算方式为城市土地出让金收入 / 市级一般公共预算收入 ×100%。百分比越大，表示地方对土地财政的依赖度越高。

不算不知道，一算真是吓一跳。据统计，2015 年至 2017 年中国 35 个重点城市中，有 21 个城市的土地财政依赖度还在稳步上升，比如合肥、南宁、广州、南昌等。有些甚至称得上是暴增，比如南京、佛山、济南、武汉、珠海、三亚等。

尽管在 2016 年开启最严调控后，房地产行业经常出现楼市冻结、房价下跌的新闻，但是这些城市的土地财政依赖度，依然在逆风中坚挺不倒。

表 4-1　35 个重点城市土地财政依赖度(单位：亿元)

排名	地区	一般公共预算收入			(市本级)土地出让金			土地财政依赖度			
		2015 年	2016 年	2017 年	2015 年	2016 年	2017 年	2015 年	2016 年	2017 年	平均
1	南京	1020.0	1142.6	1271.9	879.1	1771.6	1734.2	86.18%	155.05%	136.35%	125.86%
2	合肥	571.5	614.9	655.9	466.4	875.4	570.1	81.60%	142.38%	86.92%	103.63%
3	杭州	1233.9	1402.4	1567.0	638.2	1612.9	2190.0	51.72%	115.01%	139.76%	102.16%
4	佛山	557.4	604.5	661.4	339.7	605.8	934.5	60.94%	100.22%	141.30%	100.82%
5	济南	614.3	641.2	677.2	368.1	676.9	870.8	59.92%	105.56%	128.59%	98.02%
6	珠海	269.9	292.3	314.4	198.5	239.6	426.6	73.54%	81.98%	135.71%	97.08%
7	南宁	297.1	312.8	318.8	210.0	281.6	295.0	70.70%	90.03%	92.55%	84.42%
8	武汉	1245.6	1322.1	1402.9	646.9	1116.5	1557.8	51.93%	84.45%	111.04%	82.47%
9	广州	1349.5	1393.6	1520.0	955.1	728.6	1216.6	70.78%	52.28%	80.04%	67.70%
10	三亚	88.9	89.5	93.0	49.7	44.2	84.3	55.91%	49.39%	90.65%	65.31%
11	南昌	389.3	402.2	417.1	159.2	293.4	314.0	40.89%	72.95%	75.28%	63.04%
12	海口	111.5	115.5	120.0	60.0	91.1	66.3	53.81%	78.87%	55.25%	62.64%
13	厦门	606.1	647.9	696.8	302.6	494.8	425.8	49.93%	76.37%	61.11%	62.47%
14	郑州	942.9	1011.2	1102.0	360.6	699.0	854.2	38.24%	69.13%	77.51%	61.63%
15	苏州	1560.8	1730.0	1908.1	633.3	1465.8	938.6	40.58%	84.73%	49.19%	58.16%
16	成都	1157.6	1175.4	1197.6	429.1	399.1	1189.5	37.07%	33.95%	99.32%	56.78%
17	福州	560.5	598.9	634.0	353.9	252.3	390.0	63.14%	42.13%	61.51%	55.60%
18	石家庄	375.1	410.7	460.0	187.8	308.2	179.0	50.07%	75.04%	38.91%	54.68%
19	昆明	502.2	530.0	560.9	104.7	190.5	450.9	20.85%	35.94%	80.39%	45.73%
20	宁波	1006.4	1114.5	1245.1	211.8	696.1	515.4	21.05%	62.46%	41.39%	41.63%
21	重庆	2154.8	2227.9	2252.4	674.5	781.7	1255.2	31.30%	35.09%	55.73%	40.71%
22	西安	651.0	641.1	653.0	197.5	246.7	344.0	30.34%	38.48%	52.68%	40.50%
23	兰州	185.2	215.5	234.2	80.0	89.2	69.6	43.20%	41.40%	29.72%	38.10%
24	天津	2667.1	2723.5	2839.0	584.8	1304.4	1227.6	21.93%	47.89%	43.24%	37.69%

续表

排名	地区	一般公共预算收入			（市本级）土地出让金			土地财政依赖度			
25	贵阳	374.1	366.3	376.9	38.5	101.7	282.2	10.29%	27.76%	74.87%	37.64%
26	东莞	518.0	544.7	591.0	180.6	224.3	214.0	34.86%	41.18%	36.21%	37.42%
27	乌鲁木齐	368.7	369.7	400.8	92.0	50.8	290.9	24.95%	13.74%	72.58%	37.09%
28	北京	4723.9	5081.3	5430.8	2032.1	852.5	2796.0	43.02%	16.78%	51.48%	37.09%
29	无锡	830.0	875.0	930.0	56.8	290.5	428.5	6.84%	33.20%	46.08%	28.71%
30	沈阳	606.2	621.0	652.0	115.7	175.5	252.0	19.08%	28.26%	38.65%	28.67%
31	上海	5519.5	6406.1	6642.3	1681.9	1638.1	1471.0	30.47%	25.57%	22.15%	26.06%
32	青岛	1006.3	1100.0	1157.1	240.5	224.2	345.0	23.90%	20.38%	29.82%	24.70%
33	深圳	2726.9	3136.5	3331.6	435.8	1018.9	809.0	15.98%	32.49%	24.28%	24.25%
34	长沙	719.0	743.7	800.0	116.8	182.1	194.0	16.25%	24.49%	24.25%	21.66%
35	大连	579.9	611.9	657.7	38.7	122.7	144.0	6.67%	20.05%	21.89%	16.21%

数据来源：各地统计局、中指院

2018 年 1 月 25 日财政部公布消息，2017 年国有土地使用权出让收入超过 5 万亿元，同比增长 40.7%，再次刷新历史纪录，看来还真不是唬人的。

当然，这些毕竟是全国的重点城市，那些三、四线就算政府想卖地，都不一定有人接盘。

说好的调控呢？说好的房住不炒呢？虽然调控政策有滞后效应，但这样的"成绩"不得不让人怀疑，地方政府是不是留了一手。可能限价也好，限购也罢，本质上只是把地方政府的卖地冲动延缓了一些时间，而没有从根本上消除。

最让我们感到意外的，是在这份长长的名单上居然遇到了杭州和广州！这两座城市平常可是大家眼中的一股清流啊！

2018 年初，全国除了几个一线城市之外，只有天津、苏州、重庆、武汉、成都、杭州、南京、青岛、无锡、长沙十座城市挤入了全国万亿 GDP 俱乐部。在这个强二线阵营中，杭州算是一座非常复杂的城市。

从一般公共预算收入方面来看，杭州的财政结构非常健康。2012 至

2017 年，杭州市税收收入占一般公共预算收入的比重年均 93% 以上，横扫全国所有一、二线城市。

表 4-2　杭州税收占比一般公共预算收入情况（单位：亿元）

年份	2012	2013	2014	2015	2016	2017
税收收入	830.2	910.6	995.2	1125.9	1289.2	1416.5
地方一般公共预算收入	859.9	945.2	1027.3	1233.8	1402.3	1567.0
占比	97%	96%	97%	91%	92%	90%

数据来源：杭州市统计年鉴

这个数据是一张比西湖更亮丽的名片。它反映出杭州市各种行政收费、罚款少到了极致，对企业吃拿卡要的程度很小，税收贡献了绝大部分一般公共预算收入。可以说，这个城市非常佛系，是中国最不扰民的城市之一。

但是，当我们在土地财政依赖度方面搜索杭州的身影时，我们发现杭州的相关数据高得吓人。

2017 年，杭州的土地出让金高达 2190 亿元（出让金仅包含市本级，全文同），比一般公共预算收入多出 600 亿。当年全国 657 个城市中，有两个城市的土地出让金超过 2000 亿，一个是北京，另一个就是杭州。

表 4-3　杭州土地财政依赖度（单位：亿元）

年份	2014	2015	2016	2017
（市本级）土地出让金	876.6	638.2	1612.9	2190.0
一般公共预算收入	1027.3	1233.9	1402.4	1567.0
土地财政依赖度	85%	52%	115%	140%

数据来源：杭州市财政局、中指院

从 2015 年至 2017 年，杭州在 35 个重点城市当中，平均土地财政依赖度排名全国第三。若拉长至 2014 年，则列全国第二。

这个引领了中国互联网方向、甚至引领了中国未来的城市，其民营经济、创业氛围充满了活力，连上海人都甘愿来这里充当"移动硬盘"。谁能想到，杭州竟然主要靠土地财政撑腰。

城建过猛，债务又多

杭州卖地这么猛，主要是因为需要花钱的地方太多。

近几年，杭州的基础设施投资力度非常大，画风一日一变。以地铁为例，仅在 2017 年，杭州同时上马在建的线路就有足足 10 条，包括 1 号线延伸线、2 号线二三期、4 号线、5 号线、6 号线、临安线、富阳线、绍兴线、海宁线等，其数量之多，线路之密，令人瞠目结舌。

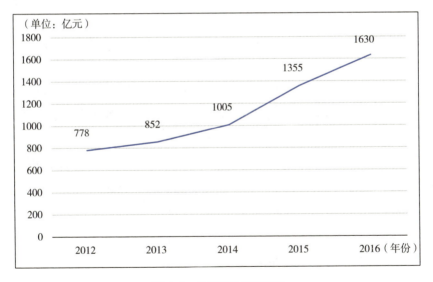

图 4-6　杭州基建投资额度

数据来源：杭州市统计年鉴

随便修建一条线路，总投入都是数百亿元起跳，这些钱都要从哪里来？

以 2015 年为例，当年杭州一般公共预算总支出加政府性基金总支出约 3500 亿元，但一般公共预算收入也就 1233 亿元，加上上级转移支付、调入资金等勉强达到 2224 亿元，比起 3500 亿元来说还远远不够。这个缺口，当然只能靠卖地填补。

高投入其实也意味着高负债。

2015 年，杭州单是还地方债务本金，就需要拿出 656.11 亿元，占了当年一般公共预算收入的 53%。进入 2016 年，杭州争取到了发行置换债的指标，借新还旧。

到了年底一盘算，全市还有 1924.44 亿元的地方政府债务余额。总不能用全年的一般公共预算总收入来填这大窟窿吧？

于是，最终的解决方案也还是卖地，拼命卖地。反正，地都是杭州的，只要符合城市发展规划纲要，只要还没突破上级给的土地指标，爱怎么卖就怎么卖。

我们可以大胆预测，未来几年，杭州的土地财政依赖度依然会高居不下。

在供给方面，虽然主城区的土地开发强度（建设用地与全域土地面积的比值）已超过了国际 30% 的警戒线，但全市的开发强度只有 13% 左右，比上海、深圳要低很多，还有很大的开发空间。

在需求方面，2022 亚运会越来越近，相关基础配建必须快马加鞭；民生工程又是刚性支出，教育、医疗、农林水等各项领域的支出不能减。诸多张嘴都要求土地出让必须高歌猛进。

在大量的土地供应之下，杭州的房价上涨就会保持平稳状态。别说厦门，就是要全面赶超广州都不容易。

广州实在太委屈

最近两年，关于一线格局大洗牌的争论甚嚣尘上，广州被认为是那个最有可能掉队的城市，并会被杭州取代。

从数据上看，2015 年至 2017 年，广州土地财政依赖度平均为 68%，在 35 个重点城市当中排名第 9。而北京、上海、深圳分别只有 37%、26%、24%，排在倒数行列。这说明广州是一线阵营中唯一没有走出土地财政怪圈的地方。

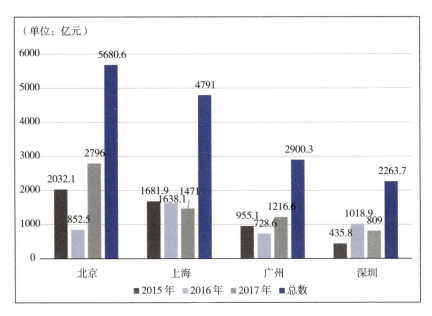

图 4-7　一线城市土地出让金情况

数据来源：中国指数研究院

其实这四个城市里，广州的土地出让金收入并不是最高的，2015 年至 2017 年土地出让金总共也才 2900 亿元，比起北京、上海的要少一大截，和深圳的水准差不多。

所以，问题的真正根源是一般公共预算收入这个"分母"。自 2010 年以来，广州的地方财政收入增速就在一线城市当中垫底，北上深用了五六年的时间，就实现了翻一番的"小目标"，同期广州却无法做到。

根据各地的统计年鉴，广州虽然贵为一线城市，但 2016 年全市税收收入仅为 1055.2 亿元，分别只有北京的 23.7%、上海的 18.8%。或许你会说，毕竟北京上海的经济体量更大，广州税收低一点并不让人惊奇。

那我们就来看一下广州跟其他城市之间的差距。两个城市的 GDP 相差无几，但广州的税收收入却只有深圳的 41.6%，甚至比天津、重庆、苏州还要低，与自身 GDP 第四城的地位不相匹配。

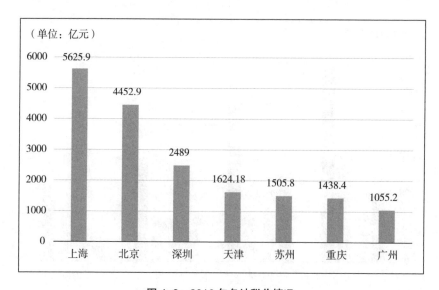

图 4-8　2016 年各地税收情况

数据来源：各地统计局

这是为什么呢？

作为传统制造业大市，广州不像北京上海那样，有中烟草、中石油等国企大鳄、四大银行等金融机构扎堆，中低端制造业才是它的主体，企业利润较为薄弱，导致最终自我造血能力相对较弱。所以税收比北京上海低无可厚非。

但是，广州也有它的"小委屈"。除了苏州之外，其他几个城市地位都相当特殊，北京、上海、天津、重庆是直辖市，深圳是计划单列市，它们出生的时候都含着金钥匙。这几个地方的财政收入除了"伺候"中央外，剩下的基本都归自己，而广州还要上缴给省里边，去照顾粤东西北的

"小兄弟"。

广州心里"苦"。为了不从一线城市中滑落，继续保持区域竞争的优势，广州只能在土地出让上做文章：第一，广州没有北京上海那种"国有建设用地负增长"的政治红线；第二，广州有着南沙、黄埔、花都等广阔后花园，不像土地开发强度达 49% 的深圳一样无地可卖。

如此可以预见，在房地产行业的下半场，广州仍会沿着依赖土地财政的惯性前进，推出大量土地。基于前文的分析框架，广州房价也会保持住平稳的态势。

未来几年里，广州的房价都不可能追上同为一线的北上深。

哪些城市会率先放松限购？

财政与楼市之间，存在一种暧昧关系。

从过往的经验来看，土地财政依赖度越大的城市，其率先放松限购的可能性就越大。限购—土地出让收入减少—出现阶段性的土地财政危机—为了不失血过多选择救市，这种逻辑在历史上屡次得到验证。

2013 年 2 月，中央出台"国五条"，对于房地产市场的调控大为升级，多地楼市进入冰冻期。一年半之后，46 个限购城市中有 36 个城市扛不住了，仓皇放开限购。

所以我们才会看到，近来土地财政依赖度最高的那几个城市，比如南京（第 1）、合肥（第 3）、济南（第 5）、武汉（第 8），在这一波抢人大战中也是叫得最凶、最起劲的。

以南京为例，2017 年 5 月，南京率先对硕士放开限购；2017 年 12 月，对于在本市就业创业的高职、大专以上学历不限购；2018 年 1 月 4 日，40 岁以内本科生即可直接落户买房，门槛之低超乎想象。

这种以"人才新政"为外衣的放松限购，既能落得一个爱人才的美名，又能给土地市场松松土，真是大有才华。

在之前的文章中，我们就提到地方财政收支压力大，地方政府债务问题已是当下中国经济最大的"灰犀牛"。中央制止地方政府违法违规举债的力度，其实是在不断加码，地方融资渠道要么缩紧，要么受限。唯一能速来钱的方式，就是想办法卖地了。

那么，在这一轮新的调控中，谁最有可能率先撕开更大的口子？我们认为，当一个城市同时出现以下特征时，最有可能放松限购：第一，土地财政依赖度高；第二，"地王"迟迟未动工或捂盘；第三，土地出现流拍频发或者溢价率走低。这些特征说明开发商处于观望状态，入市意愿较为低迷，土地市场有步入下滑的征兆。长久下来，地方政府有可能会扛不住。结合三个特征一排查，有几个城市就上了名单，南京、珠海、合肥以及杭州。

后续的事实也证明如此。

2017年3月，南京市规定在六合区、溧水区、高淳区范围内，暂停向已拥有1套及以上住房的非本市户籍居民家庭出售住房，包括新建商品住房和二手住房。

2019年6月，南京市高淳区宣布放开限购，外地人只需要携带在有效期内的南京居住证，或者携带用人单位的劳务合同和营业执照等证件在南京市高淳区不动产中心办理购房证明，即可在高淳区购房。

2017年4月，珠海楼市限购升级，无法提供购房之日前在本市连续缴纳5年及以上个人所得税证明或社会保险证明的非本市户籍居民，不可在全市范围内购买住房。2019年5月，珠海承认斗门区、金湾区放开限购，非户籍人士可直接购买一手房，无需社保或者纳税证明。

2019年5月，杭州正式放宽落户政策，35周岁以下的大学专科学历人才，缴纳1个月社保就能落户杭州，最快5个工作日就能办理好落户手续，众多买房人因此获得买房资格。

苏州外资大撤退，这是被抛弃的前奏？

林小琬

"无耻小日本！"这句义愤填膺、充满民族情怀的标语，道的却不是一场反日爱国运动，而是 2018 年初 "中国制造业之都" 苏州所遭遇的一场外资撤离大潮。

说是 "大潮"，一点也不为过。看看曾经让苏州人骄傲的知名外资企业，近年都在做什么：

2015 年 7 月，三星专用的代工厂普光电子宣布倒闭，三星在华其他子公司或代工厂陆续裁员；

2015 年 8 月，美资企业泰科电子科技昆山 CD 事业部宣布关闭；

2015 年 12 月，在苏州扎根 17 年的诺基亚苏州工厂关闭；

2015 年 8 月，富士康宣布对印投资 50 亿美元建厂，并计划在 2020 年前提供 10 万个就业岗位，截止到 2016 年富士康苏州工厂已减员 6 万多工人，用机器代替人工；

2016 年 6 月，造纸业巨头芬兰斯道拉恩索集团投资的苏州紫兴纸业停产解散；

2017 年 1 月，全球最大的硬盘制造商希捷宣布关闭苏州工厂；

2017 年 9 月，药企葛兰素史克（GSK）宣布将逐步关停已有 20 年之久的苏州工厂；

……

外界不禁疑惑，这是苏州经济在腾笼换鸟，还是外资在有计划地抛弃苏州？是城市正在经历转型阵痛期，还是陷入产业空心化的命运？

一切，不妨从 2018 年 1 月一起日资撤退事件说起。

"世界工厂"遭遇寒潮

2018 年 1 月 7 日，苏州最低温度仅为 2 摄氏度，在如同刀割的寒风细雨中，曾经的世界 500 强之一、跨国日资巨头"日东电工"要撤走的消息不胫而走。

当地都在传闻，日本电工将宣布在 1 月底关闭苏州工厂，2 月份解除劳动合同。在春节前夕，近 1000 名员工突然面临失业危机。于是，厂区外一夜之间出现很多维权的横幅。

这家全球第一大偏光片制造商被指责"蓄意隐瞒员工，偷偷转移公司资产"后，不得不出来"辟谣"：公司并非要关闭苏州分公司，只是出于业务调整需要，正洽谈该分公司的股权转让事项。工厂只解散有 500 余人的偏光片部门，并提出了 N+1.5 的赔偿，柔性印刷线路板、新能源这两部门的员工可继续留用。官网声明中写道，"日东始终看好在中国的发展前景"。

根据高工产研新材料研究所（GGII）数据，2016 年中国偏光片市场总消耗面积达 1.01 亿平方米，同比增长 17.92%，市场规模约为 159 亿元，同比增长 11%。预计 2017 年国内偏光片市场规模将突破 200 亿元。

但日东的苏州工厂却没有热火朝天地赶生产，《华夏时报》记者实地探访，发现日东 FPC 部门"没活儿干的情况已经持续一两年了"，仅剩的这两条生产线最后难逃被出售的命运。种种迹象表明，这家昔日园区里的明星工厂彻底撤出苏州，只是一个时间问题。

明明中国市场还是大肥肉一块，为什么外资却没停下撤出中国的步伐？苏州模式难道真的错了吗？

苏州堵车，全球缺货

"苏州堵车，全球缺货"，是这座"世界工厂"鼎盛时的写照。作为一个地级市，苏州的外资吸纳能力超出想象。

在 2012 年巅峰时期，苏州实际使用外资 91.6 亿美元，该年度全国为 1132.9 亿美元，苏州作为一个地级市的占比高达 8.1%。更值得苏州骄傲的是，外资主要集中在实业领域，制造业占比达到 67%。

苏州能成为外商投资的重要阵地，源于 20 世纪 90 年代开启的"苏州模式"——以新加坡工业园区为代表，依靠外商合资、合作、独资等方式带动经济增长，走上出口导向型道路。这种模式成为园区样本红遍全国，还上升到国家层面的工业建设和经济开放，一时风头无两。

在上一轮全球化浪潮中，苏州借助中国人口红利、工业园区特殊的管理模式、优惠的税收政策等因素获得技术外溢，成为全球 IT 业的代工厂，奠定了苏州在过去十年里"中国 GDP 第一地级市"地位，轻松吊打省会城市南京。

但从另一个角度来看，苏州经济高度依赖外资。从 2000 年到 2010 年这十年间，苏州对外贸的依存度有六年超过 200%。

外资制造业撑起了苏州经济的半壁江山。2012 年，苏州规模以上外资和港澳台资的工业企业的工业总产值为 18870 亿元，占全市规模以上工业总产值比重达 66%；利润总额为 937 亿，占全市规模以上工业企业利润总额的比重高达 72%。

苏州模式想维持下去，就得依赖外资的持续进入。但从 2012 年起，外资陡然急转而下。苏州规模以上的外资和港澳台资企业数量，从 2011 年 1.37 万家减少到 2016 年的 9616 家。苏州的实际使用外资额也开始暴跌，直到 2017 年才开始企稳。

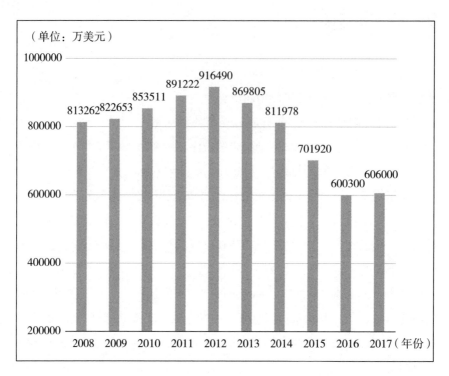

图 4-9　2008—2017 年苏州实际外资使用额

数据来源：中国商务部

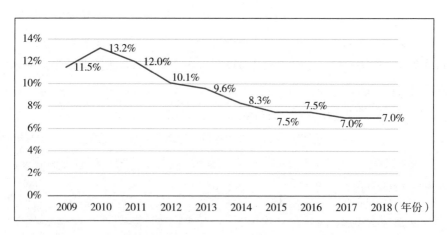

图 4-10　2008—2017 年苏州 GDP 增速

数据来源：江苏省统计局

外资大潮突然退去后，苏州经济受到冲击，其 GDP 增速从 2010 年的 13.2% 一路下降到 2017 年的 7%。

三大风向标事件

其实，苏州只是外资撤退的一个缩影和先兆。

2015 年，全国上下开始警惕大面积的外资跑路。因为这一年发生了三件极具风向标意义的大事。

一是雇员全国排名第三的富士康南下印度。2015 年，富士康与印度马哈拉施特拉邦政府签订协议，未来五年富士康将在该邦投资 50 亿美元建电子设备制造厂。此前富士康已计划在 2020 年前在印度新建 12 座工厂，并最多雇用 100 万当地工人。

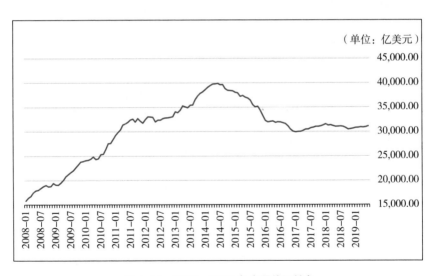

图 4-11　2008—2017 年中国外汇储备

数据来源：中国人民银行，wind

二是改革开放后首家进入中国的外企也在撤离。日本松下公司宣布关闭北京锂电池工厂，与1300名员工终止劳动合同。这是松下继2012年底关闭上海工厂后，短短三年内的第三次关厂举动，而且全是大工厂。松下进驻中国是一件具有里程碑意义的事件，它引领了东芝、日立、索尼等一大批日资电子巨头进入中国。可以说，松下见证了中国的改革开放，也全程参与了中国电子制造业走向世界的过程。因此松下的退出变得格外扎眼。

三是官媒喊话别让外资跑了。新华社旗下微信公众号"瞭望智库"发表了一篇《别让李嘉诚跑了》的文章，批评香港在内地最大的投资者"长和系"撤走中国资产，"失守道义"。人民日报海外版微信公众号"侠客岛"随后也关注了该文，并报道了李嘉诚近年来一系列抛售内地资产、西进欧洲的投资举动。

那一年，中国的外汇储备出现了1992年以来的首次缩水。

用不起的劳动力

为什么外资会在一夕之间风云突变，纷纷撤离？还是拿苏州举例。

日东电工撤离后，日本亚洲通讯社从日东东京总部得到一个解释：中国劳动力成本的上升，导致苏州工厂难以为继，另外，公司内部也有产业布局的调整。

这种产业布局调整的结果符合这两年亚洲的产业流向，就是很多外企将工厂从中国东南沿海搬到印度和东南亚，或者是迁移到中国中西部地区。从2012年开始，日本对东南亚的投资额频频超过中国。

那么，东南亚凭什么能从中国手中拿走世界代工厂的接力棒？很大原因在于人口红利。中国当初是靠什么吸引起外资制造业的，东南亚如今也不会差很远。

2010年，中国劳动力人口比例达到72.4%的巅峰水平，随后便开启了趋势性的下降之路，到2018年末中国劳动力人口跌破9亿，占比64.3%。中国人口红利的消失，制造业人工成本自然也应声上涨。

据彭博统计，一家日资企业，2010年在日本雇用一名员工的薪资，与

2016 年几乎无异，但是在中国，薪资水平几乎翻倍。

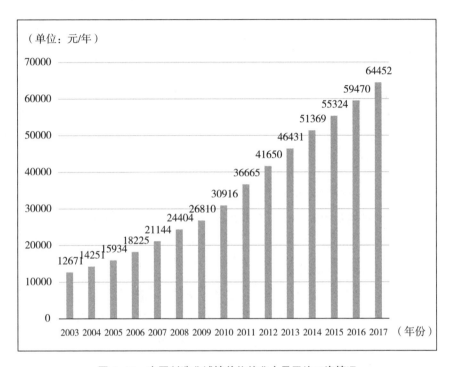

图 4–12　中国制造业城镇单位就业人员平均工资情况

数据来源：国家统计局

表 4–4　东南亚和中国的用工成本对比

国家	平均工资（美元 / 年）
缅甸	2062
柬埔寨	1887
越南	2989
印度尼西亚	4481
泰国	7120
菲律宾	4012
中国	8204

数据来源：日本贸易振兴机构（JETRO）

人工成本升高，逐利的资本自然要去寻找劳动力的价格洼地。2014 年日本贸易振兴机构（JETRO）对东南亚和中国的劳动力成本调查后发现，中国是柬埔寨的 4.3 倍、越南的 2.7 倍、印尼的 1.8 倍。

房价！房价！房价！

这十年来，除了类似玉门等衰退性小城市之外，全国上下的房价都在持续上涨。

苏州紫兴纸业停产解散后，发布公告解释原因：一是生产规模小，与国内日益增多的竞争对手相比不再具备优势；二则是"过去二十年间，工厂所在地逐渐发展成为苏州高新区的商业和住宅核心地段，因此越来越难以维持大型工业企业的正常运营"，说白了，就是企业面临超级地租。

《钱江晚报》报道了日东电工的一名中层技术人员徐江的生活经历。10 年前，徐江在苏州工业园区附近买了房子，当时的房价还是 5000 元 / 平方米，2018 年，他买的房子均价已经涨到 20000 元以上。

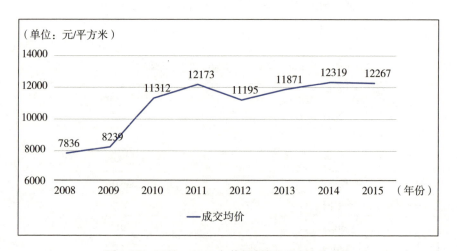

图 4-13　2008—2015 年苏州市商品住宅房价走势

从 2008 年至 2015 年，也就是在外资大举撤离前，苏州的房价涨了 56.5%，园区房价更是涨了 95.6%，几乎翻一番。辛辛苦苦经营一家代工厂，到头来还不如炒房的赚得多。

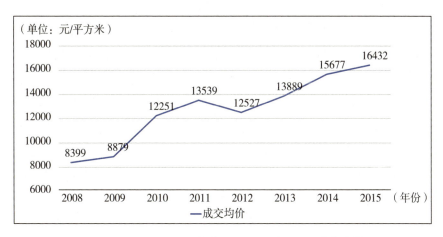

图 4-14　2008—2015 年苏州工业园区商品住宅房价走势

土地成本的提高重塑了园区的制造业形态。在距离日东电工向东约 1.5 公里的普洛斯苏虹路厂房，如今引进了不少汽车经销商，因为老牌的制造业撤离之后，园区只能靠出让土地等方式，寻找毛利率较高的新兴企业来落户。

除了房价，物价也在过去五年间因为三轮大放水而飞涨。在供给侧改革和环保风暴的双重影响下，国内工业原材料的价格直线上升，苏州所承接的电子代工产业大部分仍停留在产业链的低端环节，本身利润微薄，原材料成本上升可谓是当头一击。

死亡税率？

中国的高税收同样令实业不堪重负。2010 年，苏州工业企业的总税负为 471 亿元，到 2015 年，上升到 616 亿元，增幅高达 31%，而这 5 年期间，苏州工业企业的净利润整体下降了 9%。

2016 年末，那场"死亡税率"的大争辩将减税呼声引至高点，曹德旺一句"中国税收全球最高"的吐槽如同重磅炸弹引爆了舆论。除此之外，2017 年年初希捷的"大逃亡"与苏州税务局的补收税款也存在莫大联系。

如今苏州园区已经对外资取消了超国民的优惠待遇，对国内民营企业来说是公平的举动，但是这种一步到位、干净利落不留缓冲带的做法，是不是也吓退了外资？

近期针对美国总统特朗普的减税行动，中国开启了新一轮对实体经济的减税降费，希望制造业享受到最大红利。

我们不需要低端产业！

知乎上有一个关于"如何看待日东电工关闭苏州电工"的问题，一位网友留下了这样的回答：

"苏州不需要低端产业！这种低附加值的制造业被淘汰了活该！租不起工厂的滚出苏州！房地产和金融业才是苏州的未来！"

不管这是一种真实心声，还是网友的反讽，我们的确看到一些产业转型的城市，在"中国制造"走向"中国智造"的路上迷失了。

地方政府想要高大上的产业，有意驱赶低端产业，而年轻人也越来越不愿意去工厂当一个打工仔，这种彻底抛弃"低端制造业"的产业升级思路是从上至下的。苏州劳动就业管理服务中心在 2017 年做出的调查显示，19% 的企业认为招工有较大困难，较去年上升了 9 个百分点。

但是这种驱赶的破坏性极大。往大了说，经济腾笼换鸟不是一招便成，本土企业如果不能完成接力，世界工厂恐怕会未老先衰。从民生来看，撤退的外资如果是巨头企业，当地大大小小的中小微配套企业将会受到影响，倒闭潮、失业潮随之而来。

当全球制造业进行新一轮的调整时，我们不能说用一句简单的"苏州错了"来定性外资的撤离。

苏州是整个中国制造业的缩影，在这里，我们可以看到中国改革开放的经济腾飞，也能看到中国工业城市必然要经历的转型阵痛。

但愿已在路上的苏州准备好了。

亩产论英雄，一场自下而上的改革

黄汉城

"中国经济已由高速增长阶段转向高质量发展阶段。今后几年中国的宏观经济政策、结构政策、改革政策、社会政策都将围绕高质量发展的总要求展开。"2018 年 1 月 25 日，中国改革灵魂人物刘鹤在达沃斯演讲时掷地有声。

紧接着，1 月 28 日据新华社报道，浙江省政府近日印发《关于深化"亩均论英雄"改革的指导意见》。

如果你了解"亩产"的含义，你就会对这种默契表示由衷的赞叹。因为，这就是对"高质量发展"的直接响应。

过去，亩产是农业术语。今后，"亩产"代表中国的经济发展潮流。论亩产的不再是农产品产量，而是代表 GDP、工业增加值、污染等。

以前是规模为王，现在是单位产出为王。别看这个词听着俗气，但其冲击之广可能超乎很多人想象。它预示着中国自 1986 年开始采用的 GDP 指标可能会退居次要地位，中国经济发展渐渐进入了一个新阶段。

亩产越高的企业获益越多

浙江这次最狠的地方在于，这是一套思虑成熟的系统方案。

新华社报道说，到 2020 年，浙江将对全省所有工业企业等主体根据亩产效益进行体检，体检的结果影响企业各类资源要素的配置。

"亩产效益"体检涉及三类主体，包含全省所有工业企业、规模以上服务业企业、产业集聚区、经济开发区、高新园区、小微企业园区、特色小镇……其中，规模以上服务业企业不含批发、零售、住宿、餐饮、银行、证券、保险和房地产开发。特色小镇则不含历史经典产业小镇。

体检项目细致入微，有亩均税收、亩均增加值、全员劳动生产率、单位能耗增加值、单位排放增加值、R&D（研究与开发）经费支出占主营业务收入之比、亩均营业收入等不同指标……并依据这些指标分成高中低几个档次。

最后，将根据评价结果实施用地、用电、用水、用气、排污等资源要素差别化政策，扩大差别化价格实施行业规范，加大首档企业激励力度。

通俗来说，就是亩产效益高的企业，要钱给钱，要地给地，推动排污权等资源要素向优质企业集聚。比如说，排污权指标可以多给一些；用地面积批大一点；金融信贷倾斜一下；水电气费用价格低一点……

以前说 GDP，给人的第一感觉就是"多"或"大"，现在提"亩产"能产生的直接联想则是"精"。

单位产出低的企业，无论员工再多，产值再高，都可能停止补贴，拿到手的土地也会被收回……如果再不幸地被贴上高污染、高能耗、脏乱差或者低小散的标签，可能厂门都要被贴上封条。

只有亩产效益高的"精悍"企业才能得到政策倾斜，那些大而不强的企业必须闪一边去，以此解决过往多年资源要素配置中的错配、低配问题。

混日子的时代结束了！ GDP 统领一切，GDP 就是政绩的时代到此也可能要结束了。

一场大洗牌的震动感汹涌而来。

论经济密度，中国分分钟被打脸

在区域经济学的范畴中，其实"亩产"也有一个相类似的概念，叫作经济密度，计算方式为：区域国民生产总值与区域面积之比。它代表了一个城市单位面积上经济活动的效率和土地利用的密集程度。

在这方面，中国长期落后于发达国家。

表 4-5　2017 年中日韩顶尖城市经济密度对比

城市	GDP（亿元）	面积(平方公里)	经济密度(亿元／平方公里)
首尔	28481.0	605.8	47.0
东京	67069.3	2188.7	30.6
深圳	22438.4	1996.9	11.2
上海	30133.9	6340.0	4.8
广州	21503.2	7434.0	2.9
北京	28000.4	16410.0	1.7

数据来源：各地统计局

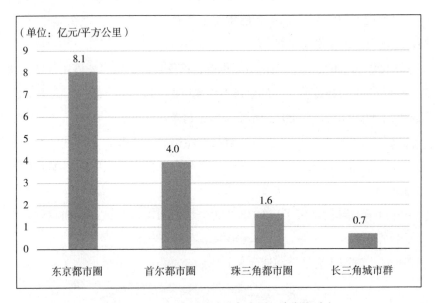

图 4-15　2016 年世界主要都市群经济密度对比

数据来源：各地统计部门

　　作为中国最发达的都市群之一，珠三角 2016 年的经济密度仅为每平方公里 1.6 亿元人民币，只及东京都市圈、首尔都市圈的 1/5、2/5。长三角的战绩则更为惨淡，每平方公里才造出 0.69 亿元，连首尔都市圈的零头都不及。

这是过去三十多年里，中国长期追求"高速度"而忽视"高质量"的后遗症。

翻开各个地方政府的规划，动辄就是"产业集聚区五年达到千亿产值""年产值超百亿企业超过多少个"……口号震天动地。

不管多大的困难，都阻碍不了地方政府追求规模的痴心。可谓"神挡杀神，佛挡杀佛"。只要你有项目，要多少地地方政府都给批；只要你愿意投产，多少工人地方政府都帮你找；只要你产值够大，污水废气的排放也是可以商量的。

对于部分地方政府来说，年末 GDP 成绩单漂不漂亮才是关键，很少会去关心企业的产品附加值、劳动生产效率，甚至极端的情况下，环保还可以为企业生产让步，睁一只眼闭一只眼。

所以我们看到，在有些地方，一个企业占据了半个山头，招工几千人，机器一天 24 小时轰隆隆转，每年号称有多少产出，实际上一查账本，长期处于亏损边缘，但政府就是不愿意让它倒，甚至还变着花样给它补贴，让企业撑下去。这样的怪事，在过往的逻辑下确实存在。

近年来，中国不断有城市进入全球城市 GDP 排行榜前 30 名，排序也在逐步提升，大有赶超英美的霸气。这当然是值得我们骄傲的事情，但细究起来，很多时候都是一种虚胖症。这就好比两个人比赛健美，除了看块头大小，还要看肌肉松紧程度、心率速度等。

一旦中国换成另一个坐标体系，比如预期寿命、幸福指数、人均购买力、受教育年限、专利发明等，我们分分钟会被打脸的。

江苏已选择跟牌

只有当我们明白中国的痛症在哪里，我们才明白浙江的改革意义之大。早在 2016 年，浙江全省就有 11 个设区市和 89 个县（市、区），出台了企业综合评价的相关政策文件，这就有了点。

2017 年 4 月份，浙江省发改委、经信委等十几个部门联合出台《关于全面深化企业综合评价工作的意见》，对全省"规模以上工业企业"实施亩产效益综合评价，这样就连成了线。

2018 年 1 月开始，改革对象扩及所有工业企业、规模以上服务业企业、产业集聚区等，如此便形成了面。

如果说，刚开始还只是让各地小试牛刀，如今已是举全省之力改写出另一番游戏规则了。

从 2014 年嘉兴市第一个吃螃蟹开始算，浙江的亩产论英雄改革已推进了整整三年。而且层层递进，摸索出了一套成熟的、可供复制的经验。

按照中国式改革的套路，好东西通常都是先局部试验，再全面推广的。这里有两种路径。

第一种是自上而下。上峰在地图上画一个圈，让地方先行先试，为整个国家杀出一条血路，最终地方的"试验"变成"经验"，"规则"进化为"法律"。在这方面，深圳经济特区、上海自贸区都是典型。

第二种是自下而上。有些时候，改革并不是来自中央的意志，而是地方自发的行为，由于符合时代前进的步伐，地方改革进入中央视野，获得高层肯定，最终将成功经验推广到了其他地方。在这个方面，安徽小岗村的家庭联产承包制是一个典型。

无论如何，在中国好东西是不会一个地方独享的。明白这个道理，你才能理解中国改革的演化进程。

2017 年的中央经济工作会议强调，推动高质量发展是当前和今后一个时期确定发展思路、制定经济政策、实施宏观调控的根本要求，必须加快形成推动高质量发展的指标体系、政策体系、标准体系、统计体系、绩效评价、政绩考核，创建和完善制度环境，推动我国经济在实现高质量发展上不断取得新进展。

这就是未来中国经济发展的总体思路。浙江的亩产论英雄，与此多么一致。目前我们还无从判断这种默契，是来自上层的点拨，还是下层为迎合总目标的主动对标（抑或是两者皆有）。但是我们确信，浙江既然是最早实践"亩产论英雄"的一个，就绝不会是最后一个。

很多迹象显示，这并不单是浙江自己在玩。目前，同为沿海经济发达省份的江苏已经选择跟牌。这种地方上的局部试验，有很大的概率会成为全面推广的经验。

2017年8月29日，苏州市政府公布，未来三年内，苏州将全面推行工业企业资源集约利用综合评价工作，完善落实资源要素差别化配置，通过正向激励和反向倒逼，引导企业绿色高效发展。

2017年11月23日，据新华社报道，苏州将对企业进行分类，优先发展A类企业，支持发展B类企业，提升发展C类企业，限制发展D类企业。此外，江苏全省亦将推广这一模式。

碍于欠发达地区的经济发展水平和承受力，这可能会优先成为一场席卷头部省市的大改革。很多行业都将面临新一波的大洗牌，只是很多人都浑然不知。

或许，这便是大时代变迁的美妙之处。

浙江政务改造实验，关系到中国现代化速度

黄汉城

1840 年 6 月，道光帝坐在紫禁城里享以清静时，数千里外的浙江舟山已是一片炮声隆隆。

这是鸦片战争中英国主动发起的第一场鏖战，大臣伊里布被派以剿夷重任，但面对坚船利炮，他心有怯意。

当时的大清帝国通信条件极为落后。从广州到北京，即便是五百里加急，也要耗时十七八天。山高皇帝远，伊里布充分利用这一点，在宁波一带铸炮、造船、修筑工事拉开架势，但就是坚决避战，只在奏折中表表决心，皇帝被蒙在了鼓里。自这一战后，大清帝国由盛转衰。

一百多年后，同样是在浙江。

在杭州举办的 2018 年云栖大会上，浙江省省长袁家军透露了一个秘密：目前浙江省政府系统已经有超过一百万公职人员使用阿里巴巴开发的钉钉软件。

这个当年站在历史转折点的省份，正在悄悄地用互联网精神改造自我，把整个政府治理拉到线上来，试图打破层级之间、部门之间、地域之间的沟壑与距离。

这场"扁平化"实验的成败，影响着中国政务系统进一步现代化的速度。

大清帝国由盛转衰的真相

封建时期，不管是汉代的三公九卿，唐代的三省六部，还是魏晋南北朝的九品中正制，中国政府体系的层级都太多了。

这样做虽然有利于维护中央集权，削弱地方上的权力，但也会产生一个弊端：信息传递的链条过长。

《天朝的崩溃》一书说，整个帝国纵横几千公里的信息通道，依靠的是驿站、驿卒、驿马一站站接力。从广州到北京，送一份公文普通速度需要 30 天以上，四百里加急需要 20 天以上，五百里加急需要 16 天以上。

什么事都是皇帝说了算，偏偏从信息上报到指令下达，一个来回就要以"周"计，这种过长的信息传递链条很容易导致权力管控失效。像大清帝国由盛转衰，就不单单是败在武备不修上，也败在了这一点上。

第一，它会产生信息延迟。在地方官僚体系中，只有省级以上的行政长官才有权利与皇帝直接对话，这是世界上最为排外的封闭圈子，总人数不到一百人。战况由低级官僚收集，先层层上报，再通过省级以上的行政长官传达给皇帝，中间耗掉了非常多时间。

第二，它会产生信息失真。皇帝并没有亲临现场，所以他只能完全依靠臣子的奏折，或者通过眼线的修正来建立一个现场的模型。这中间臣子有很多机会隐瞒实情，导致信息不对称。

都说政府的有效运作取决于对信息流动的仔细掌控，但是道光帝接受到的永远是延迟的、混乱的信息。如此，在鸦片战争的每一场对决中，最初的 20 天里他似乎都是在盲目行事。

那场战争，打得狼狈不堪。一支正规军都算不上的英国舰队，就把偌大一个帝国玩弄于股掌之间，让后者束手无策。

而且层级化的存在，加剧了时空距离的障碍性，使得整个传统官僚体系僵化迟钝，步履沉重。

现代以降，一个革命性的成果让我们的生活变得很不一样——互联网出现了，它抹平世界，改造了企业、家庭、个人，让社会的每一个子系统都变得扁平化。个人用即时通信社交，家庭用电子商务购物，企业用 OA 办公……教授与学生，经理与工人，消费者与公司之间的距离越来越短，沟通成本越来越低。

整个社会慢慢地被熨平，走向了后工业文明时代。而中国政务系统的管理，也伴随着互联网技术的革命，悄然发生着变化。

"神一般" 的速度

衢州，一个 GDP 只有 1380 亿元的浙西山城，近来引起了全国的关注。

2018 年 7 月，台风 "玛莉亚" 来势汹汹，衢州收到了浙江省防范台风的明传电报，市委书记和市长写上批示意见后，拍照上传到掌上办公软件 "浙政钉"，一秒钟就传达给所有相关的镇干部、村干部。

与以往相比，这简直是 "神一般" 的速度。

要知道，传统的政务体系讲究事事汇报，层层审批。单单是传阅一个公文，都要脱掉好几层皮。很多时候都是要翻遍通讯录，给每一个相关部门发传真，更有甚者，要打电话通知所有相关人员来召开大会，现场发文。

这种 "周折"，其实也是由中国的特殊性所决定的。中国疆域辽阔、人口众多，为了保持政令的通畅，往往要求权力集中。这种制度安排，使得中央和地方的任何一项政策和行为，都会牵涉重大的社会利益，影响众多人的命运。

为了让这艘大船走得更稳一些，任何事情都要求 "有章可循" "有据可查"。换句话说，政府的决策与执行，都必须留痕，方便发生事故时追查原因、追溯定责。

由于这种严谨的作风，政府内部的每一道运作都极其讲究程序，做事一板一眼。一旦跨了层级、跨了部门、跨了地域协同工作，信息流动过程就会受阻。

全国有 30 多个省区市，2800 多个县级行政区，4 万多个乡镇，平均每个省区市要管辖 1 千多个乡镇。即便是一个小县城，也会五脏俱全，有完整的 "五套班子"。每套班子下边的部门，都是一个孤立的衙门，存在行政隔阂和数据孤岛现象。

在瞬息万变的社会治理中，信息的 "向上传递" 和 "向下反馈"，讲究一个快和准。但现实的尴尬是，囿于历史和技术原因，信息传递效率仍未达到理想状态，有时候甚至还会耽误最佳处理时机。

所以十年来，也一直有一种声音在呼吁，将中央—省—市—县区—乡镇五级行政减少至三级。但这是一个难度非常高的工程，可以说牵一发则动全身。

有些地方先行一步，推出了"省直管县"实验，有在横向上做文章的，将多个执法机构并在一块，解决多头多层重复执法问题，也有持续深化"放管服"改革的，将更多权力交由市场……

浙江的做法则很特别，它是在没有"伤筋动骨"的情况下，悄悄完成了一场自我革命。

省里一声令下，浙江省属委办厅局机关和全省 11 个地市全部接入"浙政钉"。这是一个集即时消息、短信、语音、视频于一体的即时通信平台，省、市、县、乡、村五级机构在上边实现在线联动。

在这里，信息从慢走向快。举个例子，杭州余杭区的基层公务人员再也不用为跨部门联系人感到头疼了。浙政钉里的电子通讯录层次分明，覆盖了余杭区两万多名公职人员，几秒钟就能联系到相关负责人，有什么事还可以建群聊，上下之间一秒抵达。而在其他一些地方，很多办事人员可能都不知道部门一把手的手机号，只能一遍遍地拨打座机，或者是通过直属领导代为传达。

在这里，信息从失真走向准确。比如说台州三门县，防汛、治安、城管等工作兹事体大，一线执法队员用钉钉签到打卡，发送现场视频、照片，管理层就能一目了然，远程遥控，仿佛身临现场一样，减少了信息不对称和信息时间差，优化队伍执行力。

……

这个系统覆盖了浙江一百万人的公职人员队伍。诸如外出招商引资审批、财务经费申报审批、加密通信、阅后即焚、电话会议、视频会议、公文传阅、应急处置、发布通知等，都只在掌寸之间。

目前，浙政钉还在根据各个部门的特性不停地开发新的应用，进一步延伸到扶贫、打拐、党建、提案等环节。整个政府治理的模式焕然一新。

全国推广"最多跑一次"

浙江用互联网精神改造"内部",压缩政务系统的层级,打破部门限制、地域限制和层级限制。这种扁平化所产生的社会效益不可估量。

以往的政务服务经常呈碎片化和孤岛式的局面。老百姓办理证件,要四处奔波,跑遍各个相关部门的服务窗口。

后来为了方便群众,国内很多地方逐渐开设网上政务大厅,但效果不是很理想。究其原因,就是政务系统内部还没有实现扁平化,一项工作从一个部门流转到另一个部门,交接环节复杂,民众只能"进多站、满网跑"。

所以,政务服务互联网化,看起来简单,实则很难。它要求政府系统"内部"先互联网化,有了这一层前提后,再来改造政务系统的"入口",才能水到渠成。

浙江就是这样干的,民众打开被喻为"政务淘宝"的浙里办,一个窗口递进去,申请文件就在政府内部转,相关部门在线上完成协同、传递、监督和办理,使得"数据多跑路、民众少跑腿",实现"最多跑一次"。

不管是查社保、查公积金,还是交通违法处理、补换驾照、缴学费、出入境办证等,都能一站式解决。

据《光明日报》报道,刘雨扣夫妇在京杭大运河行船 13 年,每到船舶年审办证的时候,他们都需要停靠多个码头,花费十几天时间。现在,他们在自家船舶上就可以办理了,原有的 7 本证件合并为 1 本。

这背后,正是"浙里办"和"浙政钉"携手重组政府业务流程的生动体现。一个在前,一个在后,谁也离不开谁。

2018 年 3 月的两会上,浙江"最多跑一次"被写入了政府工作报告。此前中央深改办还建议向全国复制推广浙江经验。对此我们一点也不意外。因为浙江的这次实验,是真正的自我革命。

最新消息显示，钉钉已进驻雄安新区，助力雄安打造全球领先的数字化城市。雄安新区的标志性一期工程——雄安市民服务中心，采用了智能移动办公平台钉钉软件硬件一体化的解决方案。

在这个千年大计工程中，"浙江经验"势必会撬动更深入的改革，改变今日中国。

为什么江苏三十年来总是当不了第一？

林小琬

对于 1978 年的江苏来说，可能它做梦都想不到，在日后激荡四十年的岁月里，能与它叫板的竟是当时经济增速仅有 1% 的广东。

彼时，全国 GDP 排名前四的省市分别是上海、江苏、辽宁、山东，江苏 GDP 增速高达 24.6%，位居全国第二。

在那个万物初生的年代里，苏南的乡镇企业异军突起，表现出强劲的生命力。日后这种"苏南模式"制造了一个又一个财富神话，成为农村改革中邓小平"没有预料到的最大收获"，让其他地方眼红不已。

彼时，在千里之外的广东，深圳还只是一个小渔村，日后的世界工厂东莞当时有八成劳动力从事农业。

1984 年，当深圳国贸大厦创造 3 天一层楼的奇迹时，江苏 GDP 已经是中国的 No.1，山东则超越了辽宁上升到 No.2。

1988 年，稳坐中国经济龙头老大六年之久的江苏，终于跨过了千亿 GDP 的门槛。同时挤进这个"千亿俱乐部"的，不是大象起舞的山东，而是悄然逼近的广东。

一年后，深圳、珠海最早向劳务市场打开大门，"百万劳工下广东"轰动全国，这股孔雀东南飞为广东带来大量人才，也助推了广东 GDP 首次赶超江苏。

这第一的位置，广东站上之后就再也没有让给江苏。

民间总喜欢把粤苏的经济发展，描绘成一场关于双雄争霸的大戏，但当你深入了解这场中国经济龙头争夺战背后的历史时，你就会明白，其实广东和江苏之间的竞争关系大概只存在于每年的统计表上。

江苏的对手，另有其人。

苏南模式的进击

1988，苏南模式栽了第一个小跟头。

那是改革开放的第十个年头，中国老百姓真正领略了 18.6% 高通胀的滋味。政府着手准备价格闯关的消息刚传开，各类商品就遭到疯狂抢购，人们蜂拥跑到银行挤兑，许多小储蓄所被取空，银行储蓄锐减 4000 亿。国家不得不开动印钞机，导致通货膨胀更为凶猛。

之前乡镇企业从银行拿钱很容易，贷款宽松，导致很多人认为，乡镇企业对持续高涨的通货膨胀率负有一定责任。社会各界对乡镇企业的责难声日甚一日，以至于中央在治理整顿经济的时候，也伸出手把乡镇企业拉了进来，关、停、并、转一部分乡镇企业，压制乡镇企业发展速度。

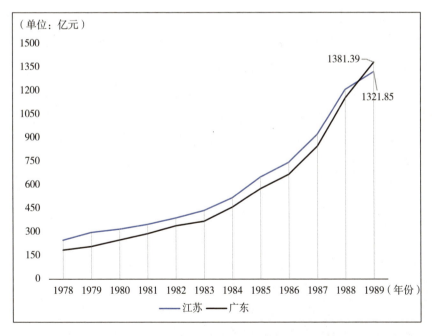

图 4-16 1978—1989 年广东与江苏 GDP 总量对比

数据来源：国家统计局

这一整顿，资金链的断裂声此起彼伏，而国企成为重点保护的对象，优惠政策大部分倾向国企。乡镇企业作为"私生子"，日子就没那么好过了。

翌年，江苏经济总量被广东以 59.54 亿元的微弱优势赶超。

据央视国际报道，1994 年江苏亏损的乡镇企业达到 6700 多个，1995 年更是攀升至 9060 多个，同比增加 25%。集体所有制下的乡镇企业挥泪告别了一个黄金时代。

给江苏以底气的苏南模式不得不启动第一轮转型，幸运的是，江苏很快就找到了命运的转机。

1994 年，时任苏州市长章新胜用一口流利的英语与李光耀谈笑风生。在你来我往之间，背靠浦东的苏州如愿拿下了中新工业园区的合作项目。这是新苏南模式的萌芽。

与旧苏南模式一样，同样沿用强政府主导，只不过这次走的是一条出口导向型的路——地方政府抓住国家层面大力引进外资的福利政策，用极具竞争力的土地租金政策吸引外资涌入园区，进行成片开发。

2001 年中国正式加入 WTO，苏南作为上海的经济腹地，凭借人口红利和早期工业化积累参与到全球化浪潮中，提出了更为优惠的招商引资措施，如"零地价""三免两减"等，承接了大量的 IT 产业的低端加工环节，一跃成为"全球代工厂"。

2003 年，苏州工业园区各项主要经济指标都超过了 1993 年苏州市的水平，等于花 10 年时间再造一个新苏州。换了个"马甲"的苏南模式又一次风行天下。

当苏州工业园区十年里以年均 45% 的速度进击时，广东的几个经济特区针对企业税收优惠的政策也开始向全国推广，特区的特殊经济地位逐渐式微。那时候，上海浦东日益崛起，屡创奇迹的深圳开始困惑迷茫了，民间流传"中兴和华为拟把总部迁往上海"更是加重了这份焦虑。

听到这个传言，28 岁的呙中校恨铁不成钢。分别在人民网"强国论坛"和新华网"发展论坛"上以"我为伊狂"的网名抛出万言书《深圳，你被谁抛弃》，痛陈深圳经济特区在 20 年间一步步痛失令人骄傲的经济优势。这篇文章恰如一枚深水炸弹，引爆了一座城市的集体情绪。

江苏的势头让人们瞪大眼睛惊呼，江苏将拿回曾属于它的桂冠。

和广东只差一个茂名

21 世纪前后 20 年，广东和江苏沾了中国深化改革以及入世的福气，齐齐迎来了爆发式的增长，有这样的经济双子星，是中国经济的一大幸事。

2001 年中国入世，同年江苏 GDP 迈入万亿，增速开始大幅赶超广东。2008 年，粤苏两强之间的差距达到顶峰 5814.73 亿元后，开始一路缩小，照这样的趋势，江苏超越广东，似乎只是时间问题了。

不过，广东没有选择坐以待毙，它率先提出"腾笼换鸟"的政策，将劳动密集型产业迁往粤东西北，提高劳动密集型产业进入珠三角的门槛，加快经济结构调整。这是旧经济向新经济升级的过程，阵痛不可避免。

不巧的是，2008 年金融风暴席卷全球，经济市场一片狼藉，港资撤离广东，外需也因欧美经济下行而大为收缩，高度依赖外贸的广东难以扭转出口颓势。

当时以东莞为代表的出口型城市经济遭受重创，东莞连续三年没有完成 GDP 增长预定目标，增速垫底，当地大批代工企业倒闭。

尽管江苏也是出口导向型的省份，但是把粤苏的"三驾马车"拉出来一遍，就知道江苏全省的重头其实是在投资上，受外部环境的影响比广东小。

2012 新年伊始，汪洋在中共广东省委十届十一次全会上表示不愿再跟江苏比经济发展速度了，"我们现在也不打这个仗了，你（江苏）愿意超就超吧，我们首先要把结构调整好"。

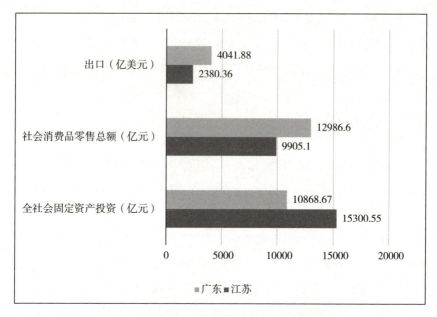

图 4-17 2008 年广东、江苏的出口消费投资情况

数据来源：国家统计局

　　果然，2013 年初各省市公布年度 GDP 数据时，直接引爆了中国经济龙头争夺战的第二次高潮——江苏以 10.1% 的增速遥遥领先广东的 8.2%，成为全国第二个经济总量突破 5 万亿元的省份，双方差距只有小小 3009 亿。

　　江苏离广东，只差着一个茂名。

　　接下来的三年里，两省的经济体量格外接近，广东省预言，按照当时两省经济增速测算，江苏超越广东的时间点会在 2017 年。

突然被拉开的差距

　　然而，令人惊奇的"神转折"还是发生了。

　　2016 年，被看好的江苏不但没有反超广东，反而终止了过去 8 年两者差距不断收窄的趋势，两省的绝对差距从 2014 年的 2696 亿元反弹到 3426

亿元，成为粤苏争霸战中的拐点。

广东强势反弹，江苏加冕之路是不是越来越远了？

"标准排行研究院"选择了一个新的维度——环境治理，来比较两省之间的竞争结局。在"2016 年氧吧城市"排行榜中，广东省有 14 个城市强势入围 50 强，成为全国入榜城市最多的省份。其中，经济发展最好的珠三角九市中有七市入榜，而江苏省却全军覆没。

环境治理和产业结构调整密切相关。换句话说，广东在发展质量上更为领先。

而且回想 2015 年广东快被江苏超越时，广东也得到了关键性的一颗棋子——2015 年 4 月，中国（广东）自由贸易试验区正式挂牌成立，该试验区确立了以负面清单为核心的外资管理模式，投资便利化程度大幅提升。政策红利再次让广东的发展步伐更加铿锵有力。

2019 年 2 月，各省市 2018 年经济数据一经公布，粤苏之争终于一锤定音。

表 4-6　2013—2018 年广东、江苏 GDP 总量及差距（单位：亿元）

年份	江苏	广东	差距
2013	59753.4	62474.8	2721.4
2014	65088.3	67809.9	2721.5
2015	70116.4	72812.6	2696.2
2016	77388.3	80854.9	3466.6
2017	85900.9	89879.2	3978.3
2018	92595.4	97277.7	4682.3

数据来源：中国国家统计局

广东熬过了经济转型的阵痛期，漂亮反转，领先了江苏几近一个海南岛的体量。

其实早在 2012 年汪洋在广东就一语道破玄机："保证转型升级的成功是战略的成功，而保持总量位次不变只是战术的胜利。如果过分注重总量规模，可能在战术上能够暂时胜利，但贻误了转型升级的时机，造成了战略上的失败就是彻底的失败。"

粤苏的真正对手

其实，广东和江苏这两位佼佼者之间存在着很多相似性。譬如两省都有很强的外向型经济特征，都被视为"世界工厂"，都经历了从工业化扩张到服务业扩张的阶段。

但也有一个很大的不同点。

广东模式是多元化的，其中很多地方都是基于市场力量发展起来的。深圳模式，是依靠科技和金融行业两条腿走路；东莞模式，是充当世界的加工厂；湛江、茂名等地的央地合作模式，利用大化工、大钢铁、大项目拉动……

而江苏的发展模式则相对单一，最典型的苏南模式就是依靠外资的注入、在强政府主导下实现当地产业的战略转型。

从发展模式的维度来看，多元化的广东抗风险能力较强，特别是在中国经济面临着人口红利消失、外资撤离潮等多重挑战的情况下。

不过，江苏的区域发展均衡性却要好过广东。江苏最落后的宿迁市，都能迈过 GDP2000 亿的门槛，而广东还有 4 个城市不足千亿，区域发展差距悬殊，珠三角宛如发达国家地区，粤东西北还停留在"第三世界"。有句话这么说来着，"中国最富的地方在广东，最穷的地方也在广东"。

两省头部城市的 GDP 数据也能从侧面上反映这个问题。2017 年，深圳、苏州两市的 GDP 差距为 5118.88 亿，同年江苏和广东的差距是 3978.3 亿，也就是说，剔除两个头部城市，江苏的 GDP 总量其实要大于广东的。从这个角度来看，江苏发展相对更为平衡。

其实在这个"新时代"里，粤苏两省 GDP 总量孰高孰低，根本就不是重点。与其关注谁是 No.1，倒不如关注谁更能挖掘新动力。

在过去四十年的风云变幻中，粤苏两省的对手都不是彼此，而是它们自己。在每一次产业转型的大节点上，粤苏都视自己为敌人，解剖自己，抓住新机遇勇往直前。

这是两省的幸运，也是中国的幸运。

杭州大湾区，决战金融科技时代

史哲

你恐怕很难想到，这样一个地方居然身系一个大国的百年国运。

两条小溪在红枫树间穿行，交汇在林间空地形成一个池塘，这里是水獭、鹿的天堂。当地土著管这里叫曼纳哈塔，在土著语言中的意思是"拥有群山之岛"。

买下整个岛，荷兰人只花了 60 盾。根据荷兰国际社会史研究院的测算，这个价格可折合成今天的 1000 多美元。

现在，我们都知道这里叫曼哈顿。

站在这里，哪怕是尽量保持了古代风貌的中央公园里，高楼林立依然会让人眩晕，那里既有聚集着诸多财阀的华尔街，也有联合国总部大楼。

顺便说一句，当年的 60 盾现在连这里普通公寓楼的 0.1 平方米都买不到。

扼住命运的咽喉，结果大不同。

在人类两三百万年进化史中，属大航海时代以来的四百多年最波澜壮阔。地表之上，最能体现这四百年成就的就是"湾区"。

世界银行资料显示，全球 75% 的大城市、70% 的工业资本和人口集中在距海 100 公里的海岸带地区。换一个视角，湾区发展可以说是近现代国家运数之所系。

不同的湾区所浓缩的时代主题、所代表的人类文明高度各不相同，比如大航海时代四百年，工业革命以降一百五十年，信息革命六十年……但能感觉到，湾区模式在引领世界。其中，最耀眼的当属纽约湾区、东京湾区、旧金山湾区，它们是集人类文明之大成者。

今天，随着人工智能、区块链……这些高技术密集爆发，人类似乎又站在了一个巨变前夜。

迎头赶上的后来者依旧是湾区，这一次它们是属于中国的粤港澳湾区及杭州湾区。

没有开创性成果不配称湾区

粤港澳大湾区包含香港、澳门、广州、深圳、珠海、佛山、东莞、中山、惠州、肇庆、江门 11 个城市，而"杭州湾湾区"的概念，最早可追溯到 2003 年一份《浙江省环杭州湾产业带发展规划》的文件，联系近来浙江方面为促成湾区经济带而与其他地方的互动成果，设想中的杭州湾区大致包含上海、杭州、宁波、绍兴、嘉兴、舟山、湖州 7 市。

从改革开放之初算起，中国长三角、珠三角的经济起飞也不过 40 年，而世界三大湾区之一旧金山湾区，只算信息技术革命这一段就至少有 60 年的发展史。至于纽约湾区、东京湾区，它们的发展史更长。

粤港澳湾区、杭州湾区凭什么与三大公认的世界性湾区比肩？

少安毋躁，先来看一些相关数据。

表 4-7 各大湾区数据对比

2016 年	纽约湾区	旧金山湾区	东京湾区	粤港澳湾区	杭州湾区
区域范围	31 郡	9 郡	10 市	11 市	7 市
面积（万平方公里）	3.35	1.8	1.36	5.6	5.2
人口（万人）	2020	768	3500	6800	5500
GDP（万亿美元）	1.5	0.8	1.3	1.34	0.86
服务业占比	92%	83%	82%	62%	61%
特色	金融湾区	科技湾区	产业湾区	智造湾区	数字湾区

数据来源：各地统计部门

仅从体量上看，粤港澳湾区和杭州湾区已经不输于三个老牌湾区。粤港澳湾区的 GDP 总额接近纽约湾区，而杭州湾区则已经赶超旧金山湾区。

从 GDP 的增长率来看，三个老牌湾区近几年都维持在 3% 左右，这个数据比中国的两个湾区落后不少。而且，中国的两个湾区仍有很大的提升空间，比如服务业占比等。

从经济的地区密集度来看，2016 年，纽约湾区 GDP 占全美的 8%，旧金山湾区占 4.3%，而粤港澳湾区 GDP 占中国的 12%，杭州湾区占 8%。

这可能是中国对这两个本土湾区寄予厚望的重要原因之一。

当然，如果只是在经济发展上有模有样，就说它们能变身为世界性的湾区，未免略显轻狂。

三大湾区之所以能获得公认，关键原因是它们在推动人类整体进步方面作出了跨越性贡献。没有一定的体量当然不行，但没有开创性的成果更加不行。

而且它们自身要具备诸多有利于经济持续增长的特质，比如创新、包容、开放、自由等等。

没有这些特质，湾区顶多是一个普通的城市群。

湾区经济奠定了美国世纪

湾区经济的起步缘于互通有无的需要，所以湾区的发展形态最初表现在港口贸易。工业革命之后，湾区开始征服星辰大海，并顺其自然地成为产业经济中心。

别看现在纽约制造业 GDP 占比不足 8%，但在第二次工业革命时期，纽约也是制造中心。

没有经历过产业经济的湾区，大部分注定将后继无力。这也解释了为什么是那些制造业中心最早进入后工业时代，最早开始产业分化，最早升级到更容易赚到大钱的高端服务业。

这是历史的选择吗？错！自告别港口经济阶段后就不是了。从工厂云集到金融小帝国，包揽美国七大银行总部的六个，这更多的是曼哈顿自己主动作出的选择。其他一些地方，一旦错过产业升级的机会，便只能等待历史或经济周期的轮回，寻觅下一次技术革命、产业轮替的机会。

旧金山湾区作为二战中美国重要武器、装备的主要制造地，它的转型建立在信息技术大爆发的基础上，是知识经济重塑了旧金山的产业格局，诸多民众耳熟能详的高科技公司，比如苹果、谷歌、AMD 都出现在这里。

近四百年，湾区总是和最潮的科技如影随形，佼佼者必然是先进科技的推手和发扬光大者。它们是带动世界经济发展的重要增长极，是引领变革的领头羊，是新的生活方式的展示台。

东京湾区则述说了另一类的成功。作为一个后来者，它承接了来自美国的产业转移。这其实是一个老套的故事。日本一直缺乏系统性的、颠覆性的创新，却很善于把当代最有价值的东西整合过来，精益求精。

纽约、旧金山这两个湾区阐述了美国世纪的含义。自 20 世纪美国从欧洲手中接过了引领世界的舵轮后，之后一百多年里，美国就再没有把它让给他人。

改革开放重新赋予了中国两个湾区生命，它们也用几十年时间完成了别人上百年的路。但即便如此还是不够，它们充其量还是复制别人走过的路，走东京湾模式很难超越纽约、旧金山湾区。

然而，第四次浪潮来了。

粤港澳凭借世界工厂的底气冲击智能制造。杭州湾以其在金融科技方面的系统性、全局性的领先优势，则最接近成为世界新的引领者。

中国湾区发展成世界级湾区畅想

现在我们知道，为什么湾区模式突然在中国大热了吧。

2018 年的全国两会上，有十几位代表提交了建设杭州湾数字化大湾区的提案。

2017 年 6 月杭州湾区的设想落在纸面上。半年后，浙江省把目标升级为，"力争到 2035 年把杭州湾经济区建成世界级大湾区"。

是什么给了浙江如此大的勇气？答案是杭州。

从湾区经济的角度来看，如果没有杭州，杭州湾充其量只能跟在东京湾身后，能否超越也未可知。

虽说这个湾区集中了中国内地最顶尖的金融服务、相当密集的技术研发能力、极大规模的产业经济以及中国最成体系的现代物流，但如果只是比较这些常规项目，杭州湾区并不算最为出众。

但加上杭州这个世界领先的金融科技中心，整个湾区的个性顿时鲜明起来。今天的世界潮人还有谁不知道"杭州"？

1995 年"数字经济之父"唐·塔普斯科特提出"数字经济"这个概念，现在第一次最接近实现"数字经济"的便是杭州。

正是在杭州，互联网的技术力量和商业力量实现了完美结合，虚拟世界得以开始全面渗透物理世界，并由此对现实世界的商业模式和社会生活方式产生了深远影响。

所以，不要只是从数字来理解以下陈述的意义：

中国移动支付规模世界第一，2016 年的交易规模是第二名美国的
50 倍；

中国移动支付渗透率高达 77%；

杭州有最丰富的属于未来的生活场景。

这是一条全生态的经济产业链，一条用最新的技术、最炫的概念、最酷的设想打造出来的属于未来若干年的"经济圈"。

更重要的是，现实已经证明它是可以成功复制的。自改革开放以来，中国的门户城市、城市群建设往往着眼于内，而世界性的湾区则是要向外辐射其"独有模式"，它的格局是全世界。在中国，杭州湾区初步展示了这方面的气质。

如果认为杭州湾仅仅是占了移动金融先机就能成为世界性湾区，那就 too simple, too naive 了。

丰富的应用场景背后，是多年求索撑起的软硬件基础。《经济学人》在 2017 年 3 月的一份期刊上是这样说的：在正确的科技引领下，中国提供了一种大综合业务模式——融合支付、借贷和投资的强大 App，中国完全可能直接跳跃至新的金融服务形式。它赞扬以阿里巴巴、蚂蚁金服为代表的互联网企业给消费者和金融体系带来的积极变化。

世界上的海湾城市好几百个，但真正具有国际战略高度的，近四百年来只有寥寥几个。仔细审视，会发现它们的内在有一些相似的共性。

比如开放与包容。2016 年有一项关于旧金山湾区的调查，在硅谷公司最密集的圣克拉和圣玛特奥两县，非美国出生的居民超过百万，占当地人口的三分之一。在 25—44 岁的主要劳力区间，更是有三分之二的人口来自国外。

湾区发展的核心是创新。2016 年，纽约、旧金山两个湾区的专利授权数分别占美国全国专利授权总数的 4.4% 和 14.4%。

湾区经济带多地域的分工协同也至关重要。同样是旧金山湾区，早已形成了以旧金山为金融、历史文化中心，以奥克兰为产业基地，以圣何塞为高科技产业集散区的态势，整个湾区的城市实现了错位发展。

……

如果用这些标准来审视中国的两个湾区，会发现杭州湾的匹配度比较高。

2017 年 3 月，领英发布首份"中国职场全球化榜单"，在吸引海归人才流入相对量排行中，杭州排名全国第一。此外，在国内人才抢夺大战中，杭州也多年拔得头筹。

在被视为未来重要的区块链、人工智能技术方面，杭州拥有全球最多数量的专利。2016 年，杭州人工智能创业公司就已经超过广州，追上了北京、上海、深圳的步伐。

还有一点至关重要，移动金融中心没有诞生在上海、北京，而是诞生在了杭州，由弱变强，本身就表明杭州是一个有勇气拥抱创新的城市。

表 4-8　各大城市独角兽企业数量

	独角兽企业数	数量占比	企业估值（亿元）	估值占比
北京	54	45%	13750	47%
上海	28	23%	4580	16%
杭州	13	11%	5420	19%
深圳	10	8%	2840	10%
广州	3	3%	210	1%
苏州	2	2%	300	1%
珠海	1	1%	300	1%
合计	120		29470	

数据来源：东北证券、胡润研究院

想一想全球领先的谷歌无人驾驶汽车，要没有旧金山当局的"睁一只眼、闭一只眼"，怎么可能允许它在城市街头长期试验，积累大量的运行数据？

中国人来了！

什么样的湾区能成为世界的引领者？《经济学人》的总结是，"必须要在对的时间，对的地点，做了对的事情"。当然，这有相当多的运气成分。

金融科技的滥觞在美国，但杭州抓住了机会，展现出后发优势。

2017 年 1 月，美国国家经济委员会发布金融科技监管白皮书。把金融科技上升到美国的国家战略层面，认为它不仅会使美国的金融体系发生根本变化，而且会影响美国的整体经济发展。白皮书总结说：为了确保金融科技的安全与可持续性，所有的行业相关者——政府和私人部门都应该积极参与。

如果没有金融科技的爆发，中国在这个领域追赶美国将会非常难。

"美国治下的和平"有两个强有力的支柱：武力与美元，也就是民间俗称的"大棒加胡萝卜"。

今天世界经济体系是美国建立的，美元是最主要的全球性货币，规则也多是由美国制定的。这就是美国国运的体现。

不仅如此，美国也在布局未来，它想把国运牢牢抓在自己手中。

在数字经济时代，金融的未来也应该是数字化的，与之相随的是新的科技应用场景，新的规则、标准和战场。

在金融科技领域，无论从公司数量还是融资规模来看，美国依然遥遥领先。在美国划定的传统金融范围内，中国的金融全面落后。唯有技术爆发才会在这个牢固的金融帝国外墙上开一个口子。

移动金融就是那一把最锋利的刀。它助力杭州成为世界"移动支付之城"，更把中国两字写在了数字经济的历史中。

杭州已初步构建了一个数字经济的完整生态体系，走完了最艰难的第一步。

正因如此，2018 年 2 月，杭州市市长徐立毅才有把握说，杭州将打造"中国区块链第一城"。

杭州的崛起让我们有信心憧憬未来，因为正有越来越多的国家接受中国的互联网金融技术和理念。

杭州湾区如果能助力中国巩固在该领域的领先地位，这也许就是中国撬动未来的关键。

"中国人来了！"这是《经济学人》的评论。

上一次，中国给外国人如此强烈的冲击，他们是从古老的长安而来，这一次，他们来自杭州。

第五章　中西部的光荣之城

长沙，永恒的省会房价洼地

黄汉城

在全中国 294 个地级市中，长沙这个城市很特别，特别到只是粗粗扫一圈统计数据，它就会直接蹦到你的面前。

很多人没有注意到，长沙可能是近二十年来整个中国逆袭最成功的城市之一，某种程度上可超越深圳。

GDP 排名上升幅度全国第一

2001 年，中国加入 WTO，这是 13 亿中国人的重要转折点。

当年长沙的 GDP 只有 728 亿元，2017 年这个数字跃升至 10200 亿元，增幅高达惊人的 1300%，在全国 41 座重点城市中排名第四。

表 5-1 各城市 GDP 增幅情况（单位：亿元）

	城市	2001 年 GDP	2017 年 GDP	增幅
1	合肥	363.4	7191	1878.6%
2	银川	104.8	1803	1620.1%
3	呼和浩特	211.1	3179	1405.8%
4	长沙	728.1	10200	1300.9%
5	东莞	578.9	7580	1209.4%
6	南宁	324.8	4180	1187.0%
7	西宁	104.5	1284	1128.8%
8	贵阳	302.8	3518	1062.0%
9	深圳	1954.2	22286	1040.4%
10	郑州	828.2	9003	987.1%

	城市	2001 年 GDP	2017 年 GDP	增幅
11	南昌	485.6	5000	929.6%
12	南京	1150.3	11715	918.4%
13	西安	733.9	7469	917.8%
14	武汉	1347.8	13400	894.2%
15	重庆	1976.9	19530	887.9%
16	天津	1919.1	18595	868.9%
17	苏州	1760.3	17000	865.8%
18	南通	809.3	7750	857.6%
19	海口	145.7	1390	854.3%
20	成都	1492.0	13890	830.9%
21	佛山	1068.4	9500	789.2%
22	乌鲁木齐	315.0	2799	788.6%
23	青岛	1316.1	11258	755.4%
24	太原	386.3	3200	728.3%
25	杭州	1568.0	12556	700.8%
26	广州	2685.8	21500	700.5%
27	无锡	1360.0	10511	672.9%
28	烟台	980.0	7550	670.4%
29	厦门	558.3	4300	670.2%
30	北京	3708.0	28000	655.1%
31	宁波	1312.7	9850	650.4%
32	昆明	673.1	4856	621.5%
33	兰州	348.8	2445	601.1%
34	济南	1066.2	7285	583.3%
35	福州	1074.2	7128	563.5%
36	长春	1003.0	6613	559.3%
37	石家庄	1085.4	6558	504.2%
38	大连	1235.6	7363	495.9%
39	哈尔滨	1120.1	6609	490.0%

续表

	城市	2001 年 GDP	2017 年 GDP	增幅
40	上海	5210.1	30133	478.4%
41	沈阳	1236.5	5870	374.7%

数据来源：各地统计局、国家统计局

表 5-2　各城市 GDP 排名变动情况

城市	2001 年 GDP 排名	2017 年 GDP 排名	排名变动	城市	2001 年 GDP 排名	2017 年 GDP 排名	排名变动
长沙	27	14	13	青岛	12	12	0
东莞	29	19	10	西宁	41	41	0
合肥	33	24	9	广州	3	4	−1
郑州	24	17	7	重庆	4	5	−1
南通	25	18	7	乌鲁木齐	36	37	−1
南京	16	11	5	海口	39	40	−1
西安	26	21	5	杭州	8	10	−2
佛山	20	16	4	宁波	13	15	−2
烟台	23	20	3	济南	21	23	−2
贵阳	37	34	3	厦门	30	32	−2
深圳	5	3	2	无锡	10	13	−3
武汉	11	9	2	昆明	28	31	−3
南宁	35	33	2	太原	32	35	−3
呼和浩特	38	36	2	长春	22	26	−4
成都	9	8	1	兰州	34	38	−4
南昌	31	30	1	福州	19	25	−6
银川	40	39	1	大连	15	22	−7
上海	1	1	0	哈尔滨	17	27	−10
北京	2	2	0	石家庄	18	28	−10
天津	6	6	0	沈阳	14	29	−15
苏州	7	7	0				

数据来源：各地统计局、国家统计局

　　如果是看相对的排名变动，上升幅度则排在全国第一。当天津、苏州、青岛原地踏步的时候，长沙在前进；当广州、重庆、杭州在退后的时候，长沙在前进。

　　2001 年至 2017 年，长沙相继赶超其他省会城市郑州、福州、石家庄，以及副省级城市西安、长春、济南、哈尔滨、大连、沈阳、宁波，率先进入 GDP 万亿俱乐部。这个成绩，简直令人跌破眼镜。

　　论行政地位，长沙只是普通的地级市，中央倾斜度较弱。别说部级的直辖市了，连副省级的计划单列市的头衔都没有拿到。在城市的行政等级中，长沙一直比较边缘，中央很少高看两眼。

　　计划经济时期，全国首批重点建设的 8 个工业城市，武汉入选了，长沙没有。市场经济时期，国家中心城市名单相继出炉，郑州入选了，GDP 比郑州高 1000 多亿元的长沙没有。

　　这还不算，在普通铁路时代，京广线与沪昆线的交汇点落在了隔壁的株洲，使其一跃成为"火车拖来的城市"，而长沙在省内连铁路枢纽都不是，长期靠自己栉风沐雨，砥砺前行。

　　论地理位置，长沙的位置相当尴尬，天生跛脚。从某种程度上来说，地理位置的好坏决定了一个城市的发展所能抵达的最远边界。

　　上海是千里长江的出海口，武汉是九省通衢，天然具有要素洼地的优势，在工业文明时代总是要比别人快好几步。而兰州、南宁地处大西部，很难搞出口贸易，就很容易被无锡、常州、佛山、东莞等沿海城市"吊打"。一句话，出身比努力还要重要一万倍。

　　长沙位于长江流域和东南沿海两大片区的"腹地"，换句话说，长沙身处内陆，偏居一隅，不是超级黄金要道的必经之地。这些因素都限制了长沙起飞时的高度。

　　遥想十几年前，长沙没有权力核心的加持，也没有老天爷的厚爱，似乎是一座被遗忘的城市。

　　然而，转眼间，长沙就从只能站在一边艳羡武汉的后进生，摇身一变成了中国新贵城市。不仅敢于叫板武汉，还在不断向中部地区领头羊发起冲击，这放在以前简直不可想象。2001 年长沙的 GDP 仅相当于武汉的 54%，到了 2017 年这一数字已上升到 76.1%。

　　从 2010 年至 2017 年，长沙的常住人口增长了 88 万，12.5% 的增幅在全国各城市中排第十。

表 5-3　各城市人口增幅情况

排名	城市	2010 年常住人口（万人）	2017 年常住人口（万人）	7 年增幅绝对值（万人）	增幅比例
1	合肥	570	797	227	39.82%
2	深圳	1035	1253	218	21.06%
3	天津	1294	1557	263	20.32%
4	郑州	863	988	125	14.48%
5	成都	1405	1605	200	14.23%
6	广州	1270	1450	180	14.17%
7	厦门	353	401	48	13.60%
8	乌鲁木齐	311	352	41	13.18%
9	西安	847	953	106	12.51%
10	长沙	704	792	88	12.50%
11	银川	199	223	24	12.06%
12	武汉	979	1089	110	11.24%
13	贵阳	432	480	48	11.11%
14	海口	205	227	22	10.73%
15	北京	1961	2171	210	10.71%
16	杭州	870	947	77	8.85%
17	呼和浩特	287	312	25	8.71%
18	南昌	504	546	42	8.33%
19	福州	712	766	54	7.58%
20	济南	681	732	51	7.49%
21	南宁	666	715	49	7.36%
22	石家庄	1016	1088	72	7.09%

续表

	城市	2010 年常住人口（万人）	2017 年常住人口（万人）	7 年增幅绝对值（万人）	增幅比例
23	西宁	221	236	15	6.79%
24	重庆	2885	3075	190	6.59%
25	佛山	719	766	47	6.54%
26	青岛	872	929	57	6.54%
27	昆明	643	678	35	5.44%
28	宁波	761	801	40	5.26%
29	上海	2301	2418	117	5.08%
30	大连	669	698	29	4.33%
31	太原	420	438	18	4.29%
32	南京	800	834	34	4.25%
33	兰州	362	373	11	3.04%
34	无锡	637	655	18	2.83%
35	哈尔滨	1064	1093	29	2.73%
36	沈阳	811	829	18	2.22%
37	苏州	1047	1068	21	2.01%
38	烟台	697	709	12	1.72%
39	东莞	822	834	12	1.46%
40	南通	728	731	3	0.41%
41	长春	767	——	——	——

数据来源：各地统计局

　　如果不是合肥、成都等城市合并了周边县市，乌鲁木齐又由于某种特殊原因导致人口激增，长沙的排名还要更加靠前。这些看起来很出乎意料的数据，其实都说明长沙一直是个有吸引力的城市。

　　那么，长沙到底有什么秘诀？

　　一个人的命运，要靠自我奋斗，但是也要考虑到历史的行程。穿透迷雾看真相，长沙的逆袭其实就三句话。

搭上中国成为"基建狂魔"的快车

第一句，在国运向上的时候，紧紧拽住。

20世纪末，长沙就已开始布局装备制造业，中间起起伏伏，历经繁荣、衰退的几次轮回，但长沙始终没有放弃这一产业，集中全力培植、孵育、蛰伏、蓄势待发。

2008年之后，春天终于来了。当年金融危机爆发，全球熄火，中国为了对冲经济下行，马车头从出口转向投资，推出了大规模基建投资计划。《第一财经》有篇报道说得很直白，这些计划大多是铁路、公路及机场等建设，而长沙的很多产业恰好满足了这种基础设施投资建设的需要。

以三一重工和中联重科两家公司为代表，长沙的装备制造业不断开拓国内市场，频频收购洋企，日子蒸蒸日上，撑起了长沙工业的一片天。

2008年，长沙适时提出要打造"中国工程机械之都"，2011年又提出打造"全世界最大的装备制造基地"。

这样的规划，让长沙搭上了中国变身"基建狂魔"的历史列车，顺利分享到几轮大放水的红利。

从成都双流国际机场到武广高铁，从川藏铁路到从珠三角三环八射的城际轨道，从北京"中国尊"到文昌航天发射中心，哪里没有长沙装备制造业的影子？

每天，分布在全国各地的数十万台挖掘机，将形成的大数据输往长沙，甚至可以构建出一个独特的"挖掘机指数"，成为中国经济运行凉热的风向标。

在那个基建高歌猛进的年头，长沙的日子过得着实不赖。

房价的永恒洼地

第二句，在国家失速的时候，远远躲开。

过去十年，当全国各地的房地产市场都在狂飙突进，诞生了一个个

"楼市四小龙""房价四小虎"的时候，长沙人民在湘江边上默默吃着臭豆腐。

虽然这个城市批量生产了一个个炙手可热的明星，但普通百姓烟火味十足，并不追究暴富的派头，不热衷于炒房的游戏。

这里土地供应充足。作为土地一级市场的垄断者，长沙市政府不像别的地方一样慢慢挤牙膏。像 2013 和 2014 年，长沙的土地供应面积都超过1000 万平方米，土地长时间底价成交。

这里房子供应也相对充足。如果我们用人均住宅商品房销售面积（住宅商品房销售面积 ÷ 当地常住人口）的数据，来衡量各地住宅供应情况，可以看出长沙在这方面一点都不吝啬。2007 年至 2016 年，长沙销售的住宅商品房面积，摊在全市每个人头上的平均值是 2.2 平方米，这个数据排在全国 35 个重点城市 ① 的第二名。

表 5-4　人均住宅商品房销售面积（单位：平方米 / 人）

	年份	2007	2008	2009	2010	2011	2012	2013	2014	2015	2016	平均值
1	银川	2.0	1.8	2.8	3.1	2.4	2.3	3.1	3.1	2.5	2.7	2.6
2	长沙	1.5	1.3	2.1	2.5	2.1	2.1	2.5	2.0	2.5	3.3	2.2
3	沈阳	1.9	1.8	1.9	2.1	2.7	3.0	2.8	1.8	1.3	1.5	2.1
4	成都	1.9	1.2	2.2	2.0	2.0	2.1	2.2	2.0	2.0	2.3	2.0
5	贵阳	1.1	1.1	2.1	2.0	1.9	2.5	3.0	2.1	2.0	2.1	2.0
6	厦门	2.2	0.9	2.3	1.3	1.5	2.5	3.0	2.5	1.6	1.5	1.9
7	合肥	2.0	1.8	2.4	1.8	1.5	1.6	2.0	1.9	1.8	2.3	1.9
8	深圳	2.3	1.8	2.9	1.6	1.8	1.7	1.7	1.4	2.1	1.7	1.9
9	武汉	1.3	0.8	1.2	1.3	1.4	1.7	2.1	2.4	2.9	3.5	1.9
10	西安	1.0	0.9	1.5	1.9	2.1	1.7	1.9	1.9	1.9	2.3	1.7

---

① 所谓重点城市，可以概括为纳入国家统计局统计的主要城市。35 个重点城市，是指国家统计局在"统计数据"下的"年度数据"下的"地区数据"下的"主要城市年度数据"所涵盖的城市，总共有 36 个。这 36 个重点城市是从行政级别、政治地位来确定的，全部都是直辖市、省会城市、副省级城市。由于拉萨数据不透明，也不太具备比较意义，就剔除掉这一个。

续表

	年份	2007	2008	2009	2010	2011	2012	2013	2014	2015	2016	平均值
11	乌鲁木齐	2.2	1.1	2.1	1.7	1.7	1.3	1.9	1.5	1.7	1.9	1.7
12	昆明	1.7	1.0	1.5	2.0	1.7	1.7	1.9	1.8	1.8	2.0	1.7
13	郑州	1.4	0.9	1.5	1.9	1.3	1.1	1.4	1.4	2.1	3.1	1.6
14	南京	1.7	1.1	1.8	1.2	1.1	1.4	1.8	1.7	2.2	2.1	1.6
15	天津	1.5	1.2	1.5	1.3	1.4	1.5	1.7	1.5	1.6	2.4	1.6
16	海口	1.1	1.1	1.2	1.2	1.2	1.6	2.0	1.8	2.0	2.4	1.5
17	杭州	1.6	1.0	1.9	1.2	0.9	1.3	1.4	1.3	1.8	2.6	1.5
18	上海	2.4	1.4	2.1	1.2	1.1	1.1	1.4	1.2	1.4	1.4	1.5
19	广州	1.5	1.1	1.6	1.4	1.2	1.4	1.7	1.4	1.6	1.9	1.5
20	大连	1.4	1.3	1.9	1.9	1.4	1.6	1.9	1.1	1.0	1.1	1.5
21	呼和浩特	1.0	1.4	1.4	1.7	1.8	1.8	1.5	1.3	1.3	1.4	1.5
22	青岛	1.0	0.9	1.5	1.6	1.2	1.1	1.4	1.3	1.6	2.2	1.4
23	南昌	0.9	0.7	0.9	1.0	0.9	1.2	1.5	1.5	1.6	2.1	1.2
24	重庆	1.0	0.8	1.2	1.2	1.2	1.2	1.3	1.3	1.3	1.5	1.2
25	福州	0.9	0.5	1.0	0.8	0.8	1.1	1.7	1.2	1.1	1.5	1.1
26	宁波	1.2	0.6	1.1	0.9	0.6	0.8	1.0	1.0	1.4	1.9	1.1
27	西宁	0.7	0.5	0.8	1.1	1.1	0.8	1.2	1.3	1.3	1.4	1.0
28	北京	1.4	0.8	1.5	1.0	0.8	1.1	1.0	0.9	0.8	0.7	1.0
29	济南	0.5	0.5	0.7	0.8	0.9	0.9	1.2	1.2	1.5	1.9	1.0
30	南宁	0.9	0.7	1.0	0.9	0.9	0.8	0.9	1.0	1.2	1.5	1.0
31	兰州	0.8	0.4	0.7	0.6	0.4	0.5	0.6	1.2	1.8	2.2	0.9
32	长春	0.6	0.7	0.9	1.0	1.0	1.0	1.0	0.9	0.9	1.1	0.9
33	哈尔滨	0.7	0.5	0.6	0.8	0.9	1.0	1.2	0.9	0.8	0.9	0.9
34	太原	0.4	0.5	0.5	0.6	0.5	0.8	1.1	1.1	1.1	1.5	0.8
35	石家庄	0.4	0.3	0.3	0.5	0.8	0.7	0.8	0.7	0.5	0.6	0.6

数据来源：各地统计局、国家统计局

　　如此，长沙成为全国房价的"永恒洼地"。当别的城市都一头扎进房地产生意经、患上土地财政依赖症的时候，长沙不紧不慢，逆着潮流而走。

在那种击鼓传花的风气中，长沙抵挡住了诱惑，没有将经济发展绑在房地产上。根据智谷趋势的统计，2015 年至 2017 年长沙市的土地财政依赖度（土地出让金占一般公共预算收入的比例）平均为 22%，在全国 30 多个统计城市中排倒数第二。

表 5-5　各城市土地财政依赖度排名

一般公共预算收入(亿元)			(市本级)土地出让金(亿元)			土地财政依赖度			
年份	2015	2016	2017	2015	2016	2017	2015	2016	2017	平均
南京	1020.0	1142.6	1271.9	879.1	1771.6	1734.2	86.18%	155.05%	136.35%	125.86%
合肥	571.5	614.9	655.9	466.4	875.4	570.1	81.60%	142.38%	86.92%	103.63%
杭州	1233.9	1402.4	1567.0	638.2	1612.9	2190.0	51.72%	115.01%	139.76%	102.16%
佛山	557.4	604.5	661.4	339.7	605.8	934.5	60.94%	100.22%	141.30%	100.82%
济南	614.3	641.2	677.2	368.1	676.9	870.8	59.92%	105.56%	128.59%	98.02%
珠海	269.9	292.3	314.4	198.5	239.6	426.6	73.54%	81.98%	135.71%	97.08%
南宁	297.1	312.8	318.8	210.0	281.6	295.0	70.70%	90.03%	92.55%	84.42%
武汉	1245.6	1322.1	1402.9	646.9	1116.5	1557.8	51.93%	84.45%	111.04%	82.47%
广州	1349.5	1393.6	1520.0	955.1	728.6	1216.6	70.78%	52.28%	80.04%	67.70%
三亚	88.9	89.5	93.0	49.7	44.2	84.3	55.91%	49.39%	90.65%	65.31%
南昌	389.3	402.2	417.1	159.2	293.4	314.0	40.89%	72.95%	75.28%	63.04%
海口	111.5	115.5	120.0	60.0	91.1	66.3	53.81%	78.87%	55.25%	62.64%
厦门	606.1	647.9	696.8	302.6	494.4	425.8	49.93%	76.37%	61.11%	62.47%
郑州	942.9	1011.2	1102.0	360.6	699.0	854.2	38.24%	69.13%	77.51%	61.63%
苏州	1560.8	1730.0	1908.1	633.3	1465.8	938.6	40.58%	84.73%	49.19%	58.16%
成都	1157.6	1175.4	1197.6	429.1	399.1	1189.5	37.07%	33.95%	99.32%	56.78%
福州	560.5	598.9	634.0	353.9	252.3	390.0	63.14%	42.13%	61.51%	55.60%
石家庄	375.1	410.7	460.0	187.8	308.2	179.0	50.07%	75.04%	38.91%	54.68%
昆明	502.2	530.0	560.9	104.7	190.5	450.9	20.85%	35.94%	80.39%	45.73%

续表

年份	一般公共预算收入(亿元)			(市本级)土地出让金(亿元)			土地财政依赖度			
	2015	2016	2017	2015	2016	2017	2015	2016	2017	平均
宁波	1006.4	1114.5	1245.1	211.8	696.1	515.4	21.05%	62.46%	41.39%	41.63%
重庆	2154.8	2227.9	2252.4	674.5	781.7	1255.2	31.30%	35.09%	55.73%	40.71%
西安	651.0	641.1	653.0	197.5	246.7	344.0	30.34%	38.48%	52.68%	40.50%
兰州	185.2	215.5	234.2	80.0	89.2	69.6	43.20%	41.40%	29.72%	38.10%
天津	2667.1	2723.5	2839.0	584.8	1304.4	1227.6	21.93%	47.89%	43.24%	37.69%
贵阳	374.1	366.3	376.9	38.5	101.7	282.2	10.29%	27.76%	74.87%	37.64%
东莞	518.0	544.7	591.0	180.6	224.3	214.0	34.86%	41.18%	36.21%	37.42%
乌鲁木齐	368.7	369.7	400.8	92.0	50.8	290.9	24.95%	13.74%	72.58%	37.09%
北京	4723.9	5081.3	5430.8	2032.1	852.5	2796.0	43.02%	16.78%	51.48%	37.09%
无锡	830.0	875.0	930.0	56.8	290.5	428.5	6.84%	33.20%	46.08%	28.71%
沈阳	606.2	621.0	652.0	115.7	175.5	252.0	19.08%	28.26%	38.65%	28.67%
上海	5519.5	6406.1	6642.3	1681.9	1638.1	1471.0	30.47%	25.57%	22.15%	26.06%
青岛	1006.3	1100.0	1157.1	240.5	224.2	345.0	23.90%	20.38%	29.82%	24.70%
深圳	2726.9	3136.5	3331.6	435.8	1018.9	809.0	15.98%	32.49%	24.28%	24.25%
长沙	719.0	743.7	800.0	116.8	182.1	194.0	16.25%	24.49%	24.25%	21.66%
大连	579.9	611.9	657.7	38.7	122.7	144.0	6.67%	20.05%	21.89%	16.21%

数据来源：各地统计局、中指院

十年来，长沙的房价涨幅长期在省会城市当中靠后。直到2018年，长沙二手房的均价也就一万元上下，比起存在感很弱的廊坊、漳州都要低得多。

虽然低房价并不是"吸引人"的最重要原因，但它却是"留住人"的实实在在的原因，是人口争夺战中的有力武器。

目前，高房价已经开始透支城市的未来，很多地方发生"挤压效应"，人才和企业被迫逃离。而没有随大溜的长沙则有更强的底气留住人，为经济的进一步腾飞释放更多人口红利。

这一步，走得着实不易。

保持城市方向定力

第三句，不管形势如何，都不瞎折腾。

翻开这十几年的蜕变史，长沙有一个很明显的特征：一把手的任期很长。从 2001 年 8 月至 2017 年 8 月，长沙三届市委书记的任期时长分别为 5 年 3 个月，6 年 7 个月，4 年 2 个月。

有人曾经对 27 个省 / 自治区的 901 位市委书记做过统计，中国市委书记们的调动极其频繁，平均任期仅为 3 年，比读大学的时间还短。

确实，在中国很多地方，一把手的调任都太勤了，十年内换五六任的比比皆是。然而，新官上任三把火，下一任领导，往往不愿意顺着上一届的思路干下去，否则做出来的政绩算谁的？

于是，推倒重来、另起炉灶就变成了常有的事，城市建设东一榔头西一棒槌，无形中浪费了很多资源。长沙的一把手任期长，有利于保持城市战略定位，维护城市规划稳定性。

如果我们将视线从"市里"抽离出来，站在"省里"的框架进行观察的话，也会有不一样的收获。

湖南不像山东、福建、广东、江苏、辽宁、河北等地，除了省会之外，还有其他的明星城市，从而导致了双核心，甚至三核心的尴尬局面。所以，相比于福州、济南、沈阳等省会城市，长沙实在幸运太多了。

俗话说，伤其十指不如断其一指，平均用力也不如独造一极，既然岳阳、常德等地，资源禀赋较为一般，湖南自然会集全省之力发展长沙。只要长沙不瞎折腾，量变早晚会形成质变。这也是长沙逆袭的一大基础。

要知道，湖南可是一个有 7000 多万人口、经济总量中等偏上的省份，全省资源倾斜到一家，再不拔尖都不好意思出来见人了。

陆运的大时代，逻辑变了

从 19 世纪的水运时代，到 20 世纪的海运时代，长沙都是旁观者。如今，中国迈入陆运的大时代，长沙可能会有不一样的故事。

纵观 2030 年的八纵八横高铁规划图，有四条以上高铁通过的节点城市屈指可数，能称得上是十字路口的枢纽，更是少之又少。而长沙，就是其中的一个。

京广、沪昆两条黄金大动脉，在长沙十字交叉，长沙也因此一跃成为中国陆运时代的一大节点。加上其他正在推进的高铁脉络，长沙聚线成网，拥有了比肩武汉、郑州的绝对枢纽实力。

若能吃透高铁时代的红利，长沙未来的想象空间将会越来越大。

没错，在历史转折的每一次关键节点上，长沙都作出了正确的选择，最终成功上位。治大国如烹小鲜，国家的发展不也应该是这样吗？

踩准时代前进的方向，不折腾，不变道，在历史进程的每一次紧要关头，都作出正确的回应，方能薪火相传，玉汝于成。

千年古都西安，陷入了一场生死赛跑

黄汉城

不知从何时起，西安有了"废都"之名，并随着贾平凹的同名小说广为流传。这个西北最大的城市，由里到外都散发着一股陈腐之气。

在这里，一个街道办主任都觉得自己大权在握；在这里，一个本应该公开摇号的楼盘，会有 35 名公职人员过来打招呼；在这里，一个刚毕业一年的 95 后可以担任资产千亿的国企董事；在这里，连关系着万千民众安全的高铁、地铁电缆也敢大面积以次充好；在这里，别管是明朝留下的堪称中国最严整的棋盘路，还是最现代化的环城高速，一场不大的雪就能让城市交通陷入混乱。

虽然不做"国都"已千年，却仍然有一道城墙牢牢禁锢着这片土地和生活在其上的人。

近三四十年，这个城市最大的特点就是"不急"，最多的是"闲（ han ）人"，惹得怒其不争者直斥：八百里秦川尘土飞扬，三千万懒汉高唱秦腔。

但偏偏是这个"废"入骨髓的城市，最近两年却突然激情澎湃，发展势头之猛颠覆了既往人们对它的印象：GDP 名义增速拿下全国重点城市第一；平均每 3 分钟就会有一户市场主体诞生；两年时间新增落户人口近百万，相当于再造了一个中等城市……

一边是僵化陈腐的躯壳，一边是蓬勃向上的气象。

目前，这两股截然不同的力量正在西安这座古老城市展开较量。其结局，不仅关系西安这座千年之城的发展，也直接关系着大西北的未来。

重回全国 20 强

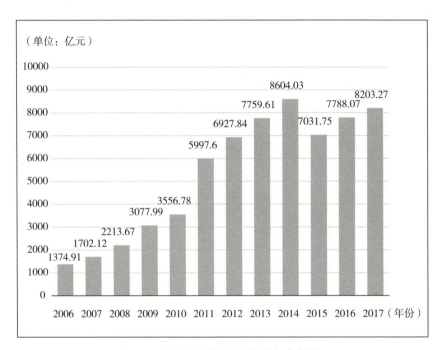

（单位：亿元）

图 5-1　非金融机构人民币存款年末余额

数据来源：西安统计年鉴

2015 年，西安曾经处在一个非常危险的时刻。

当年末，西安的非金融机构人民币存款余额只有 7031.75 亿元，相比于 2014 年蒸发了 1572.28 亿元。在这座城市身上，钱投了不信任票，资本加速逃离。

2015 年末，西安总就业人口 528.06 万，同比负增长 4.86 万。人也在用脚投票。

2016 年，西安市的税收收入从同期 408.6 亿元锐减到 370.5 亿元，以至于税收收入占比一般公共预算收入只有 **57.8%**，为十年来最低。

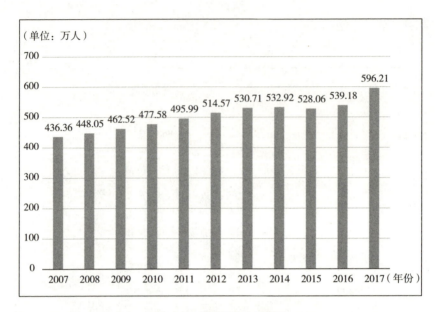

图 5-2　西安就业人口情况

数据来源：西安统计年鉴

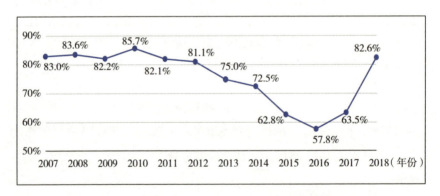

图 5-3　西安税收收入占比一般公共预算收入情况

数据来源：西安统计年鉴

如果继续颓废下去，恐怕再过一两年，西安就会在中国城市竞争中陷入万劫不复之地。

但诡异的是，它很快就峰回路转。意外来得非常快，仅仅一年时间，西安的名义 GDP 增速就飙至全国 41 个统计城市中的第一名。

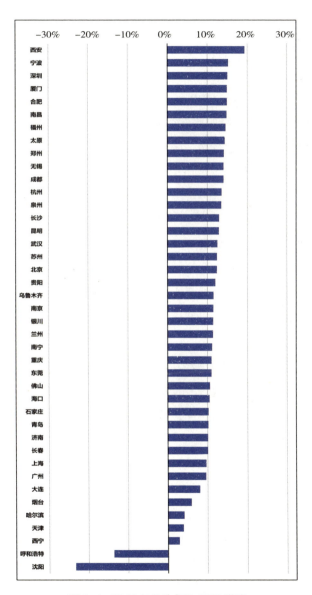

图 5-4　2017 年各地名义 GDP 增速

数据来源：各地统计局

2017 年，西安平均每 3 分钟就有一户市场主体诞生，成为全国第七个市场主体过百万的城市。

2018 年前 10 个月，西安新增落户人口超 90 万，相当于再造了一个中等城市，风头直压武汉、天津、成都，成为这一轮抢人大战当中表现最突出的赢家。

2018 年三季度，西安 GDP 重回全国 20 强，以微弱优势赶超多个副省级城市。上一次西安获得如此辉煌的成绩，已是 37 年之前。有多少人能料到，千年废都一旦决定行动，居然也能如此高速？

短短几年时间，西安就演出了一波绝地大反击的剧情。这背后到底发生了什么？

经济中心转移，使得权力体系内耗

有人说，陕西从地图上来看就像是一尊跪着的兵马俑。

今天，当中国沿海已提前步入后工业文明的时候，这个西部省份还保留着一些封建时代的遗风。尤以它的省会最为典型。

作为十三朝古都，西安曾经在计划经济时期阔过。那时候西安位列中国八大城市，集中了全中国最多的苏联援助项目，资源随手可得。

这种经济蒸蒸日上的好日子，掩盖了西安底子里"皇城文化"的劣根性。但是到了 1978 年，问题就完全暴露了。

当时"有形之手"慢慢退居幕后，有了自主权限的人和钱都跑到了沿海，这些变化让西安这个习惯了政府安排的城市，突然变得有些无所适从。沿海地区的经济突飞猛进，"增量"蛋糕足够大，各个职能部门就不会太去计较利益得失，大家都想着怎么做大蛋糕。而随着市场体制深化，西安不再有计划青睐，习惯守成的西安人眼睛只盯着"存量"的蛋糕。资源就那么一点，不抓紧夺，连块渣都不剩了。

于是，这场游戏就变成了零和博弈，大家以墙里为中心，不去放眼墙外的世界。决策者相互倾轧，执行者相互扯皮，地方保护主义、功利主义盛行：碑林区的电信宽带不能转到长安区，只能在城五区内转；长安撤县设区十六年，长安通仍无法在长安区使用；全市曾经一度盘亘了几十条断头路，一条路十几年修不好……

都说广东、浙江的营商环境好，政府服务意识强，但这个特点并不是天生就有的。

真正决定西安与沿海之间差距的，其实并不是海洋文明与黄土文明之间的分野，而是中国的经济中心在陆权时代向海权时代的转换过程中发生了偏移。

它使得位于内陆的西安增量蛋糕缩小，也放大了权力傲慢与保守的本性。而权力越是高高在上，市场的扩张就会越慢，市场扩张越慢，权力体系的内耗就会越严重，从而陷入一种恶性循环。两者之间的矛盾，越积越深，最终在 2016 年前后集中爆发。

也是在那个最低谷的时候，十三朝古都迎来了新的主政者。很快，这锅沉寂了上千年的水就有了沸腾之势。

时间点如此巧合，以至于外界不得不将这两件事联系起来。西安焕然一新的秘密，很可能就在这位"搅局者"身上。

通过复盘这两年来的执政思路我们发现，他打出来的主要就是两张牌。

第一张牌，有行动力的小政府

今天，高铁时代的联通性早已模糊了西北、西南、中原的边界。举目四望，过去对西安只能仰望的邻居全成了竞争者，西安很难再以西北老大的心态，自甘堕落。

"搅局"的新长官在竞争激烈的长三角待过很长时间，自然明白这一点。他来到这个没落贵族的城市，首先要拿来开刀的，就是这里深入骨髓的衙门作风。

弯腰捡烟头，拾起的是政府对于城市卫生环境的承诺；厕所革命，改造的是权力对于民生的冷淡；车让人，唤醒的是特权者对于规则的敬畏……

冰封三尺，非一日之寒。只有从小缝隙着手，一榔头一榔头地敲下去，才能慢慢撬开坚固的壁垒，撬动政府的服务意识。

在北上广等大城市，人与人之间的关联和互动虽然频繁，但是彼此独立，更遵守契约精神，社会关系呈"蜂巢状"；在西安这样的内陆二线城市，社会关系则倾向于"树根状"，裙带关系盘根错节，丛林精神更多一些。

弱肉强食的游戏规则，让整个西安"崇官轻商"。要么当主人，要么当附庸；要么支配别人，要么被别人支配。每个人费心钻营，都是为了更加靠近权力中枢，只有这样，才能掌握最多的资源，才能不被别人骑在头上。

所以，无论是政府还是国企，都习惯于被别人服务而不是为别人服务。这种贵族心态，让过去的西安着实吃了苦头。资本的流动讲究一个快字。营商环境好，资本才愿意停留驻扎。

西安的对标城市成都，过去十年里狂飙突进，不是没有道理的。这个城市虽然地处大西南，却有着比部分沿海地区更高的办事效率。

2009 年，李书福收购沃尔沃进入关键阶段的时候，资金缺口大，时间又紧迫，为了能够从地方政府融资，吉利先后上门接触了多个沿海城市。结果，天津这边一波三折，广东那边也迟迟未能决定下来。

唯有成都是搭着直升机作战，而且还是主动出击：一听到吉利成为沃尔沃优先竞购方的消息，成都马上积极地联系李书福，还暂停政府常委会会议，专门研究沃尔沃项目并当即拍板。

不久，成都就给吉利融资 30 亿元，助推后者惊险一跃，而成都自己也顺利拿到了沃尔沃汽车厂项目。

政府是否不再懒散、是否理解了服务的本质，直接决定着城市的未来。在自上而下的推动下，西安的城墙思维慢慢消解。钱和人，都开始涌了进来。

图 5-5　西安市民间投资情况

数据来源：西安统计局

　　在招商方面，2017 年，西安的民间投资达到 3120 亿元，一改连续 2 年的负增长。全年签约项目 847 个，涉及世界 500 强的企业就有 44 家。其中，吉利新能源汽车从洽谈签约到开工建设仅用 105 天，刷新了中国汽车整车项目落地的最快纪录。

　　在抢人方面，你见过警察为了"抢人"而召开誓师动员大会的城市吗？ 2016—2017 年的西安就是这样的城市。这里刷新了中国最快落户纪录，一年中新增落户人数等于过去七八年的总和。人口规模扩大后，消费多了，服务业增长了，城市的经济也上去了。

第二张牌，有生命力的大市场

　　西安是计划经济时代的明珠。落户这个城市的苏联援助项目为全国之最，超过了中部六省之和。直至今天，这段历史仍然深刻塑造着西安的产业格局，让这里集聚了大量军工和国企单位。

这里有中国航天 1/3 以上、兵器 1/3 以上、航空近 1/4 的科研单位、专业人才及生产力量，是航天、兵器、电子信息等硬科技的高地。

这里的一百强企业当中，民企占比仅有 34% 左右，国有经济比重偏高。

这些是过去的优势，但也是今天的劣势。

第一，公有制经济相对保守和封闭，各方面的掣肘和限制比较多，导致军工和国企身上的"硬科技"成果转化能力弱，难以为市场所用，去推动西安的制造业转型升级。

同样是科教重镇，2015 年，西安的高新技术产业增加值仅占全市 GDP 的 14.5%，远低于武汉的 20.2% 和南京的 20.8%，就是最明显的例证。

第二，公有制经济相对比较僵化。通常而言，国企的激励机制比较差，很难留住人才。即便留下来了，也无法最大限度地激活人才，其能力就慢慢贬值和缩水了。所以每年西安培养的几十万大学毕业生中，大部分是给他人做嫁衣裳。

基于此，新任一把手打出的第二张牌，就是做大、搞活市场。通过简化行政审批流程、壮大"新西商"群体、实施民营经济倍增计划等手段，激活民营经济。

"秦商"曾是中国传统商帮，居关中四塞之地而经略天下。2017 年 8 月热播的电视剧《那年花开月正圆》，说的就是西安边上的泾阳秦商的故事。

但天下不闻其名久矣，陕西的市场经济，一度流传着"后人吃先人、活人吃死人"的说法。即便是靠着老祖宗的余荫，西安的旅游产业在国际上博得偌大的名声，也同样是被一个又一个的后来者超越。

打出大市场这张牌后，西安开始不同起来。

现在，西安的市场主体呈现井喷式增长，平均每一天新登记 1500 户。在政府搭台之下，京东、阿里、腾讯、华为、浪潮等科技巨头也纷至沓来，相继落户西安。

看一下星巴克指数，就知道西安这两年追赶的速度有多猛了。公开数据显示，截至 2018 年 12 月，西安有 71 家星巴克门店，其中于最近两年开业的多达 31 家。

这个闭眼狂奔的"星巴克指数"，反映的正是西安风起云涌的商业活力。

强人政治并不稳定

一千多年前，长安借助"丝绸之路"，成为世界上最大最繁荣的都市。

如果说低端文明的入侵、气候变迁以及大航海时代的来临，让西安走上了没落，那么，依托"一带一路"的再出发，也让西安迎来了走出"城墙思维"的新契机。

作为中国地理版图的中心，西安承东启西、连接南北，有成为"中国孟菲斯"的潜力。

现在，它左手"长安号"货运班列，右手自贸试验区，完全有了打通欧亚通道，跨越万里优化资源配置的底气。过去不可能实现的生产布局，今天都有了机会。这种对大航海秩序规则的改写，使得人们对西安的未来有了更大的想象空间。

加之西咸新区划归西安管理，使西安第一次有了大西安的体量和腹地；国家中心城市的牌子，让西安一下子站在了全国 600 多个城市的塔尖。这些政策势能，都是西安向上的拉力。

当经济增速越来越快，增量蛋糕越来越时大，权力体系自然会减少内耗，将目光更多地投射到外部，变倾轧为协同。

回顾这两年的西安故事，政治强人所带来的变化十分明显。但是，西安的历史上不是没经历过政治强人时代，如果不能让这个城市从骨子里发生蜕变，强人政治所激起的水花很难对抗千年的沉疴。所以，这种变化又是十分不稳定的。它会随着政治周期的更迭而起起伏伏。

今天的西安，显然已进入了一场生死赛跑之中。秦岭违建别墅拆除事件仿佛一个政治隐喻。

2018 年下半年，秦岭北麓的山脚下聚集了半个城市的挖掘机，一大片别墅在突突声中轰然倒下。这是一场震惊全国的"秦岭保卫战"。在最高层对秦岭违建别墅严重破坏生态环境的问题先后 6 次作出指示后，当地才真正打响了保护中华龙脉的战役。最后富人逃离，别墅弃领，干部落马，官场震动。而且，远离风暴中心的广东、天津、山东、黑龙江、安徽、江苏等省市专门召开高级会议，传达通报精神，动作明显异乎寻常。

由此可见，笼罩在西安头上的权贵网络，其盘根错节的格局可能超乎外人想象。这块才刚刚撕开一道口子的官本位铁幕，正是西安向下的坠力。

两股力量相互绞杀，谁胜谁败，直接关系着未来西安乃至大西北的历史进程。

贵阳盛产"超级大盘"，为什么能躲过"鬼城"陷阱？

冯震华 黄汉城

如果要评选"最励志城市"，贵阳市肯定名列前茅。

全国几百个地级市中，老天爷赏饭吃的城市不在少数。但总有一些城市天生劣势，连起跑线都摸不着，比如说贵阳，中国极少数不沿海、不沿江、不靠边的省会城市之一。

贵阳地处贫困人口最多、贫困程度最深、贫困面积最大的省份当中，但是它的经济增速却长期领跑全国，高铁网之发达可与亚洲强国日本相比肩，还被苹果和谷歌等国际企业视作掌上明珠，把大数据中心都搬了过来。

不得不说，贵阳确实是全中国最幸运的城市，没有之一！

曾经的三线建设也没救得了贵阳

按照惯性思维，过去的贵阳，恐怕没人瞧得起。

第一，贵阳的地理条件非常差。黔灵山等三座大山，横亘在贵阳的土地上，挡住了经济要素的流动。其山地丘陵面积占比 87%，非常不利于经济建设。20 世纪 60 年代，中国大搞"三线建设"，将沿海地区的工厂、设备、人才迁移到了西部大后方，大量资源倾斜到贵州省，即使如此贵阳也没能被拯救，就是因为这里基础实在太差。

第二，贵阳的生态环境非常脆弱。广袤的喀斯特地貌，天然决定了贵阳的环境承载能力很低。它无法像其他中西部城市一样，大面积地承载"双高"产业，选择粗开发、见效快的发展模式。

贵阳，作为全国极少数不沿海、不沿江、不靠边的省会之一，过去可以说是一片蛮荒之地，各项经济指标统统垫底。

表 5-6　中国 2017 年省会城市 GDP 实际增速排行

序号	省会城市	2017 年 GDP（亿元）	实际增速（%）
1	贵阳	3538.0	11.3
2	昆明	4857.6	9.7
3	西宁	1284.9	9.5
4	长沙	10535.5	9.0
5	南昌	5003.2	9.0
6	福州	7104.0	8.7
7	合肥	7213.5	8.5
8	郑州	9130.2	8.2
9	成都	13889.4	8.1
10	南京	11715.1	8.1
11	乌鲁木齐	2743.8	8.1
12	武汉	13410.3	8.0
13	杭州	12556.2	8.0
14	济南	7200.0	8.0
15	长春	6530.0	8.0
16	南宁	4118.8	8.0
17	银川	1803.2	8.0
18	西安	7469.9	7.7
19	太原	3382.2	7.5
20	海口	1390.5	7.5
21	石家庄	6460.9	7.3
22	广州	21503.2	7.0
23	哈尔滨	6355.0	6.7
24	兰州	2523.5	5.7
25	呼和浩特	2743.7	5.0
26	沈阳	5865.0	3.5

数据来源：各地统计公报

　　但偏偏是这样一座城市，进入 21 世纪以来交出的成绩单令人刮目相看。

　　2008 年到 2017 年，在中国巨变的十年间，贵阳的 GDP 翻了近 4 倍，从 811 亿元增长到 3538 亿元，年均名义增速达到 33.38%。尤其在 2012 年到 2016 年，贵阳的实际 GDP 增速高达两位数，在全国省会城市中雄踞第一的宝座。

　　不仅财富增加了，贵阳的人气也旺起来了。2017 年，贵阳市城镇化率达到 74.8%，高出全国平均水平 16 个百分点。越来越多的人摘下了贫困的帽子，从贵州农村走向城市，在新的城镇落地生根。2015 年，贵州省仍有 9000 个贫困村，但在贵阳，贫困发生率已经不到 1%，67 个贫困村的数量让贵阳离全面脱贫越来越近。

表 5-7　2015 年贵州省各市（州）贫困面现状

市（州）	贫困村（个）	农村贫困人口（万人）	占全省比重（%）	贫困发生率（%）
贵阳市	67	1.52	0.3	0.8
安顺市	583	34.39	6.9	13.7
六盘水市	615	41.65	8.5	15.7
黔西南州	629	43.23	8.8	13.8
黔南州	836	58.29	11.8	16.5
遵义市	871	55.83	11.3	8.4
铜仁市	1565	58.32	11.8	15.5
黔东南州	1853	84.32	17.1	21.7
毕节市	1981	115.45	23.4	16.5
全省合计	9000	493		14

数据来源：贵州省统计年鉴

　　一座西南小城能够化腐朽为神奇，就因为完成了三件大事情。

搭上中央扶贫的快车

贵州省，绝对是复杂中国的一个典型样本。在这个"最中国"的省份里，你可以看到人类文明最贫穷的一面，也可以看到人类文明最繁荣的一面。

2012 年，贵州有 923 万贫困人口，占全省总人口 26.8%。每 4 个贵州人当中，就有一个生活在贫困线以下，平均每天收入不足 7 元人民币。当上海人排队两小时只为买一杯网红奶茶发朋友圈的时候，这里还有很多人饥肠辘辘。

同样是贵州，这里的高铁网之发达，可与亚洲强国日本相比肩。从 2014 年贵广高铁开通算起，到 2018 年 8 月盘兴铁路拿到"准生证"，这个中国最穷省份预估仅用 8 年时间，就能实现"市市通高铁"。

这个奇迹的背后，正是中央大力扶贫的决心。放全国来说，即便是八纵八横当中的那些主干道，至今仍有好些线路挣扎在亏损的边缘。把高铁开进贵州深山老林里，注定难以赢利，但是在 2020 年前全面消灭贫困人口的目标面前，中国就是要挑战不可能。

贵州是全国贫困人口最多、贫困程度最深、贫困面积最大的省份，中央怎么会不着急？不把贵州扶上去，如何向全世界证明社会主义的优越性？

于是，大量投资、大量基建项目纷纷涌入贵州省。而省会贵阳，就是那个最受益的城市。

从 2008 年到 2017 年十年间，光是在贵州的一般公共预算总收入中，来自中央的转移支付就高达 1.75 万亿元。贵阳自此有了更大的底气，提前上马高水平的基础设施建设项目。

在高铁方面，川黔、湘黔、黔桂、贵昆 4 条铁路在贵阳形成十字交叉。一旦盘兴铁路建好，贵阳至省内 8 个市 / 州就能形成 1 ~ 2 小时的交通圈。这种定于一尊的霸气，很多沿海省会城市都未必拥有。

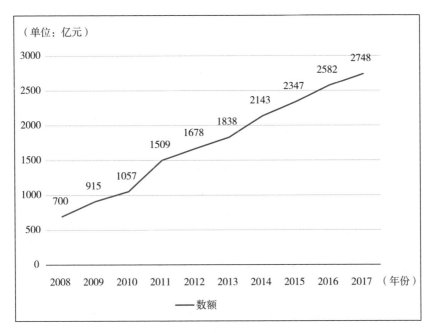

图 5-6　2008 年至 2017 年中央向贵州省转移支付数额

数据来源：贵州省财政厅

在高速公路方面，贵州是西部地区首个实现"县县通高速"的省份，加速了全省人流、资金流、物流、信息流向贵阳的汇集，让这里的面貌一日三变。

在机场方面，地处贵阳市东郊的龙洞堡国际机场，航线达到 195 条，连通国内近 70 个大中城市及日、韩、新、马、泰等国家和我国港、台地区。

很多项目的布局，其实早已超越了贵州自身的经济实力。但贵阳正是因此成功抓住了中央扶贫的机会，才得以跳过本轮经济周期，提前进入了下一轮经济周期。

老实说，中央对西藏、青海、新疆、宁夏、内蒙古、甘肃的转移支付力度也很大。但这些地区要么是广袤的沙漠，要么是贫瘠的高原，人烟稀少，很多钱都用在了生态修复、医疗卫生、改善民生等软环境上，经济反馈周期特别长。

贵州可不一样，大量资金是落到了基建身上，能够快速刺激经济增长。

贵州的贫困，反而成了贵阳的筹码。

极为依赖房地产

贵阳还有一个特色，就是"超级大楼盘"特别多。

过去十年，房地产行业狂飙突进，政府、开发商、炒房客联袂出演了一场轰轰烈烈的造城运动的大戏。贵阳也不例外。

中天·未来方舟，是贵阳东郊一个可容纳 17 万人的巨型楼盘，在四个山头圈下了 12800 亩土地，人口相当于好几个镇。

宏立城·花果园，建筑面积达到惊人的 1830 万平方米，规划居住人口35 万。自 2010 年 10 月开盘以来，销量连续 23 个月居全国之首，被称为"中国第一神盘"，里面有 10 多所学校、25 万平方米的购物中心和六大主题公园。

跟这些"巨无霸"相比，自称"亚洲最大小区"的北京天通苑也会自惭形秽。每一个初到贵阳的外来客，都会被这里密密麻麻、高耸入云的住宅区所震撼。

贵阳的发展，极为依赖房地产经济。所以你别看贵阳穷，这里盖起房子来简直就像搭积木一样，又快又多。

表 5–8　房地产开发投资额占地区生产总值比重

排名	年份	2008	2009	2010	2011	2012	2013	2014	2015	2016	2017	平均
1	贵阳	20.97%	21.64%	27.68%	33.29%	52.99%	46.90%	40.46%	34.62%	29.24%	29.01%	33.68%
2	昆明	18.14%	21.12%	20.62%	25.22%	30.52%	37.82%	40.20%	36.58%	35.59%	34.65%	30.05%
3	西安	24.92%	25.49%	25.99%	25.78%	29.09%	32.20%	31.72%	31.39%	31.16%	31.24%	28.90%
4	海口	17.19%	16.01%	17.44%	20.28%	21.45%	28.34%	27.52%	39.28%	43.83%	47.52%	27.89%
5	合肥	34.07%	31.89%	30.32%	24.46%	21.94%	23.66%	21.86%	22.25%	21.56%	21.59%	25.36%

续表

排名	年份	2008	2009	2010	2011	2012	2013	2014	2015	2016	2017	平均
6	沈阳	26.19%	27.84%	28.90%	28.48%	29.43%	30.51%	27.83%	18.39%	13.00%	13.88%	24.45%
7	郑州	14.48%	15.49%	19.18%	18.60%	19.73%	23.30%	25.73%	27.36%	34.63%	36.79%	23.53%
8	银川	15.29%	17.29%	22.37%	21.77%	23.96%	25.66%	28.01%	27.39%	29.36%	22.34%	23.34%
9	福州	13.73%	13.89%	21.47%	25.78%	23.05%	27.03%	28.15%	24.58%	27.10%	23.85%	22.86%
10	成都	23.67%	20.99%	23.03%	23.17%	23.21%	23.18%	22.03%	22.55%	21.70%	17.91%	22.14%
11	重庆	17.10%	18.97%	20.44%	20.13%	21.98%	23.57%	25.45%	23.87%	21.00%	20.41%	21.29%
12	武汉	14.15%	16.85%	18.28%	18.96%	19.68%	21.05%	23.37%	23.67%	21.13%	21.18%	19.83%
13	杭州	12.87%	13.85%	16.07%	17.12%	20.47%	22.21%	25.00%	24.60%	23.04%	21.77%	19.70%
14	西宁	10.75%	12.74%	15.18%	15.38%	18.82%	19.99%	23.16%	24.78%	25.36%	27.34%	19.35%
15	厦门	20.96%	15.40%	19.23%	17.25%	18.42%	17.62%	21.51%	22.33%	20.24%	20.22%	19.32%
16	南宁	15.38%	14.87%	17.93%	17.75%	14.49%	14.85%	17.53%	19.27%	23.06%	23.26%	17.84%
17	北京	17.17%	19.24%	20.56%	18.68%	17.64%	17.59%	17.42%	18.15%	15.59%	13.19%	17.52%
18	石家庄	9.88%	12.60%	15.82%	19.33%	18.51%	19.08%	19.83%	17.74%	17.14%	18.76%	16.87%
19	太原	8.25%	10.68%	13.56%	14.93%	15.54%	17.25%	18.56%	21.86%	23.01%	14.14%	15.78%
20	呼和浩特	13.45%	10.89%	13.63%	15.16%	18.10%	21.46%	19.46%	16.47%	16.40%	7.50%	15.25%
21	长沙	16.44%	13.28%	15.04%	16.48%	16.16%	16.18%	16.79%	11.83%	13.40%	14.14%	14.97%
22	大连	12.85%	13.31%	14.89%	18.01%	19.94%	22.36%	18.67%	11.61%	7.95%	7.69%	14.73%
23	南京	13.46%	14.08%	14.59%	14.19%	13.50%	12.95%	12.76%	14.70%	17.57%	18.53%	14.63%
24	济南	9.08%	9.92%	12.39%	12.00%	13.82%	13.80%	15.90%	16.63%	17.81%	16.01%	13.74%
25	兰州	10.92%	10.70%	10.75%	11.39%	13.41%	14.49%	15.85%	15.29%	16.36%	17.13%	13.63%
26	宁波	7.76%	8.65%	10.79%	11.74%	13.44%	15.75%	17.45%	15.35%	14.62%	13.96%	12.95%
27	长春	13.77%	15.58%	16.30%	16.65%	14.58%	12.23%	9.97%	9.07%	10.08%	8.79%	12.70%
28	青岛	8.58%	9.47%	10.63%	11.88%	12.76%	13.10%	12.86%	12.07%	13.68%	17.98%	12.30%
29	乌鲁木齐	9.80%	10.35%	10.69%	11.50%	11.01%	12.28%	13.41%	13.94%	14.02%	15.63%	12.26%
30	上海	10.20%	9.72%	11.54%	11.74%	11.80%	12.92%	13.61%	13.81%	13.16%	12.80%	12.13%
31	南昌	9.84%	10.79%	10.46%	10.41%	11.48%	12.17%	11.29%	12.13%	15.49%	15.80%	11.99%
32	哈尔滨	7.52%	8.79%	9.84%	13.45%	17.34%	17.10%	12.86%	10.33%	8.62%	7.78%	11.36%
33	广州	9.29%	8.94%	9.15%	10.51%	10.11%	10.20%	10.87%	11.81%	13.00%	12.57%	10.65%
34	天津	9.73%	9.77%	9.40%	9.55%	9.77%	10.25%	10.81%	11.32%	12.86%	12.01%	10.55%
35	深圳	5.64%	5.33%	4.78%	4.47%	5.69%	6.05%	6.68%	7.60%	9.01%	9.52%	6.48%

数据来源：中国国家统计局

我们可以用"房地产投资/GDP"这个指标，来衡量一个城市的经济对房地产的依赖度。2008年至2017年，贵阳这一指标的平均值高达33.68%，在全国35个重点城市当中排名第一。

通常而言，落后地区拼命跑马圈地，盲目扩大楼盘面积，很容易会供过于求，沦为空荡荡的"鬼城"。

当年人均GDP数一数二的鄂尔多斯就是这样，房屋供应急速膨胀，但因为无法吸引人口高速流入，反而引发了危机。

贵阳幸运的地方在于，贵州省有数量庞大的农村人口，又只有贵阳一个大城市，很多农民进城又不出省的第一选择，就是全省的政治和经济中心——贵阳。

过去十年，贵阳的基础设施突飞猛进，与周边省市的可达性变强，增强了贵阳的虹吸效应。以往居住在大山里的村民，现在到大城市去也变得非常方便。加上贵阳不限购，便有一波又一波人口红利来帮助消化"超级大楼盘"。

因此，贵阳没有像20世纪90年代的海口一样，发生房地产泡沫崩盘的劫难，反而因为城镇化的红利，利用房地产实现了高速发展。

乘上大数据东风

在工业时代，贵阳曾因为自身的天生劣势，屡屡碰壁。

21世纪初，中国制定西部大开发、中部崛起的战略，内陆地区加速追赶先富地带。当有的地方饥不择食，承接沿海高污染、高能耗产业的时候，贵阳选择了沉默。

因为这里的地质形态很特殊，由石林、峰丛、峰林、溶洞、天坑所组成的喀斯特地貌，天然决定了贵阳的环境承载能力很低。

所以，在工业时代，贵阳注定是一个"瘸子"。不过，正是这种"怯弱"，让贵阳等来了互联网时代的春天。

在由工业时代向互联网时代转变的缝隙中，曾经的天生劣势反而成为贵阳发展大数据产业的最佳条件。

这里森林还在，气候十分宜人，全年平均气温在15℃左右，为大数据机房的散热和换风提供了极佳的自然条件；这里山体没有遭到破坏，地质稳定，便于建设面积庞大的大数据机房；这里水电资源丰沛，又是"西电东送"的起点，降低了大数据的用电成本和高峰压力。

在互联网时代里，贵阳变防御为出击，顺利乘上了大数据产业的东风。

表 5-9　2017 年贵阳、昆明、南宁高新技术产业产值增长情况

	增速	占工业总增加值比重
贵阳	18.3%	17.5%
昆明	13.7%	12.6%
南宁	15.4%	7.8%

数据来源：各地统计公报

2017 年，贵阳市高新技术产业产值的增速高达 18.3%，将昔日的两位老大哥邻居南宁和昆明远远甩在身后。

今天，贵阳的大数据关联企业超过 4000 家，产业规模总量突破一千亿元。其主办的中国国际大数据产业博览会，成为业界最具国际性、权威性的平台。

谁也没有想到，曾经的"瘸子"跑得比谁都快。从极度贫困到举世瞩目，最超前的思维竟然诞生在了最落后的地区之中。

韬光养晦最重要

历史上，具备天生优势的城市非常多。

比如航海时代的威尼斯，比如工业时代的美国"五大湖"地区和中国

老东北，都带着先天的地理优势来到这个世界上。但是无一例外，它们都在短暂的繁荣后黯然退场。

因此真正的"幸运之城"，应当是那些善于将劣势转为优势的地方。贵阳甘于沉寂和蛰伏，才得以在历史的大潮到来之时，顺势而上，一举突破地理上的桎梏。

于是，中央认可了。曾任贵阳一把手且主推大数据的陈书记，离开贵阳后任职雄安新区管委会主任，为中国"千年大计"的实际执行工作掌舵。

民间认可了。"功守道大师"马云在数博会上表示，贵阳是未来中国最有意义、最富有的地方之一，因为他们敢于挑战别人不敢做的事情。

国际上也认可了。苹果、高通、微软等一批海外巨头纷纷抢滩贵阳。苹果说，选择落户贵州，就是看中了当地政府的执行力和对环境的关注。

历史的进程，往往就落在那些韬光养晦、善用形势的地方。

对国家来说也是同样的道理。历史上，中国埋头苦干，稳扎稳打，主动搭上全球化的快车，将低素质的劳动人口转化为廉价劳动力优势，将低水平的社会保障转化为高储蓄、高投资，等等。

这种不追求一时光辉，着眼于长远目标的精神，才使得中国能够成为世界第二大经济体。

在愈发复杂的国际竞争中，这种精神也变得愈发重要起来。

中部崛起谁才是龙头？郑州出局，合肥落败，武汉不可动摇

黄汉城

2019 年是"中部崛起"规划的第十年。

中部有六个省会城市，包括郑州、合肥、武汉、太原、南昌、长沙。谁才是中部的龙头？

郑州的大麻烦

郑州最大的麻烦，是太依赖于富士康。

2018 年，郑州市进出口总额 615 亿美元，位居中部六省第一位，在全国所有省会城市中排名第四。其中富士康旗下的企业出口达 318.3 亿美元，占郑州市出口总额 82.5%。

2010 年富士康落地郑州后，带来了一大批相关或配套企业入驻，使得今天的郑州，聚集了华为、中兴、天宇、创维、OPPO、酷派、魅族等上百家终端智能制造企业，电子信息产业就此成为郑州最大的经济支柱之一。相关数据显示，全球每 7 部手机中就有 1 部来自郑州。

富士康是郑州电子信息产业的龙头，也是这一条生产链上最重要的一环。但富士康之于郑州，与阿里巴巴之于杭州是完全不同的概念。因为阿里巴巴不会离开杭州，富士康却可以随时搬离郑州。

作为一个精明的商人，郭台铭最看重的其实是低廉的制造成本，包括关税成本、劳动力成本、政府优惠政策等。哪里有洼地，郭老板就会搬到哪里去，跑得比谁都快。

郑州对于富士康只是一个生意场所。当年富士康从深圳搬过来，现在也可以随时搬到中国以外的地方进行生产。

2019 年大国博弈硝烟四起,郭台铭表示,若苹果有需要转移供应链,富士康可以迅速行动。所以,富士康是否会跑路,取决于贸易、关税、外部环境的变化有没有超过临界点。

郑州将龙头产业命系一家,这样做的风险很高。这一点,与台湾何其相似。

二十年前,台湾是亚洲四小龙之首,科技实力全面碾压大陆。如今能够吊打大陆的领域已所剩不多,集成电路是最为突出的一个,其在晶圆代工、封装测试方面实力不凡。

集成电路算是台湾最重要的支柱产业。这里有全球第一大芯片代工制造商台积电,有全球第一大电子代工制造商鸿海。然而,整个台湾经济在全球产业链上极为脆弱,单凭美国一家公司就能卡住命门。

一家台积电的营收,能占台湾制造业产值的 20%(2016 年数据)。一家台积电的市值,能占台湾股票市场近 20% 的权重。而台积电最大客户是苹果,鸿海主要客户也是苹果。苹果销量一波动,整个台湾股市都要抖三抖。

作为一个典型的"浅碟子经济体",台湾受制于有限的市场、资源、土地,很依赖外部经济。一旦全球大环境下行,经济就容易遭受重创。

自 2019 年开始,郑州变得特别有底气,GDP 破万亿,人口破千万,让它激动地官宣:"请叫我特大城市。"

但是基于这样一种风险,郑州能够走多远?

这几年,郑州发展迅猛,很大一个原因是它搞起了房地产生意。

2016 年至 2018 年,按照房地产开发投资 /GDP 去计算房地产依赖度,郑州每一年都名列前茅,排在全国第 3~5 名,比中部的一些网红城市杭州、成都、合肥、武汉都要高。

河南作为农业大省,每年都有大量务农人员洗脚上田,来到省会郑州。城中村是他们最好的"落脚城市",有时候一个村常住人口可以超过一个县城。

不过,"一天不挖沟,不叫郑州"。郑州在城建上大拆大建,全市一年可以拆掉 100 多个村，拆除建筑垃圾量达 1 亿多吨，差不多可以填满一个阳澄湖。

仅仅用 4 年时间，郑州四环内大约 175 个城中村全部拆迁完毕。市区内几乎见不到一个城中村。那种包子铺热气腾腾、电线杆眼花缭乱的人间烟火气，彻底消失。

伴随着推土机的轰隆声，几十万"郑漂"散落四方。以至于有人控诉说，在没有城中村的郑州，活得像条无家可归的狗。

郑州的拆迁速度简直惊为天人！如果是在法制环境、契约精神良好的深圳，别说 100 多个城中村，一年能拆掉一个都算是顶呱呱的政绩了。

这种秒杀所有珠三角城市的速度，依靠的是权力的绝对俯冲。只是自上而下地强势推动，难免会诞生一些"血与泪"的人间故事，这里就不多说了。

目前，郑州的城中村改造接近终章。由房地产拉动经济的模式，没办法继续高歌猛进了。

接下来，郑州的房地产文章，只能靠自然涌入的城镇化人口来谱写了。这座魔幻现实主义城市的经济轴心，势必逐渐回归到由原有的产业结构来支撑。

谁的产业更新，谁就占领未来

在产业方面，郑州极难超越武汉。

说来也巧，两个城市的前两大支柱产业，都是汽车装备制造业和电子信息制造业。但不管是量还是质，郑州都比不上武汉。

武汉汽车装备制造业的龙头是东风汽车集团，该公司位列世界 500 强第 82 名。公开资料显示，围绕着东风，武汉聚集了法、日、美、自主四大车系、五大整车企业。2018 年武汉生产了 170 万辆汽车，占全国 6%，其汽车及零部件产业产值达 4000 亿元。

郑州本土培育的汽车龙头是宇通集团，专业生产客车，其耕耘垂直的、非大众的领域，必然抵不过东风。郑州汽车业的重要成员还有郑州日产，但后者本身就是东风汽车的控股子公司，追溯起来还是武汉给予的养分。

郑州的电子信息龙头是富士康，关键词为手机制造，"代工"色彩浓。武汉的电子信息产业，关键词为半导体，拥有长飞光纤、长江存储、华星光电等新兴高科技公司。

恒大经济研究院院长任泽平指出，长江存储基本代表了国内存储芯片的最高水平；华星光电主攻中小尺寸显示屏，代表世界可量产显示技术的最高水平；长飞光纤的光纤、光缆及光纤预制棒三大主营业务世界第一。

在大国博弈中，中国要想不被"卡脖子"，一定会发挥集中力量办大事的组织优势，扶持新兴的前沿科技。武汉以"光谷"为核心的电子信息产业，比郑州更能代表科技的前进方向，必然会得到国家层面的更多关心，其产业发展也会更有后劲，更有延伸空间。

此外，武汉和郑州都是国有经济占主导地位的城市，国有经济强弱，有国家布局、历史惯性的因素影响，如果在这方面比拼有失公平，我们可以看一下两个城市自发成长的民营经济。

表5-10显示，2017年，郑州民营企业前19强的营收共2171亿元，武汉为6321亿元。郑州仅为武汉的1/3。

当然，企业营收存在市场波动，双方所处行业的周期不同，规模也会时大时小。关键是郑州的产业结构、产业集群的层次，是不是比武汉好。如果产业前景可观，落后就可能只是暂时的、短期的，放长远来看是可以弯道超车的。

遗憾的是，郑州在这方面的潜力不算特别大。

因为，郑州的民营经济太偏向传统行业了。在郑州前19强民营企业中，房地产及其相关行业的公司占了6个，即三分之一是搞房地产生意的。食品相关行业占了4个，即五分之一是卖农副食品的。

表 5-10　郑州、武汉前 19 强民企对比

	企业名称	所属行业	2017 年营业收入总额(万元)
郑州	郑州中瑞实业集团有限公司	商务服务业	4851806
	郑州宇通集团有限公司	汽车制造业	3563402
	河南正商置业有限公司	房地产业	2572175
	河南威佳汽车贸易集团有限公司	零售业	1704887
	河南豫联能源集团有限公司	有色金属冶炼和压延加工业	1152205
	河南明泰铝业股份有限公司	有色金属冶炼和压延加工业	1036630
	建业住宅集团(中国)有限公司	房地产业	1019903
	河南国基建设集团有限公司	土木工程建筑业	978158
	海马汽车有限公司	汽车制造业	652213
	郑州思念食品有限公司	食品制造业	633729
	泰宏建设发展有限公司	房屋建筑业	618929
	雏鹰农牧集团股份有限公司	畜牧业	569820
	三全食品股份有限公司	食品制造业	525587
	河南昌建地产集团有限公司	房地产业	450523
	好想你健康食品股份有限公司	农副食品加工业	407044
	河南恒星科技股份有限公司	金属制品业	304618
	康利达集团	综合	300019
	河南苏宁易购销售有限公司	零售业	201488
	河南蒲源建设集团有限公司	建筑安装业	173811
	企业营收总额		21716947
武汉	九州通医药集团股份有限公司	医药业	7394289
	卓尔控股有限公司	商务服务业	6986924
	恒信汽车集团股份有限公司	汽车服务业	5158068
	山河控股集团有限公司	房地产业	4101786
	合众人寿保险股份有限公司	保险业	2686142
	武汉京东金德贸易有限公司	批发业	2660181
	新八建设集团有限公司	建筑业	2561868
	新七建设集团有限公司	建筑业	2323439

续表

	企业名称	所属行业	2017 年营业收入总额(万元)
武汉	武汉当代科技产业集团股份有限公司	医药业	2321110
	武汉市金马凯旋家具投资有限公司	家具制造业	2015948
	宝业湖北建工集团有限公司	房地产业	1574717
	人福医药集团股份公司	医药业	1544568
	武汉康顺集团有限公司	汽车服务业	15332583
	武汉联杰能源有限公司	科技推广服务业	1519790
	新十建设集团有限公司	房屋建筑业	1513690
	武汉比亚迪电子有限公司	电子设备制造业	1350360
	高品建设集团有限公司	建筑业	751487
	民族建设集团有限公司	建筑业	722247
	楚安建设集团有限公司	建筑业	694683
	企业营收总额		63213880

数据来源：郑州市工商联、武汉市工商联

而武汉，关键词除了建筑业之外，还有医药业。武汉民营经济最强的板块，其实是技术含量相对较高的生物医药业。另外武汉还有金融、能源、电子公司进入榜单。比起郑州，武汉的头部民营企业更具有现代化色彩。

所以，郑州在民营经济上的差距，并不仅仅体现在“规模”上。

武汉走“东亚模式”

武汉这座城市很有特色，它可以说是中国逐步走向后工业化时代的今天，最具有“东亚模式”气质的城市。

我们先来看一组数据。2018 年，武汉市完成进出口总额共 2146 亿元，其中出口额为 1272 亿元，这个水平，同广东一个四五线城市江门差不多（1123 亿元）。

其实，武汉完全有条件做到沿海城市的水准。作为九省通衢，武汉扼住千里黄金水道长江的咽喉，运输网络发达。20 世纪后半叶，集装箱引起了航运物流的标准化革命，使得工厂不必为了节省成本而集聚在沿海地区，内陆也得到了发展外向型经济的机会。

但是，郑州的出口依存度可以达到 25%，排名全国第十六位，同郑州的 GDP 排序保持一致。而武汉的出口依存度却只有 8.5%，远远落后于其他特大城市。从这个数据来看，武汉是一座非常内向型的城市。

历史上的武汉，可不是这样。

自清末洋务运动以后，武汉的工商业不断繁荣。民国期间，武汉是中国第三大城市，被誉为"东方芝加哥"。

史料记载，作为中国 5 个通商口岸之一，汉口港的国内外出口船只一度接近万艘。其商贾云集，舳舻千里。

曾经的武汉，对外进出口贸易额长期位居全国第二。为什么今天的武汉，变得如此内向？

原因就在于经历过计划经济的洗礼后，武汉越来越习惯和受益于通过政府的有形之手，自上而下注入势能。

不管是 20 世纪的"中国钢城"，还是 21 世纪的"中国车都"，武汉在中国工业版图上的重镇地位，背后都有行政力量的重要作用。

权力深刻塑造了武汉的城市性格，也定调了武汉的发展轨迹。

第一，在中部六大省会中，唯有武汉被赋予副省级城市地位，行政级别高，虹吸效应、黑洞效应也更强。

像中国葛洲坝集团有限公司就是从宜昌搬过来的，东风从十堰搬来，中国三江航天集团从孝感搬来……

2006 年湖北省社会科学院长江流域经济所所长秦尊文调查发现，湖北全省 163 家上市后备企业中，95% 计划近年内将总部迁至武汉。无怪乎有人说，"穷全湖北之物力，成大武汉之威名"。

表 5-11　武汉省会城市首位度排名全国第五

省会	GDP（亿元）	所在省份 GDP（亿元）	首位度
长春	7085	15075	47.0%
西宁	1286	2865	44.9%
哈尔滨	6301	16362	38.5%
成都	15343	40678	37.7%
武汉	14847	39367	37.7%
拉萨	528	1478	35.7%
西安	8350	24438	34.2%
兰州	2733	8246	33.1%
海口	1511	4832	31.3%
长沙	11003	36426	30.2%
昆明	5207	17881	29.1%
合肥	7823	30007	26.1%
贵阳	3798	14806	25.7%
乌鲁木齐	3060	12199	25.1%
沈阳	6292	25315	24.9%
杭州	13509	56197	24.0%
南昌	5275	21985	24.0%
广州	22859	97278	23.5%
太原	3884	16818	23.1%
福州	7857	35804	21.9%
郑州	10143	48056	21.1%
南宁	4132	20353	20.3%
石家庄	6083	36010	16.9%
呼和浩特	2904	17289	16.8%
南京	12820	92595	13.8%
济南	7857	76470	10.3%

数据来源：各省统计局

第二，它造就了武汉"国强民弱"的经济结构。根据智谷趋势的统计，武汉前 15 强企业当中，国有企业占了 80%。

表 5-12　武汉前 15 强企业名单

序号	企业名称
1	东风汽车集团有限公司
2	中国建筑第三工程局有限公司
3	中国宝武武汉总部
4	中国葛洲坝集团有限公司
5	九州通医药集团股份有限公司
6	卓尔控股有限公司
7	中国铁路武汉局集团有限公司
8	中铁十一局集团有限公司
9	中交第二航务工程局有限公司
10	中国石油化工股份有限公司武汉分公司
11	武汉金融控股(集团)有限公司
12	山河控股集团有限公司
13	武汉国有资产经营有限公司
14	武汉武商集团股份有限公司
15	中百控股集团股份有限公司

数据来源：武汉市工商联

两个因素注定武汉会走上内向型的发展道路。一则海外风险大，不愿意出去。国有资产本身就保守，极度追求稳定；二则国内有市场，不想出去。依靠国有经济的优势地位，日子过得还安稳，在国内有人接盘，没有动力出海开疆辟土。你想一下，潮汕帮为什么能垄断东南亚多个国家的富豪榜？这个跟潮汕"七山二水一分田"的地理环境有很大关系，向内无开拓空间，只好向外扩张。

"东亚模式"托起了武汉，其实有好有坏。

坏的地方是，经济活力有些僵化，比不上深圳、杭州。据澎湃新闻报道，2010年烽火通信公司想建设一座研发大楼，办完所有审批证件需要经过248道手续，共计518个工作日。为了工作方便，企业被迫做了一个迷宫式的流程图。这还是武汉当地的大牌企业，不知名的小微企业会遇到什么样的遭遇可想而知。

好的地方在于，追赶速度很快，可以实现跨越式发展。当前中国正在进一步对标国际通行规则，深化自贸区实验，降低市场准入门槛，取消诸多领域股权比例限制。贸易和投资更加自由化后，中国的本土产业将面临更为激烈的国际竞争。

举个例子，贸易战打响后，特斯拉"超级工厂"马上就被允许独资落地上海浦东，预计2019年底投产Model 3。特斯拉的中低端产品不用交关税，就能直接在国内市场销售，特斯拉的到来对于中国的新能源汽车可以说是降维打击。

在这种情况下，国家意志必然会出手，去扶持体制内的创新力量。而且市场经济本身并不是万能的，也有失灵的时候，尤其是在投资大、回收慢、风险高的高精尖产业，民营资本并不愿意进入。如果没有国家意志的大力引导和扶持，这些体制内的创新企业几乎不存在弯道超车的先例。

纵观二战后的工业史，日本的存储器、韩国的液晶面板、中国台湾的芯片制造，之所以能够打败先发国家挤占高端领域，就是因为有行政力量的强力介入和干预。这种"东亚模式"，是后发国家/地区成功追赶世界前沿产业水平的关键密码。

而武汉布局的电子信息产业、汽车产业等领域的公司，恰好很多都是国企。这些企业在"中国制造"崛起过程中肯定是受益的。

2018年，河南省的GDP为48055亿元，常住人口为9605万人，湖北省的GDP为39366亿元，常住人口5917万人。河南省无论是GDP，还是人口，都远远超过湖北省。不过，郑州要追上武汉，极难极难。

因为武汉比郑州厉害的地方，不在于同样的产业武汉更"大"，而在于同样的产业武汉更"新"。

就像前文所说的，这种特性决定了武汉能拿到更多资源：来自国开行的长期低息贷款，国家产业投资基金的投资，各大部委的支持，中央的关照……

今天全球技术的更新速度，实在是太快了。新技术的出现，往往会对基于旧技术的产业形成毁灭性的颠覆。

《光变》一书中提及，在 CRT 显像管技术时代，中国曾花二十多年时间，通过购买技术转让、合资的方式，建立起全球规模最大的彩色电视工业，95% 的价值链在本土生成。2007 年液晶显示器技术兴起后，中国彩色电视工业被杀得片甲不留，八大彩管厂纷纷萎缩倒闭，价值链的 80% 又再度转移到国外，中国沦为加工厂，赚取微薄的加工费。

所以，只有布局好下一代产业，城市才有未来。对武汉是这样，对中国也是这样。

在这场中部崛起的大戏中，长沙不是国家中心城市，只是一个普通地级市，得到的政策不如武汉；合肥的体量只有武汉一半，要填上这个沟壑还需要很长时间。太原、南昌就更不用说了。

至少未来十年内，武汉作为中部龙头的地位，不可动摇。

第六章　生娃，就是为国办大事

中国的房价开始"吃"小孩了

黄汉城

中国的房价已开始"吃掉"可能出生的小孩子了。这不是危言耸听，而是实实在在发生的事。

2019 年 1 月 14 日，浙江人口第二大城市温州公布了出生人口数据：2018 年，该市总出生人口 96903 人，同比减少了 15.7%，十年来首次低于10 万人。

数据最吓人的地方在于，这里是中国最富裕的城市之一，也是浙江最敢生、最能生的城市，出生率长期位居全省十一个城市之首。如今，连这个一向秉持"多子多福"观念的"东方犹太人"群体，也开始生不动了。

当年温州炒房团带给全国的痛处，今天正在加倍地返还给温州人。有钱人外迁，没钱人逃离……

由炒房暴富所带来的生育冲动，如今正被熄火的楼市击得粉碎。一饮一啄，似有定数。

在这个人口"通缩"的新时代里，资产价格之间的逻辑正在悄悄发生着变化。每一个中产阶级的资产配置，都必须开始认真地考虑腾挪置换了，否则下一步迎面而来的，谁知道是不是一波巨浪？

一步错，便是步步错。

一度是超生重灾区

过去，温州长期是浙江省的超生重灾区，中华人民共和国计生干部仕途的"终结地"。

表 6-1　浙江省各市出生率情况

年份	2007	2008	2009	2010	2011	2012	2013	2014	2015	2016	2017	平均出生率（％）
杭州市	7.99	8.23	8.45	8.76	8.44	9.22	9.09	10.10	10.60	11.10	12.50	9.50
宁波市	8.48	8.71	8.87	9.26	8.53	8.98	8.88	9.00	9.10	9.70	10.00	9.05
温州市	13.55	13.81	13.73	13.71	11.88	12.61	12.36	12.50	12.50	13.20	13.70	13.05
嘉兴市	7.95	8.20	8.34	9.56	8.91	9.67	9.60	10.40	10.50	11.30	11.70	9.65
湖州市	8.09	8.17	8.35	7.82	7.30	8.06	7.98	9.00	8.70	9.50	10.40	8.49
绍兴市	8.10	8.08	8.20	7.47	7.55	7.94	7.94	8.10	8.20	8.60	9.20	8.13
金华市	10.88	11.09	11.15	11.53	10.50	11.13	11.02	11.20	11.30	12.40	13.30	11.41
衢州市	10.15	10.12	10.04	9.46	9.44	10.27	10.20	10.30	10.50	11.30	12.60	10.40
舟山市	6.08	6.11	6.06	7.25	6.94	7.89	7.85	8.10	8.20	9.30	9.70	7.59
台州市	11.88	11.96	11.94	11.17	10.86	11.25	11.15	11.30	11.50	12.10	12.60	11.61
丽水市	11.82	11.88	11.81	10.59	10.61	11.35	11.29	11.40	11.20	11.80	12.80	11.50

数据来源：各地统计局

　　据 2008 年新华社报道，当年温州一市总人口约占浙江省的六分之一，但违法生育人数却占全省 1/2 左右，特别是富人、名人超生现象突出。乐清的一个土豪企业主就为超生缴纳了 101 万元的"天价"罚款。根据智谷趋势的统计数据，从 2007 年至 2017 年，温州的平均出生率高达 13.05%，冠绝全省。

　　温州人这么喜欢生小孩，不是无缘无故的。

　　在 20 世纪改革开放的大浪潮中，温州人先知先觉，敢为人先，发展起民营经济，率先积累了第一桶金。住房市场化后，敏锐的温州人开始组团出击，暴击全国楼市，房子不是一套一套地买，而是一层一层、一幢一幢、一片一片地买。

　　多少人的财富在一片争议中扶摇直上。有些炒房客腰挂 60 把钥匙，每天唯一的工作就是挤着公交，挨家挨户收租金。

　　这里豪车遍地，有钱人众多，宗族文化又保留得比较好，哪有辛辛苦苦赚了钱交给外人管理的道理？生子承业自然就成为一种合乎情理的强烈愿望。

更何况，温州人素有"东方犹太人"之称，商业版图遍布海内外，要在一个完全陌生的地方发展壮大，也需要血缘关系的纽带，所以续香火的传统观念格外突出。

那可真是一个梦幻般的黄金时代啊！

温州人不仅在生育战场上生龙活虎，在楼市里也是大开大合，气宇轩昂。

几乎所有的温州企业都直接或间接涉足房地产投资，很多小老板靠着熟人集资、借贷、抵押工厂，加了杠杆组团冲进房地产。

他们抄完外地之后开始抄老窝，短短几年内温州房价就翻了好几倍，市区商品房的均价飙至三四万元，最贵的楼盘甚至抄到了 9 万元／平方米。顶峰时期，这里的房价秒杀帝都、魔都。

只要有房在，温州人就发挥"一不怕苦、二不怕累"的浙商精神，鼓足干劲地生。谁叫爷就是有钱！富人罚着生，穷人偷着生。天皇老子也拦不住温州人的"洪荒之力"。

新生人口拐点，出现在 2011 年 6 月。

由于欧债危机发酵出口承压、房地产调控持续收紧等因素，温州的民间高利贷泡沫连环破裂，房价雪崩式下跌，直接蒸发了 20%—40%。第二年，出生人口也开始应声减少。

从图 6-1 我们可以看出，温州的出生人口与房价走势两条曲线高度吻合，这种微妙的关系很难说是一种巧合。

2011 年 6 月之前，温州房价一路上涨，出生人口也跟着水涨船高。或许可理解为，当时市场预期好，资产的不断增值膨胀给予大家充足的信心，房价再虚高也不算高，温州人敢生能生。

2011 年 6 月之后，温州楼市一地鸡毛。可能是因为怀胎十月的滞后性，出生人口延迟至 2012 年 6 月才开始坠崖。消化了这一波后，大家就不敢放肆生了。此时，所有人都是杠杆缠身，就算房价"低至"两三万元也算高，成为生育路上的拦路虎。

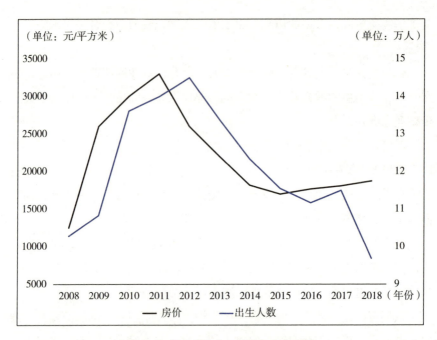

图 6-1　温州出生人口数量与房价走势

数据来源：温州统计局、安居客

时至今日，在温州低迷的楼市中，房价仍是温州人最好的避孕药。

根据相关数据显示，2017 年，温州全市出生人口中二胎占比为 38.53%，2018 年该比例上升到 55.92%。生二胎的人比生一胎的人多得多，这本身透露出一个巨大信号。

那些已育的 70 后、80 后，因为早几年买票上车，今天才有底气接棒生娃。而不少婚后适育的 85 后、90 后没有生一孩，似乎已是力不从心。

没有一张房产证，哪来的勇气要准生证？

富人和穷人集体跑路

纵观近几年的数据，能看出温州的出生人口有所波动。

2017 年温州因全面二孩政策的落地，出生人口止降反升，达到了

11.4985 万。不过，还没来得及喘一口气，2018 年出生人口又向下俯冲了 15.7%，其幅度之大，堪称断崖。

为什么会出现这样一种状况？

除了政策刺激的消退之外，还有一个不能说的秘密。

这几年，温州跟全国的三、四线城市一样，拉开了轰轰烈烈的棚改运动。尤其是 2016 年鹿城发生了农房倒塌的重大事故，使得该市的大拆大建更为坚决。

一大批危旧房、家庭小作坊和违法棚屋，消失在铲土机下。两年时间里，至少拆了上百个村，也改变了无数外来务工人员的命运。

表 6-2　全国房租排行榜(单位: 元 / 月·平方米)

排名	城市	2018 年 8 月租金	排名	城市	2018 年 8 月租金
1	北京	94.23	17	海口	33.92
2	深圳	78.75	18	宁波	33.52
3	上海	75.31	19	武汉	33.06
4	杭州	55.33	20	成都	32.55
5	广州	53.37	21	乐东	32.47
6	陵水	49.41	22	苏州	31.06
7	三亚	46.23	23	青岛	30.57
8	南京	45.27	24	舟山	30.41
9	厦门	43.40	25	重庆	29.83
10	万宁	37.47	26	南宁	29.75
11	温州	36.89	27	东方	29.72
12	大连	36.44	28	兰州	29.22
13	福州	36.04	29	汕头	29.15
14	天津	35.80	30	郑州	29.12
15	哈尔滨	35.11	31	台州	29.01
16	珠海	34.71	32	济南	28.97

数据来源：禾略研究院

原本，这些棚户房就被从云南、贵州、江西等地过来的农民工视为第一落脚点。他们以此为根据地，一边吃着辣椒，一边托起了温州的劳动密集型产业，向全世界输出打火机、制鞋、服装、眼镜。

拆旧运动开始后，很多外来人口不得不想办法挪窝。

但是要知道，温州的房价高，租金自然不会便宜到哪里去。这个城市的 GDP 只有 5000 多亿，单位房租却能排到全国第 11 名，远超 GDP 万亿俱乐部的成员天津、武汉、成都、重庆。

原本花一两百块就能盘下一间民房，如今要多花一千块，去租那些带有保安的小区商品房。租房成本大涨，逼迫底层外来人口开始逃离。

数据显示，2017 年温州市三区常住人口同比减少 0.32%，暂住人口同比减少 10.3%。连带着，这里的辣椒成交量都开始跌出"十大蔬菜"排行榜。

原本只发生在北、上、深一线城市的棚改后遗症，如今也落在了这座房价畸形的城市，而且症状同样明显。

人口外流，自然会带来育龄妇女人数的减少。而育龄妇女的减少，必然会导致出生人口的缩减。

2018 年 5 月 18 日，温州房地产行业协会召开会员大会。华远集团原总裁任志强作为嘉宾发表了《房地产发展趋势》的主题演讲，他在痛批当地楼市同时，还透露出一件令人震惊的事情："温州大部分有钱人都外迁了，财富也被带走了……"

高净值、低生育率的富人跑了，低净值、高生育率的穷人也跑了。这样一看，2018 年的生育率坠崖式下跌，似乎也就不奇怪了。

当年温州炒房团带给全国民众的痛楚，今天正在加倍地返还给温州人。

当年的狂欢，注定会酿下今日的苦果。

三、四线棚改房恐成烫手山芋

房价，正在"吃掉"中国的一个个小孩。它在肢解中国人的生育系统时，也在重塑着中国的版图：

在北方，474 万常住人口的廊坊，2018 年上半年出生 6.4 万人，比 929 万常住人口的青岛还要多生出 1.9 万人。

在长三角，491 万常住人口的宿迁，在 2018 年上半年比 800 万常住人口的宁波还要多出生 6768 个新生儿。

……

毫无疑问，中国已经走入了人口"通缩"的新时代。

官方曾预测，全面二孩政策实施后，2017 年至 2019 年全国新生人口数最低将达到 2023 万、2082 万、1982 万。

但真实的情况却非常糟糕。2017 年中国实际出生 1723 万，比最低预测少了整整 300 万。2018 年出生人口 1523 万人，比上年减少 200 万人。

今天在神州大地上所出现的性萧条、低欲望社会、结婚延迟、丁克家族等现象，穿透到底，背后都有房价这个若隐若现的黑手。

世界老大美国的生育率低于世代更替水平，还能持续保持国家生命力，靠的是源源不断的外来移民。

未来的中国也是如此，只有那些能够像抽水机一样虹吸外来人口的城市，才会有前途，房价才不会坠入下行通道。

2017 年北京常住人口规模出现了 20 年来的首次负增长，之所以官方称之为"京津冀协同发展的重要成果"，还进一步设置雄安新区、通州副中心来持续疏解城区人口，是因为北京的磁吸效应太强了。

除北京、上海这两座超一线城市之外，中国绝大多数区域都没有这样的底气。

所以我们才会看到，近来济南"吞"了莱芜，成都代管简阳、合肥拆分巢湖，各地都在搞强"市"扩张，以壮大人口规模。

城市之间的抢人大战，抢的不是人，是城市的未来。没有人哪来买房的需求，没有买房的需求土地哪能卖得这么贵，土地不卖得这么贵，财政哪来的钱……环环相扣，造成了一个难解的地方财政困境。

未来，城市的马太效应会越来越明显。强者愈强，弱者愈弱。资源都会集中在少数几个城市。而那些人口净流出的三、四线城市，会加速掉落停滞陷阱。那些因为棚改效应而价格飙涨的房子，也恐成烫手山芋。

　　资产配置的逻辑变了。所有人都必须赶在大变局之前，腾挪置换。否则当年搭上历史进程所吃进去的东西，今天都得套牢在里边。

　　生育与楼市分别坐在跷跷板两端，你高我低。

房价终结婚姻，人口滑坡之后再迎家庭崩解？

刘春萍　林小琬　黄汉城

"中国家庭在飞速崩溃，中国婚姻在火速终结！"——继人口雪崩之后，社会舆论又发出了惊天一叹。

2018 年，中国的结婚率再创历史新低，每 500 个人中，只有 14 个人结婚。而离婚率却连续 16 年节节攀升，2002 年每 7 对夫妻中只有 1 对离婚，到了 2017 年，每 3 对夫妻中就会有 1 对离婚。

传统婚姻制度受到剧烈冲击。是什么样的洪荒之力，能在这么短的时间内扭曲了中国的社会结构？

种种矛头，指向了房地产。一线城市异常涌动的离婚潮，与高歌猛进的房地产之间的荒唐关系，始于"限购"。

历史总是惊人地相似。60 年前，中国人为了分到一套房子而匆忙结婚，60 年后，中国人为了能多买一套房子而排队离婚。

一线城市，离婚重灾区

比不结婚更可怕的，是全国上下正在掀起一股离婚潮。

成千上万家庭组成的多米诺骨牌，正以脱缰之马的速度接连倒下。中国人步入围城的速度，已经远远赶不上工本费 9 元一本的离婚证的印制节奏了。

2018 年，北方离结率又一次刷新人类社会底线，每结婚 100 对夫妻就同时有 60 对离婚。谁能想到，号称最有道德观的泱泱大国，竟然有超过六成的夫妻宣告单身快乐。

表 6-3　2018 年各省离、结婚情况（单位：对）

排名	城市	结婚	离婚	离结率
1	黑龙江	278195	175566	63.11%
2	天津	97486	60742	62.31%
3	吉林	193094	119928	62.11%
4	辽宁	280169	151832	54.19%
5	重庆	258782	136193	52.63%
6	上海	105112	51820	49.30%
7	北京	137818	66616	48.34%
8	内蒙古	176866	80295	45.40%
9	湖南	421551	181539	43.06%
10	河北	456728	194276	42.54%
11	四川	651295	267365	41.05%
12	湖北	437374	176851	40.43%
13	江苏	637705	245720	38.53%
14	浙江	337096	129434	38.40%
15	山东	599042	224523	37.48%
16	河南	800396	282511	35.30%
17	安徽	617942	210244	34.02%
18	福建	273471	91544	33.47%
19	陕西	300405	100174	33.35%
20	江西	330817	107403	32.47%
21	贵州	401276	120679	30.07%
22	广西	360152	107351	29.81%
23	宁夏	59355	17264	29.09%
24	新疆	151654	43879	28.93%
25	广东	713856	203099	28.45%
26	云南	377567	107399	28.45%
27	山西	279133	70803	25.37%
28	海南	72063	16604	23.04%
29	青海	57332	12210	21.30%
30	甘肃	210611	40866	19.40%
31	西藏	33923	4144	12.22%

数据来源：民政部

　　跨入 21 世纪，越是发达的城市离婚率越高。尤其人口超一千万的北上广深，正沦陷为离婚重灾区。

　　以北京为例。从 2006 年开始，北京市的粗离婚率（每 1000 个人里面离婚人士的对数）直线飙升，从 1.5‰上涨到 3.2‰，翻了 2 倍有余。

　　可能有人会说，数据上升是正常的，毕竟那些"假装"生活在帝都的人们，生活压力比在十八线小县城大多了。

　　面对着猝不及防就会砸在头上的裁员信，面对着动不动就 996 的加班制度，面对着一不留神就被"挤怀孕"的下班路，中产阶级是一地鸡毛，心力交瘁。应付完股灾、应付完直销骗局，哪还有工夫维持一个家庭的和和美美？

　　表面来看，这说法似乎有一定道理。

　　但是，同样是东亚文化圈，同样是"社畜"遍地的国际化大都市，为什么东京、首尔却和北京大不相同？

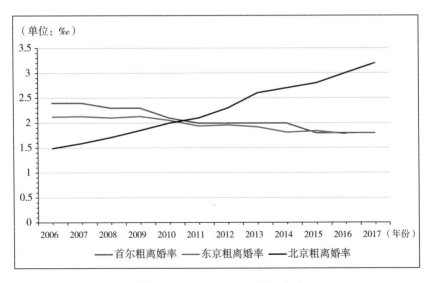

图 6-2　北京、东京和首尔粗离婚率对比

数据来源：国家统计局、韩国民政厅、东京统计局

从 21 世纪开始，东京和首尔的粗离婚率就以平稳的速度缓慢下滑，而北京的却急速上升。到 2010 年，北京的离婚率首次超过东京、首尔，正式与二者分道扬镳，差距越拉越大。

这种趋势，无疑透露出一股吊诡气息。同样是生活高压，为什么东京和首尔的粗离婚率向下走，北京却是向上走？

放眼全球，离婚率较高的国家大多是囿于贫困、风俗。怎么到了中国，经济发展水平越高，婚姻反而更加脆弱，想离就离？

背后的原因，指向了房地产。

楼市越热，假离婚越多

同样拿最靠近核心价值观的城市来观察，北京。

在 2009 年的时候，北京的离结率为 22.87%，还处在 21 世纪以来较低的位置。短短几年之后，2016 年离结率飙到 64.04%，几乎是 2009 年的三倍。

离婚是闲得无聊闹着玩吗？当然不是，这可是经过严密计算后的经济策略。如果离婚能让一个家庭多出一个在北京买房的名额，你离不离？如果离婚能让家庭账面上多出 80 万元的收益，你离不离？

如果答案是肯定的，那就请大家欣赏一场由北京带来的荒诞现实流表演：《房价终结婚姻》。

2010 年之前，北京还没出台"限购"政策，二手房交易量与离婚率看不出正相关关系。交易量大，离婚率可能低也可能高。

2010 年之后，两者的关系一下子就亲近了。2010 年 4 月 30 日，北京规定一个家庭只能新购一套房，意思就是不管一个家庭以前有多少套房，以后只能再多一套房。2011 年新国八条又将"N+1"升级为"1+1"模式，每个家庭最多只能有 2 套房。

此限购政策一出，很多已婚人士的情绪就不稳定了。

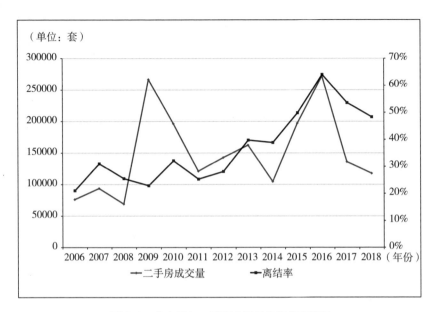

图 6-3 北京历年二手房交易量与离结率情况

数据来源：民政部、北京统计局

　　我们知道，1998 年房改之后，北京的房价一路上涨，而且越是调控，北京的房子就越值钱，越会迎来报复性的疯涨。就连朝阳区的卖场阿姨都坚信，投资北京，人生绝不会出错。

　　楼市冷的时候大家都处于观望状态，不去折腾购房名额的事情。楼市要是发烧，很多人就会冲向民政局的政务大厅，赶紧假离婚，抢先下手买一套再说，怕房价再涨下去以后就买不起了。有的是为了获得更多的财富增值，拼命钻漏洞搞房产投资；有的是要给来北京定居的退休父母买养老房；还有的是给要上学的孩子买学区房。

　　所以，2010 年之后，凡是离婚率低的时候，二手房交易量就会跟着下滑。离婚率高的时候，交易量就会跟着上去。二者之间相互纠缠，一发不可收拾。

　　用一句话总结，就是——楼市热，去离婚；楼市冷，不折腾。

　　虽然我们不能简单地下结论，说离婚率是限购政策抬上去的，但限购确实作出了自己那一份"历史性贡献"。

我们来看上海。魔都同样执行严格的限购政策，调控措施几乎与北京同步，而离结率方面也是紧紧跟随北京步伐，二者惊人一致。

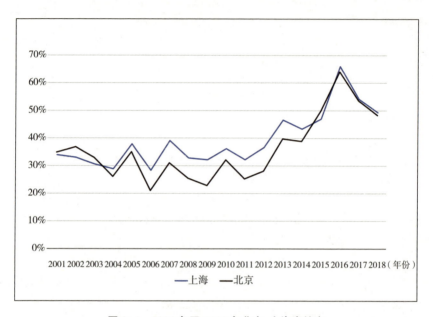

图6-4 2001年至2018年北京、上海离结率

数据来源：国家统计局

从2009年至2018年，每次北京离结率涨的时候，上海跟着涨。北京跌的时候，上海跟着跌。这难道是一种巧合？

显然不是。

少奋斗十年

从2010年限购到2016年"930"新政这段时间里，"假离婚"能让很多一线城市的家庭获得更多收益。

《经济参考报》曾报道过，在北京贷款买房，首套房享受最低85折利率，二套房则是基准利率的 1.1 倍。若以贷款 300 万元算，离婚买房，支付的利息约为 226 万元，不离婚买房则需支付约 306 万元。

一次"假离婚"，就能少付 80 万元，相当于一个底层职工不吃不喝工作 10 年的工资。凡是有点经济头脑的夫妻，都会作出"假离婚"的选择。

在其他的发达城市，也有些人是为了拿拆迁款（多几套房）而选择集体离婚的。

2017 年，南京高新区有一个村搞拆迁，全村 160 多对夫妻，上至八十多岁老两口、下至刚结婚不久的小夫妻，90% 都离了婚。

记者采访村里一位 78 岁的离婚大爷："这样做不怕闹笑话吗？"大爷双手背在身后，悠然自得地答道："一百岁也照样离。"

因为离婚的好处可多了，多出来一户，就能多拿 70 平方米的房屋面积，以及 13.1 万元补偿款。

如果你还不愿意相信是房子左右了中国人的婚姻，我们可以再看两个数据：

一组数据显示，2017 年中国人去法院办理离婚的比例从 2010 年的 25% 降到了 15%。越来越多的夫妻，和和美美地走进民政局领离婚证，很可能就是已经谈好了为买房"和平分手"，所以不需要法院介入调解。

另一组数据显示，2000 年与原配偶复婚的只有 5.78 万对，2016 年飙升到了 39.85 万对。很可能是事情办好了，夫妻双方又可以重新在一起了。

针对离婚买房，网上此前还热传过一个"有问必答"。

问：我是已婚 MM，在本市市区有小套房，现在想换套大房子，把小房送给父母，但是咨询了一下，过户费太高了。请问怎么减免相关费用呢？

某律师回复：与老公离婚，房产给老公，房产证去掉你的名字；爸妈离婚，老公和老妈结婚，房产证加老妈名字；老妈和老公离婚，房给老妈，去老公名字；然后各自复婚，房产证加老爸名字。如此操作，结婚共 3 次，工本费每次 5 元，共 15 元；离婚共 3 次，工本费每次 9 元，共 27 元，总计 42 元，省去过户费，且获首套房优惠政策。

段子越幽默，越折射出婚姻的扭曲。

金钱上获益了，道德的包袱却丢得一干二净，甚至还发生"夫妻为买房假离婚、妻子拒绝复婚被丈夫割喉"的惨案。

多少荒唐事，尽藏楼市中。

被房子挟持的一生

其实，历史是惊人地相似。

在今天的市场经济时代，中国人为了一套房而离婚。在 60 年前的计划经济时代，中国人也曾同样为了一套房子而结婚。

20 世纪 50 年代，神州大地上正在进行一场轰轰烈烈的大改造，举国上下都希望早日把落后的农业国改造成工业国。

当时中国"收割农村，反哺城市"，大力发展重工业，对于住宅建设的投入非常少。而彼时"计划"是唯一的通行证。小到一粒米，大到一套房，统统都由行政的力量分配。由于住房紧缺，一大家子十几口人挤在一间小房里的比比皆是。

例如上海，当时最流行的住房样板是"筒子楼"，几户人家共同使用厨房、浴室，一点隐私都没有。

随着人口不断膨胀，城镇居住环境不断恶化。据《安徽日报》报道，1950 年至 1978 年中国人均居住面积由 4.5 平方米缩小到 3.6 平方米，房屋稀缺达到了 869 万户，占当时城镇总户数的 47.5%。

当代中国人的房子梦或许就是从那时候开始的。

当时政策规定，城镇职工只有结婚后，才能享受分房福利。如果你是单身，一般来说只能和别人挤宿舍，再有钱都没用。那时候，很多人内心都会一种憧憬，早点结婚！

所以，说不上什么喜结良缘，当时为了房子而草率结婚的事，时有发生。

六十年沧海桑田。中国变了很多，有些东西又似乎没变。

每个人的命运沉沉浮浮，背后总有一只手从未离开。

藏在 1000 个数据背后的真相：珠三角超越长三角已无悬念

史哲

在研究了 1000 个数据后，我们得出如下几个基本判断：

1. 中国人口老化已经十分严重，不可阻遏；
2. 经济头部地区之一的长三角，衰老速度惊人，未来有隐忧；
3. 中国区域竞争将由人口结构决定，人才竞争将会愈发惨烈；
4. 头部地区之争，年轻的珠三角希望最大。

中国最年轻的时候

哪一年，中华人民共和国最年轻？这个问题会让大多数中国人一脸蒙。

答案是 1964 年。1963 年是中国人口生育率最高的年份，当时一个妇女平均要生育好几个孩子。由此，1964 年也是中国人口年龄结构最年轻的一年，老年人占总人口的比例不足 4%，14 岁以下人口超过 40%。

从 1964 年开始，中国就开始持续"变老"。

迄今，半个多世纪过去了。

中国现在有多老？

哪里年轻点，哪里老些？

老化程度和财富、智力分布密集度是否有关？

未来十年、二十年，中国最有发展后劲和提升空间的地方究竟在哪？

这些问题对普通人有意义吗？我们用房子来做个简单说明。房子是中国家庭当下最重要的资产，而多余的房子没人买那就是一堆砖头，这些问题至少可以告诉你：你的房子未来有没有接盘侠，以及有多少接盘侠。

尤其是在中国加速变老、地区分化明显的当下。所以，在综合考虑财富、智力分布的前提下，一般而言，越年轻的地方也就越有后劲。

中国城市年龄之最

判断一个社会是老年型社会，国际上一般有四个标准：0—14岁少儿人口比重在30%以下；65岁以上老年人口比重在7%以上；老年人口数与少年儿童人口数的比值在30%以上；年龄中位数在30岁以上。这些标准不需要同时符合，一般而言只要符合其中一项即可"定型"。本文采用前三个标准。

表6-4　人口结构国际标准

年龄段	国际标准		
	年轻型	成年型	老年型
0-14岁少儿人口比重	40%以上	30%—40%	30%以下
65岁以上老年人口比重	4%以下	4%—7%	7%以上
老少比	15%以下	15%—30%	30%以上
年龄中位数	20岁以下	20岁—30岁	30岁以上

数据来源：WHO官网（世界卫生组织）

从人口年龄结构来说，中国一、二线城市中的四级分别是[①]：

---

① 文中数据主要来自各地年度1%人口抽样调查、国民经济与社会发展统计公报以及城市年鉴。其中，黑龙江、吉林、山东、浙江等省的个别城市数据没法找到，最终是通过官方公布的如人口抚养比等数据倒推出来的，难免有一些偏差。比如说乌鲁木齐，其数据偏差可能最大。

尽管人口数据是一项基本信息，但各地并不必然每年都会公布，我们很难在同一个年份下考察所有城市。所以，我们的研究范围扩展至2015、2016两年。不过，还好主要数据是百分比，倒不影响结论大方向。

由于分析领域甚为细分，数据获取难度大增，我们据此最终圈定了2016年的一、二线城市：

一线：北京、上海、广州、深圳

二线：天津、杭州、南京、苏州、成都、武汉、西安、长沙、沈阳、郑州、青岛、大连、宁波、重庆、东莞、厦门、福州、无锡、合肥、昆明、哈尔滨、济南、佛山、长春、温州、石家庄、南宁、常州、泉州、南昌、贵阳、太原、烟台、嘉兴、南通、金华、珠海、惠州、徐州、海口、乌鲁木齐、绍兴、中山、台州、兰州

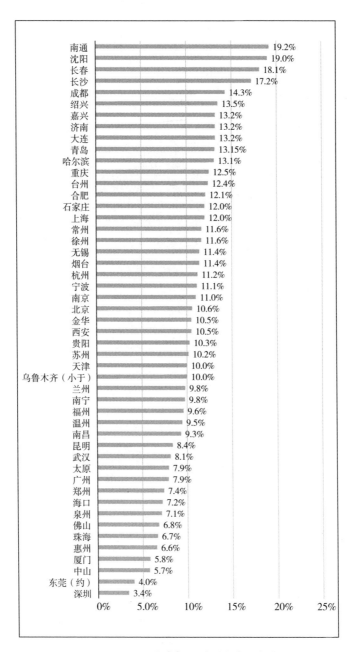

图 6-5　一、二线城市 65 岁以上人口占比

数据来源：各地国民经济和社会发展统计公报

最年轻的城市（老人占比最低）：深圳

最老的城市（老人占比最高）：南通

最没后劲的城市（少年儿童占比最低）：上海

最看不清未来的城市（少年儿童占比最高）：贵阳

这四个之最，估计没有人能全说中。

图 6-5 是一、二线城市老龄化排行榜，按照 65 岁以上人口在常住人口中的占比多少排列，这个标准是中国最常使用的老龄化标准。

按这个标准，深圳和东莞成为 49 个城市中仅有的"非老年型"城市。当然，如果采用 0—14 岁人口占比低于 30% 这个标准，中国城市就全军覆没。这些一、二线是中国经济实力最强大的地方，几乎都老了。

按这个标准，最老的十个城市分别为南通、沈阳、长春、长沙、成都、绍兴、嘉兴、济南、大连、青岛。排名第一的南通，65 岁以上老年人占比接近 20%，每 5 个人就有 1 个年龄超过 65 岁的老年人，想想有点让人不寒而栗。

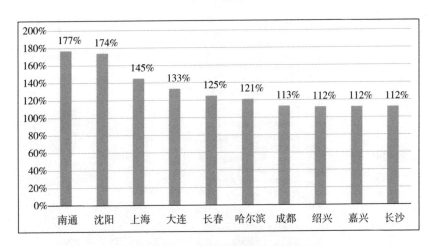

图 6-6　按老少比排列中国最老城市前十名

数据来源：各地国民经济和社会发展统计公报

如果按照"老少比"的标准排出最老十个城市，则是上海和哈尔滨进入榜单，取代济南、青岛。

但无论按哪种标准，南通、沈阳、长春、长沙、成都、绍兴、嘉兴、大连始终位列中国最老的城市行列当中。

年轻多金就是希望

仅从人口年龄结构来看，中国头部城市之争可能已经接近尘埃落定了。

构成中国经济支点的传统三大都市圈分别是——京津冀、长三角、珠三角。

我们观察的 49 个一、二线城市中含有：

京津冀都市圈 3 个（北京、天津、石家庄）；

长三角都市圈 12 个（上海、杭州、南京、苏州、宁波、无锡、常州、嘉兴、南通、金华、绍兴、台州）；

珠三角都市圈 7 个（广州、深圳、东莞、佛山、珠海、惠州、中山）。

就城市经济的均衡发展而言，长三角大于珠三角再大于京津冀，长三角是中国大陆真正接近"均富"的区域，但是一看年龄结构，长三角就有一种深深的无力感。

长三角城市人口结构高度老化，几乎就是除了东北之外，全部一、二线城市中人口老化最严重的地区。

整体计算长三角 12 市，14 岁以下人口占比为 10.8%，65 岁以上人口占比为 12.1%；珠三角 7 市对应的数据是，14 岁以下 13.9%，65 岁以上 5.8%。

也就是说珠三角整体属于"成年型"，而长三角则属于中度"老年型"，平均年龄相差 10—20 岁。

如图 6-7 和图 6-8，两张图的对比不可谓不明显了，长三角与珠三角占据了两端。

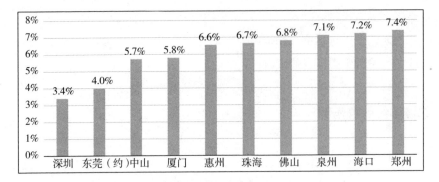

图 6-7 65 岁以上人口占比标准下的中国十个最年轻城市

数据来源：各地国民经济和社会发展统计公报

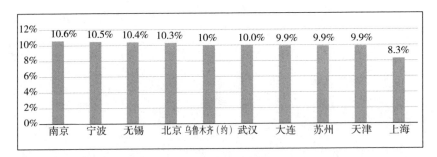

图 6-8 14 岁以下人口占比标准下的中国十个最老城市

数据来源：各地国民经济和社会发展统计公报

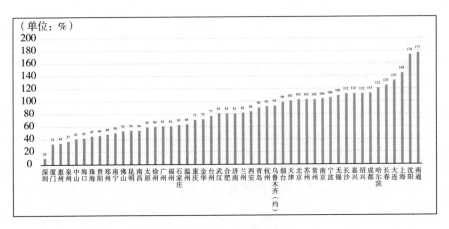

图 6-9 一、二线城市老少比

最年轻的 12 个城市，珠三角 7 市全都在列，长三角一个城市都没有；最老的 10 个城市，长三角有 6 个城市，珠三角一个都没有。

老少比就更直观了。

长三角 12 个城市，除了台州和金华 70% 多、杭州 90% 多，剩下的全超过 100%，南通更是高达 177%，很可能也是全中国之最。

而珠三角 7 个城市，最高的广州仅 61%，也就是说珠三角最老城市比长三角最年轻的城市还年轻。

这个差距意味着，即便长三角的人口结构就此冻结，珠三角也要 10 年才能在老化程度上追上长三角。

这个人口结构意味着珠三角在未来十到二十年的产业规划、布局、工艺传承方面，将会有巨大的优势。

考虑粤港澳大湾区已经成为中央核心战略，那么中国头部地区之争是否算是告一段落了呢？

"双子星" 之争

从人口年龄结构的角度来审视中国众多地区的"双子"之争，也很有意思。

杭州 vs 上海

表 6-5　杭州、上海人口年龄结构对比

	14 岁以下人口占比	65 岁以上人口占比	老少比
杭州	12.2%	11.2%	92%
上海	8.3%	12%	145%

数据来源：各地国民经济和社会发展统计公报

难怪杭州有信心去冲击一线。在上海这个迟暮的"老人"面前，杭州表现出了远胜于年轻人的冲劲，这或许是因为与上海相比，杭州真的很年轻。

考虑到上海的高校比较多，上海初始的创业、生活成本高于杭州，未来的区域内人口流动趋势，恐怕会从上海流向杭州。

广州 vs 深圳

表6-6　广州、深圳人口年龄结构对比

	14岁以下人口占比	65岁以上人口占比	老少比
广州	13.0%	7.9%	61%
深圳	13.4%	3.4%	15%

数据来源：各地国民经济和社会发展统计公报

看表6-6有没有一种既生瑜何生亮的感觉，广州在中国城中已经是相当年轻的城市了。其65岁以上人口占比7.9%，只是刚刚跨过老龄化门槛不久。

奈何深圳更年轻，广州也只有少年儿童这一项数据可以和深圳掰下手腕，靠着人口总量略微领先。但整体上看，还是不如深圳有朝气。深圳65岁以上人口占比仅有3.4%，果然是一个适合发展新兴产业、潮流产业的城市。

目前来看，广州、深圳都属于人口净流入大户，它们之间的竞争主要体现在对外来不同层次人才的吸引性方面。

重庆 vs 成都

表6-7　重庆、成都人口年龄结构对比

	14岁以下人口占比	65岁以上人口占比	老少比
重庆	17.7%	12.5%	71%
成都	12.6%	14.3%	113%

数据来源：各地国民经济和社会发展统计公报

成都老一些，重庆少年儿童多一点，这两个城市还真是有很强的互补性。在区域内部，不排除未来出现重庆人口大规模向成都流动的趋势。

不过，由于这两个城市传统上都属于人口流出大省（市），鉴于回流正在成为一种趋势，所以未来这两个城市相关数据的变化可能会比较大。

武汉 vs 长沙 vs 郑州

表 6-8 武汉、长沙、郑州人口年龄结构对比

	14 岁以下人口占比	65 岁以上人口占比	老少比
武汉	10.0%	8.1%	81%
长沙	11.5%	17.2%	150%
郑州	15.4%	7.4%	48%

数据来源：各地国民经济和社会发展统计公报

这一组城市属于正在崛起的"中部地带"。

从年龄结构上看，郑州的上升势头明显，最具后劲和冲击力。

武汉、长沙各有各的先天不足，但武汉、长沙如果能构建一个城市圈，并且利用产业优势，吸引更多的外来人口，将有很大潜力成长为中部一极。

南方凭什么超越北方

中国各地年龄差异比较明显。整体上看有以下的大致规律：

1. 越往南越年轻，计划生育过去执行好的地方有点吃亏

只看南北两端的东南沿海和东北地区，两种划分标准下的十个最老城市榜单，涵盖了一、二线所有东北城市（4 个），但东南沿海无一城市上榜。

看具体数据，这两端 14 岁以下人口占比一般相差 3%—8%，65 岁以上人口占比反过来又相差 8% 上下，这一消一长之间，差距就拉开了。

4 个东北城市最惨不忍睹的地方在于，14 岁以下人口占比实在太少。除了人口流失的原因之外，就是过去计划生育执行得比较好。

南北之间的华北、长三角地区，其人口结构年轻化、老龄化程度也位于南北之间。

不过，长三角的数据显现出明显异常，前面两张"最老城市"的榜单中出现了上海、嘉兴、绍兴、南通4个长三角城市，导致从北向南的自然过渡顿时不那么自然了。当然，这也有计划生育的功劳。

2. 中西部地区比东部年轻，流动人口制造不确定性

整体而言，中西部地区比东部年轻，当然这个规律得排除掉东南沿海。

以长江作为一个横轴，人口年龄结构从西向东倾斜而下，上游区域的贵阳、昆明、重庆，好于中游的武汉、南昌，好于下游的南京、上海、苏州、无锡等地。

在黄河这条轴线上，西安、郑州就略好于济南、青岛。

在南部沿海地区，广东、广西也好于福建。

但是，"冒泡"的城市真的不少，尤其是偏离长江这条轴，出现"异常"的城市就明显多了。

比如成都少年儿童比例还过得去，但是老年人比例却明显高于一般的中西部城市，不知道这是不是应了"少不入川，老不出川"这句话。

兰州老年人比例不高，少年儿童比例却远低于一般中西部城市，和天津类似；这一点似乎和东北有某种相似之处。

3. 发展水平造成的人口结构常态分布正在被颠覆

这可能是最重要的中国特色。

仅就一、二线城市而言，其医疗条件并无本质差异，所以65岁以上人口占比都不会太低，但经济相对落后地区更愿意生育，所以，常规情况下少年儿童占比应该偏高。

再加上人口流动因素，人们总是更倾向于流向机会、财富富集之地，而流出的人口主要是青壮年，也就是14—65岁年龄段人口，所以小孩、老人占比理论上应该被放大。

而富裕地区，理论上是低龄一端占比不高，而高龄一端占比较高。但

在现实中颠覆这一理论分布的例子也不少。

最典型的就是东南沿海地区，那里是中国改革开放最早的、经济最发达的地区，其人口结构呈现出相对的小孩多、老人少的特征。

可以给出的两种解释：一是外地人愿意去这些地方，而且愿意落地生根、开枝散叶；二是计划生育当年执行得不够坚决。

虽然，我们不知道越来越多的城市加入抢人大战，究竟是意识到城市未来发展的人口瓶颈，还是想着要再度激活土地财政，救急眼前，但是看到一、二线城市的整体状况，我们知道它们抢人是有充分理由的。

但是从各地实际效果来看，那些经济越好或者发展潜力展现越充分的地方，在未来的抢人大战中越会占有先机。所以，类似上海、北京这样的城市一旦放开限制，就会大大改变当地人口结构。

不过，从人口结构来看，中国未来二十年的经济大格局已经被预言了。

杀入"500万俱乐部",越来越难

史哲

2018年,中国人口发展迎来了一个"重大转折"。

据官方数据,截至2017年底,中国(不含港澳台)人口突破13.9亿。"全面二孩政策",这一超级大招仅仅达到了2年的人口"丰收",便在2018归于平淡。

说"丰收"其实还略显勉强,2016年和2017年两年的人口净增,比起之前的几年,只多了三五十万。

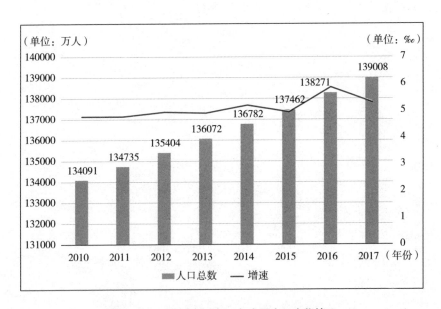

图6-10 2010年至2017年中国人口变化情况

数据来源:国家统计局

中国人口净增曲线无情地验证了人口学者的睿智预言：社会发展达到一定阶段，人口增长不用控制也一定会放缓。

中国在进步，人口这个基本数据没过去那么难统计了，出现两级统计数据"打架"的情况也少了。只有黑龙江、吉林两省的 4 个城市坚持使用"户籍人口"，2017 年乌鲁木齐也加入这个阵营。

那么，2017 年中国人口数据又透露了哪些新秘密呢？

超级城市候选者

本文中所说的"500 万俱乐部"，即"全域常住人口"超过 500 万的城市。

根据国务院 2014 年发布的《关于调整城市规模划分标准的通知》，城区人口超过 1000 万为"超大城市"、城区人口在 500 万到 1000 万之间的为"特大城市"。

如果"全域常住人口"都难以达到 500 万，那么未来几乎没有任何希望跨入"城区常住人口"超过 1000 万的超级城市行列。所以，我们可以将 500 万俱乐部成员称为超级城市候选者。

以 2010 年第六次全国人口普查数据为基准，我们可以发现：2010 年，中国有 88 个城市的全域常住人口超过 500 万；2017 年为 90 个，7 年仅增加两个。

2015 年，安庆、六安因为区划调整退出超级城市候选者序列，当年，亳州、漳州入围，此后又陆续增加了桂林、绍兴。

未来两三年最有希望跻身名单的首推贵阳，贵阳当前常住人口 480 万，近些年基本保持每年 7 万的增加幅度。

还有就是几个 500 万门前徘徊的城市，如孝感、淮安、怀化、宿迁、九江、六安等，它们的优势就是当地新生人口比较多。

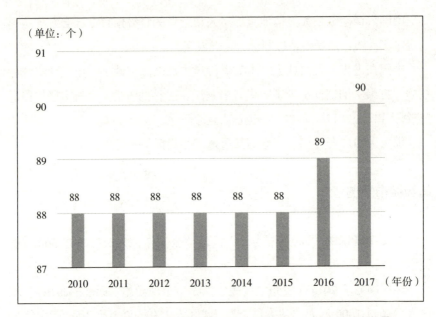

（单位：个）

图 6-11　2010 年至 2017 年全域常住人口超过 500 万的中国城市数量

数据来源：各地国民经济和社会发展统计公报

最后就是四川、湖南、湖北等省户籍人口早就超过 500 万的城市，这些地方有大量人口外出就业，一旦经济下行就会出现大规模回流的情况，那么这里的几个城市也有机会。

不过，从人口增长、流动的角度来分析，这个名单的数量估计没有机会突破 100。

"500 万俱乐部"会比中国人口迎来峰值之年更早停止扩张脚步。

大城市、富城市永远是最爱

很久之前，中国政府就说要控制大城市规模，努力发展中小城市，后来确实有一些效果，但人们无论如何就是偏爱大城市。

从 2012 年至 2017 年，中国人口净增 3604 万人。其中新增人口超过 30 万的城市有 28 个，这 28 个城市总新增人口近 1800 万。

换句话说，中国新增人口中，有一半落在了这 28 个城市。简单想一下就知道，这是相当高的集聚。

而且，这 28 个城市分布地区较为均衡，属于东部沿海传统经济发达地区的有 15 个，中西部地区有 13 个，后者追赶势头十分明显。

表 6-9　2012 年至 2017 年常住人口净增前 12 位变动情况（单位：万人）

年份	2017	2016	2015	2014	2013	2012	5 年净增
深圳	1252.8	1190.8	1137.9	1077.0	1063.0	1055.0	197.8
成都	1604.5	1484.8	1465.8	1443.0	1429.8	1417.8	186.7
广州	1449.8	1404.4	1350.1	1308.1	1292.7	1283.9	166.0
天津	1556.9	1562.1	1547.0	1516.8	1472.2	1413.2	143.7
重庆	3075.0	3048.0	3017.0	2991.0	2970.0	2945.0	130.0
北京	2170.7	2172.9	2170.5	2152.0	2115.0	2069.3	101.4
西安	953.4	883.2	870.6	862.8	858.8	855.3	98.1
郑州	988.1	972.4	956.9	937.8	919.1	903.1	85.0
武汉	1091.4	1076.6	1060.8	1033.0	1022.0	1012.0	79.4
长沙	791.8	764.5	743.2	731.2	722.1	714.7	77.1
曲靖	661.2	608.4	604.7	600.9	597.4	593.6	67.6
杭州	946.8	918.8	901.8	889.2	884.2	880.2	66.6

注：2016 年 5 月经国务院批准，县级简阳市改由成都市代管，因此成都 2017 年常住人口数据增加了简阳的一部分人口，在计算五年净增时需要进行调整。

数据来源：各地国民经济和社会发展统计公报

2012 年至 2017 年，人口增长超过 100 万的有 5 个，依次为深圳、广州、天津、重庆、北京，深圳以接近 200 万居首。

从表 6-9 中我们可以看出，以深圳、广州为代表的珠三角在人口吸附方面展现了历久不衰的吸引力。而紧追第一阵营的赫然是近些年崛起势头明显的"网红城市"——郑州、武汉、长沙、成都、杭州，这些城市在"抢人大战"中表现出色，其人口增长均为 100 万以下、50 万以上。

还有合肥、贵阳这样的网红城市，也不出意料地出现在新增人口 30

万的序列里，它们和临沂、沧州、阜阳这样的城市倒是有点相映成趣。

城市分化加剧

最近两三年，中国人口流向还是发生了很多让人意想不到的变化。

表 6-10　2012 年至 2017 年常住人口净增超 100 万的城市（单位：万人）

年份	2017	2016	2015	2014	2013	2012	5 年净增
深圳	1252.8	1190.8	1137.9	1077.0	1063.0	1055.0	197.8
成都	1604.5	1484.8	1465.8	1443.0	1429.8	1417.8	186.7
广州	1449.8	1404.4	1350.1	1308.1	1292.7	1283.9	166.0
天津	1556.9	1562.1	1547.0	1516.8	1472.2	1413.2	143.7
重庆	3075.0	3048.0	3017.0	2991.0	2970.0	2945.0	130.0
北京	2170.7	2172.9	2170.5	2152.0	2115.0	2069.3	101.4

数据来源：各地国民经济和社会发展统计公报

表 6-10 是 2012 年至 2017 年，中国人口净流入超过 100 万的排名。这其中至少反映了三个深刻的变化。

第一，中国人越来越不喜欢四处迁移了。

最近二三十年，人往城里跑、往沿海跑是主旋律，但愿意跑的人正在飞速下滑。

我们的样本集中了几乎全部的国家中心城市、各区域中心城市。2009 年以前，这 100 个城市的新增人口数与当年全国净增人口数旗鼓相当。

但从 2010 年开始，样本城市新增人口与当年全国净增人口之比开始逐渐下滑。像 2012 年这一比值约为 0.77，2016 年因为小生育高峰降到了约 0.68，2017 年重新回到约 0.76。

换句话说，现在有更多中国人喜欢在某个地方定居，"待在家里"。

第二，三大直辖市人口规模控住了。

从统计局的数据来看，三个直辖市的人口规模可以说基本上控住了，2017 年数据显示，三个直辖市全都出现了人口负增长。

北京，2015 年的常住人口比 2010 年新增超过 200 万，但是 2017 年比起 2012 年的新增锐减到 100 万出头。

天津的下降幅度也有小 100 万。至于"魔都"上海则更加离谱，2012 年至 2017 年，5 年人口净增不足 40 万，只能和西安、福州为伍，在全国人口新增榜上排在 20 名上下。

第三，城市分化加剧，二线"明星"城市异军突起。

以人口新增排序，2010 年以后是属于郑州、武汉、成都、长沙、杭州这些城市的。

2010 年至 2015 年，5 年新增超过 30 万的城市有 20 个，2012 年至 2017 年，5 年新增超过 30 万的城市就增加到了 28 个。人口流动分散化的趋势正在强化，人们的选择更加多样化，更加个性化。

从近十年人口变迁的分化可以看出，纯粹依靠行政区划调整，并不是构成经济发展、提升地方吸引力的必然要素，反而是在互联网经济、国家大方向调整时把握住自己定位的城市，获得了更多的青睐。

总之，在其他或自然或人为的糟糕数据的衬托下，一些网红城市产生了强烈的明星效应、吸附效应，它给人强烈的暗示：离开北上广，依然有广阔天地可以任你驰骋。

从国家均衡全面发展的角度，这当然是大好事。

人口新变迁给房地产的启示

人口数据重要，是因为它直接决定了需求，在很多层面影响供需，并产生一连串的连锁反应。

就人口数据而言，我们愈发感觉到中国建立住房长效制度的迫切性，或者说留给中国政府对房地产进行稳健的机制性改造的时间没那么多。

第一，无人接盘也许正在一些城市成为现实。

观察 2017 年的数据，我们意外地发现居然有超过 20 个城市出现了常住人口负增长或零增长的情况，这比 2016 年增加了四五个。

这些城市出现零增长或负增长的原因，要么是人为控制，比如北京、上海；要么是人口老化，比如中国最老的城市南通；要么是传统高生育率地区现在生育率降低了，人口还在加速流出，比如泰安、潍坊；要么就是生育率不高且自身吸引力也一般的，如沈阳、大连。

除了北上之外，这一类城市对楼市需求的天花板出现了，未来能维持稳定就已经阿弥陀佛了。

当然，如果这些城市在快速扩张的过程中，留下了大量历史欠账，或者它们还有足够的棚户区可以用来改造，那倒是还可以留点心。

第二，现在人口还在快速流入的地区可以重点关注。

深圳、广州、重庆、天津、北京、郑州、成都、武汉、长沙、杭州，都属于过去五年增长超过 60 万的。

而且它们吸纳人口的速度，远超其他城市。比如，排在第 11 位的石家庄，过去 5 年新增人口为 49.4 万，和第 10 名杭州相比，差距有 17 万之多。短期内，这些城市的领先地位几乎难以挑战。

还有就是短期内出现人口暴增的城市，最典型的比如西安。

上述城市整体走在比较稳健的上升通道上。仅从房地产市场角度来看，构成重大威胁的要素，就是这些城市的住房空置率是否居高不下。

从经济基本面上考虑，还包括经济脆弱性，比如是否更容易受到类似中美贸易摩擦、环保风暴、社保等大事件的冲击，是否对某一类产业过于依赖等。

另外，像北京、上海这种人为控制的城市，都属于暂时强行中止大量需求型，很难排除这种需求会在某个时候强势反弹的可能性。

第三，城镇化程度过低的地方可以持续关注。

中国 500 万俱乐部中，至今有一些城市中农业人口占比较高，建成区占比偏低的城市，这些城市的城镇化水平大约在 50% 左右。

众所周知，中国近 40 年大发展就是两个主要推手，前期是市场化，后期是城镇化。

目前，中国常住人口城镇化率不足 60%，不用说与 90% 的韩国、日本相比，即使是与 78% 的德国以及超过 80% 的美国相比，差距也很大。因此，城镇化的红利至少还有十年的发展空间。

这些城市主要集中在中西部地区，比如河南、河北、山东、湖南、云南等省。

还有一类特例，就是在近些年的行政区划调整中，因为合并了周边县市，而导致城镇化水平下降的城市。比如合并简阳的成都，合并咸阳部分地区的西安，还有云南曲靖等。

这些城市如果在地方发展中被置于某种突出位置，那就应该重点关注。即使是正常发展，其核心城区的房地产也有不错的前景。

另外，就是要持续警惕房价走势和人口变动出现严重背离的城市。这类城市，要么孕育着极大的机会，要么潜藏着巨大的风险。

例如，2017 年厦门部分楼盘出现了"腰斩"的极端情况，整体楼市也出现了下调。

总而言之，如果存在背离供需的行政强制扭曲，那么有购房指标的人还是抓紧时间买房吧。只要国家社会正常发展，不遭遇战争、严重经济危机，放在十年、二十年的长周期里，房价其实大多数时候是上升的。

至于其他的三、四线城市，大体可以遵循上述观察方法，逃不出这个大逻辑。

这就是这几年人口变迁折射出的信息。

第七章　安得广厦千万间

"抢房潮"的背后，藏着扭曲的房地产调控

林小琬

摇号抢房，堪称中国楼市的史诗级灾难片，陆续登场的城市人为制造了恐慌：

南京：2017年11月15日，一天之内十盘齐开，共3200套房，数万人熬夜排队，全款摇号抢房；

武汉：2017年12月上半月，武汉连开9盘，每日即开即售罄；

长沙：2017年11月25日，长沙某楼盘公开摇号，房源167套，2298组认筹，中签率仅为9.5%，创长沙市场最低中签率纪录；

成都：2018年3月初，400套房源共超过5万人参与摇号，中签率不足1%；

上海：2018年4月21日，位于上海中环一豪宅楼盘开盘选房，382套总价1000万到2000万元的豪宅引来751组客户，中午即告售罄，销售金额约58亿元；

西安：2018年4月19日，700套房共5000人摇号；

杭州：2018年5月7日，近3000人抢177套房，一位98岁的杭州老奶奶摇号买到了房……

2018年上半年，"抢房大潮"席卷一、二线城市。一幕幕抢大白菜似的摇号抢房图景，搅得人心惶惶，这是"房住不炒"时代最为讽刺的注脚。

其中出现了两座西部网红城市，给各城上演了戏精式的调控手段。这两座城市，分别为西安和成都。

"西安最中国"

在中国，如果一个省会城市的房价太低，似乎是要被钉在耻辱柱上的。

前几年，西安房价与郑州大致齐平，但是到了 2017 年初，郑州房价已经是西安的两倍。

或许在那个时候，西安已下定决心，要从沉寂走向爆发。

根据中国房价行情网（下同），2017 年 1 月西安房价为 7152 元 / 平方米。到了 2018 年 1 月，西安房价涨到了 10977 元 / 平方米，一年涨了53%。2019 年 6 月，西安的平均房价为 14500 元 / 平方米，西安有房一族在短短一年半内就实现了资产翻倍。

国家统计局的数据显示，从 2018 年 12 月至 2019 年 5 月，西安房价连续六个月同比涨幅全国第一，连续上涨 39 个月。

西安终于有底气喊出"西安最中国"的口号。

据《中国证券报》报道，就在那处 700 套房 5000 人摇号的火爆现场，一位李先生感叹："摇了 8 个楼盘都没摇上，请假两个月没上班就为买房。"

这股热情，已经从市辖区向周围蔓延。在西安最西边、和咸阳市接壤的后卫寨，交通设施不便，教育和商业服务等配套设施也不健全，但这些都没能挡住刚毕业的年轻人的渴望。

某楼盘 248 套房源入市，营销中心门口就排起百米长龙。就算离市区远，这里的房源依旧难抢。

西安房价得以飙涨，其实是因为占尽了"天时、地利、人和"。

天时：西部龙头扬起来

炒政策、炒概念，向来是中国股市和楼市的拿手好戏。

2018 年 2 月，国家发改委和住建部联合发布《关中平原城市群发展规划》，明确了西安作为第 9 个国家中心城市的地位。

从地理位置来看，关中平原城市群身处内陆中心，具有承东启西，连接南北的战略意义。要推动全国市场空间由东向西、由南向北拓展，离不开这里的助力。

此外，这里还是"一带一路"上的重要门户，南北通道和新亚欧大陆在此处交汇。

作为关中城市群中的核心城市，西安汇聚了所有焦点。国务院总理李克强曾鼓励道："把西安作为西北的龙头，扬起来！"

西安的政策利好越多，反而夯实了炒房团们对西安"价值洼地"的信仰。这不，城市建设还没来得及大展手脚，各路资金已经抢先一步让西安的房价扬了起来。

地利：无房可卖闹房荒

在抢房潮发生之前，西安商品房已经连续三年供不应求。根据克而瑞统计数据，2017年西安市住宅成交量为1573.95万平方米，连续三年保持1500万平方米以上。但这三年的住宅供应规模均小于同期的成交规模。其中，2017年的供应规模为1331.84万平方米，缺口约在15%，2016年的缺口则超过60%。

2018年5月《21世纪经济报道》调查发现，在曲江新区、经济技术开发区和高新技术开发区等热门区域，住宅库存的去化周期均在5个月以下。个别业内人士认为还不足3个月。

西安市房管局将其归结为季节性开工因素。2018年4月20日，西安房管局在一季度新闻发布会上提到"部分热点区域如高新、曲江的高品质住宅项目供需紧张现象"，其中有一个主要原因，就是"受手续办理和施工进度的影响，部分项目没能按年初发布的计划上市，一季度住房供应量比计划少80万平方米。"

实际上，到2018年末，西安商品房市场依然保持供不应求的态势。克而瑞数据显示，截至2018年12月23日，西安全年商品房供应约1544.03

万平方米，同比下跌 4.03%，成交约 1884.58 万平方米，同比上涨 0.86%

近几年，出于治污减霾的需要，西安在冬季供暖期实施"禁土令"，每年的高考和中考期间，西安也有大约一个月的停工期。遇到空气质量较差的时候，也会被要求停工。再算上阴雨天气的影响，开工时间更短。因此，西安房管局称，每年的"有效开工期仅有 6 个月左右"，"就算加足马力，也难以保证供应充足"。

人和：千军万马进长安

2015 年开启的新一轮楼市刺激中，最出奇的一招就是"棚户区改造货币化安置"。西安在这件事上不带一丝含糊。2015 年和 2016 年，西安的棚改货币化安置率分别为 40% 和 51%，到 2017 年上半年已达到 70.51%，流入楼市的资金量相当可观。

而作为一个西部二线城市，西安更是积极主动地加入"抢人大战"中。

2017 年 3 月推出"史上最宽松"的落户政策后，西安真的是拼了，领导们还特地跑到"人才抢夺战成果颇丰"的成都天府新区户籍中心考察一番，"学先进、找差距、补短板"。

在 2018 年的春节，西安正式打响一场"人口争夺攻坚战"。在随后的三月份里，西安祭出"人才新政"大杀器——大专以上可落户。推出首日，即落户八千人，三天迁入一万五千人，第一季度新迁入的户籍人口达到 30 万，超过了 2017 年全年户籍人口增加量。

西安在抢人大战中的效果是非常显著的。从 2017 年 3 月至 2018 年末，西安共吸引了超过 105 万人落户。

2018 年全年西安市常住人口增加 38.7 万人，而在 2007 年至 2016 年的 10 年间，西安市常住人口也才增加了 52.67 万。

西安一边做足姿态执行着"严调控"，一边又"忍不住"通过抢人政策制造大量的市场需求，最终楼市受到刺激，房价翻了一倍，想想还真是魔性。

"限价"造成市场扭曲

西安的学习对象——成都，在政策上更是大开大合。这座城市实行严格的限购、限价，为什么楼市还能出现如此慌乱的现象？

首先，同样是 2017 年开始的"抢人大战"。当年，低门槛落户的政策为成都净增 36.4 万人户籍人口，创历史新高。成都成为抢人大战中的翘楚，房价也骄傲地取得 71% 的年涨幅。中国房价行情网数据显示，成都平均房价从 2017 年 1 月的 8808 元 / 平方米涨至 2018 年 1 月的 15076 元 / 平方米。

其次，是成都的新房和二手房房价严重倒挂。据链家研究所的数据，2018 年第一季度，成都一、二手房房价倒挂现象比重达到 88%，为全国最严重的城市。

文章开头提及，成都在 2018 年 3 月初，超 5 万人抢购 400 套房源，该楼盘带精装均价是 14000—16000 元 / 平方米，而附近的二手房均价却在 27000—30000 元左右。买到即赚到！

这种极为奇葩的倒挂现象，正是"限价"政策带来的后果。

2017 年全国重点监控的 16 个热点城市曾在国务院领了"军令状"——新开楼盘房价不允许涨过 2016 年 10 月份的房价，这一红线要严防死守房价，否则不再约谈，直接问责。

对于已经享受过一轮房价暴涨的一线城市来说，守住这道红线并不困难。但是对于成都这种反射弧有点长的内地省会，完全就是"骑虎难下"。

2016 年 10 月，成都的房价压根儿还没涨起来。等资金开始从一线外溢时，成都二手房价也一路向上，但新房房价却被官方限制在 2016 年 10 月的红线之下——1.6 万元 / 平方米，否则就不给予网签。

限价造成了一手房价格信号扭曲，购房者疯狂涌入，由此也进一步加剧了商品房的供需失衡。

为控制而控制，严重背离市场规律

西安与成都的抢房潮，大致浓缩了中国当下所有严格调控带来的反噬。

抢房大多发生在强二线城市。这些城市先天基础好，即便没有"粤港澳大湾区""国家中心城市"之类的光环加持，也属于区域内的人口、资本、智力输入地。

成都的一、二手房价格倒挂现象，代表了中国楼市抢房怪相的一类原因。为了平抑房价，国内不少地方严格限制一手新房的销售价格，导致一手房政府核定销售价大大低于同期二手房市场成交价，少则一两千元，多则三五千元。于是，在"抢到就是赚到"的心理下，变相刺激了抢房潮。

至于西安的特殊之处则在于，内地城市在执行调控政策方面过于坚定，反而错过了全国房价上涨的一波行情，但是严重偏离供求率的价值洼地迟早会出现报复性反弹。2016 年末至 2018 年初西安很给力地跟进了 5 轮调控，但最终还是没躲过"越调越涨"的魔咒便是一例。

房子是用来住的不是用来炒的。但是，严重背离市场基本规律，为了控制而控制，则难免会出现匪夷所思的时代图景。

二线城市闹"房荒"，这不是天灾而是人祸

黄汉城

继"人荒""钱荒"之后，我泱泱大国又闹起了"房荒"。

自 2018 年 5 月起，一场以二线城市为主的"房荒"席卷中华大地。多个城市纷纷拉响警报：长沙库存告急！重庆供应紧张！西安弹药急缺！成都、杭州、海口等城市的去化周期连连下跌，仅为短短几个月。

用大白话说，这些城市快没有房子可以卖了。数以万计的刚需人群排队摇号，却苦苦上不了车。

这不是天灾，而是人祸。

自此房地产最严调控快两年了，各种小心思、小伎俩都开始躁动起来，地方与中央之间、企业与政府之间、政策与人心之间的博弈，也正迎来新的高潮。

万人抢房大戏重出江湖

2018 年 5 月 9 日，网络上流传湖南省住建厅发给湖南省国土资源厅的告急函：

到 2018 年 3 月，长沙市中心城区累计已办理预售许可或现房销售备案但尚未销售面积的住宅去库存化周期仅为 2.8 个月，建议湖南省国土资源厅显著增加供地，加快供地节奏。

其实弹药奇缺的城市又岂止是长沙。易居研究院的数据显示，截至 2018 年 3 月底，全国 100 个城市新建商品住宅库存总量为 43712 万平方米，连续 32 个月同比下跌，库存规模回到了 2013 年的水平。

还记得两年前中央经济工作会议特别指出，要坚持分类调控，重点化

解三、四线城市房地产库存。现在，不仅三、四线城市长期积压的库存下降了，连二线城市也来"拼命"凑热闹。

表 7-1　热点城市商品住宅去化周期情况（单位：月）

城市	2016 年 7/8 月末	2018 年 2 月末
成都	8.8	8.2
昆明	13.8	7.4
西安	13.8	7.2
南宁	7.5	6
常州	7.4	5.4
杭州	4.9	3.3
武汉	3.3	2.8
长沙	7.6	2.8
海口	9.0	2.5
重庆	7.7	2.4

数据来源：中指研究院

从 2016 年 7 月末至 2018 年 2 月末，杭州、武汉、重庆的商品住宅房去化周期都在原本很低的基数上再次下滑，分别只剩下 3.3 个月、2.8 个月、2.4 个月。从供需的角度来看，这就是供给严重紧张。成都、昆明、西安虽稍好一些，但与合理区间 12—18 个月相差甚远，也属于供需紧张之列。

据不完全统计，2018 年全国至少有 18 个热点城市商品住宅库存低于 12 个月，其中更是有 7 个城市，同时上演了摇号买房的史诗级"悬疑片"。

西安：2018 年 4 月 19 日，700 套房 5000 人摇号；

成都：2018 年 5 月 2 日，70000 人疯抢 1000 套房子，现场极其壮观，抢房的队伍绵延了几公里；

杭州：2018 年 5 月 7 日，近 3000 人抢 177 套房，一位 98 岁的老奶奶摇号买到了房……

表 7-2　商品住宅库存低于 12 个月的热点城市(单位:月)

城市	库存	城市	库存
佛山	9.9	惠州	5.2
成都	8.2	上海	4.9
郑州	7.7	南京	3.8
宁波	7.6	杭州	3.3
昆明	7.4	武汉	2.8
西安	7.2	长沙	2.8
南昌	7.2	海口	2.5
南宁	6	重庆	2.4
常州	5.4	徐州	2.2

数据来源：中指研究院

很多人都说万人抢房是因为一、二手房房价倒挂，没错，这是最直接、最显化的原因。背后还有一层原因就是库存实在太紧张了。

甭管能否赚到，大半年才放出这些房源，能住上就已经是造化了。

开发商延迟竣工，捂盘惜售

为什么房荒会大规模袭来?

来自国家统计局的数据显示，2017 年，房地产开发企业购置了 25.5 亿平方米的土地，同比增长 15.8%。新开工面积也达到 12.8 亿平方米，同比增长 10.5%。

不管是大型房企还是中型房企都加强了"跑马圈地"，热门区域的争抢更为激烈，整体拿地规模达到了一个新的历史高度。

诡异的是，土地购置面积和新开工面积双双大增，全国住宅的竣工面积却没有水涨船高，反而同比减少了 0.6 亿平方千米，销售面积的增速也从 22.4% 下滑到 5.3%。

这说明了什么? 说明开发商拖延入市、捂盘惜售的程度，比以往几年还要严重。

从 2017 年下半年开始，中央开展了一轮轰轰烈烈的大检查运动，严查囤地行为。对于开发商来说，地是不敢捂了，或者捂得少了，但是开工的项目他们可以慢慢盖，盖了也不着急卖。

根据 2018 年 5 月 14 日中国社科院发布的《2018 年房地产蓝皮书》，房屋竣工面积增速由正转负，反映出限价的政策对于住宅的影响较大，开发商拉长了施工的周期，延缓项目竣工。

不久前国土部公布的一项数据，也从侧面上印证了这个论断——从 2013 年至 2017 年年底，全国出让住宅用地 5 万多宗，合同不正常履约比例达到 19.2%。

换句话说，全国有近两成项目在按时开工、竣工情况和出让价款缴纳方面出现了问题。

更为可怕的是，这种延迟竣工、捂盘惜售的行为还延续到了 2018 年，并导致了全国房源大面积的库存告急，幺蛾子频出。

在杭州，一个"号子费"最高炒至 50 万元，房价暴涨；在成都，有些开发商说预售证搞丢了，所以不能开盘；在长沙，由于捂盘惜售的行为实在太猖狂了，长沙市住建委集中约谈 80 余家房地产开发企业和中介机构，情节特别严重者禁止其在长沙拿地。

限价绝对是一个烂招数

纷纷扰扰的"房荒"，其实正是中央、地方、开发商三股力量在几个层面多重博弈的结果。

2018 年 5 月份起，住建部就房地产市场调控问题相继约谈了西安、海口、徐州、佛山、成都等 12 个城市，要求其有针对性地增加有效供给，抓紧调整土地和住房供应结构，大力发展中小套型普通住房。

连中央都看到了，地方上房源供给矛盾非常突出。

日本房地产崩盘的惨状还犹如昨日，中国的楼市绝对不能出现明斯基时刻。中央的目的很明确，房价可以涨，但不能猛涨。为了让地方政府执行调控政策、稳住房价，中央有三板斧：

在钱的方面，中央掌控了地方债发行审批、政策性银行贷款审批、财政收入转移支付的权力，听话的地方就多给点。

在人的方面，地方上的调控结果与乌纱帽绑在一块，不给力的叫来跟前骂一顿，还不听话的就直接撸掉。

在地的方面，通过土地指标分配来引导地方政府的行为。

不过上有政策，下有对策。地方政府也有发展经济和扩张财政的需要，既要土地卖得贵、卖得多、搞创收，又不能让房子涨得快涨得多，这该怎么办？

地方想出了一个"好主意"，索性给个窗口指导价好了，限价！

很多人都说这是一个烂招，一来限价根本就不可能压住房价，二来也会导致市场上公布的房价数据失真。

其实地方也知道这是一个死结，不过它们也有自己的逻辑所在：炒房客的心态是买涨不买跌，只要"房价"看起来降低了，就能抑制大家的投资需求。管住价格不可能，但可以管理心理预期。

理想很美好，但现实总是很骨感。

房企的眼里只有利益，偶尔出个低价楼盘，与地方维护好人情未尝不可，说不定以后还可以置换下其他的好处，但长期亏本的生意傻子才会做。

如果面包一定要便宜过面粉，开发商就只能延迟竣工、捂盘惜售了。最终的结果就是入市的房源变少了，库存告急。

由于限价的地方多是二线城市，也导致了房荒的重灾区发生在二线城市。生活在二线的广大群众开始叫苦！刚逃离北上深，就陷入了抢房大战。

地方政府打小算盘

当然，有的地方闹"房荒"也不纯粹是开发商在从中作梗，还有地方的小算盘因素。

表 7-3　2018 年 3 月湖南省各市州去化周期情况（单位：个月）

市州	县市	累计已办理预售许可或现房销售备案但尚未销售商品房面积去化周期	住宅	非住宅
长沙	中心城区	7.3	2.8	22.0
	长沙县	5.4	2.0	10.2
	浏阳市	4.4	1.9	22.4
	宁乡市	10.1	4.7	55.1
株洲	中心城区	11.2	5.6	73.6
	株洲县	5.4	3.2	14.6
	攸县	17.5	9.7	55.5
	茶陵县	4.6	1.4	19.1
	炎陵县	33.0	18.9	93.9
	醴陵市	8.8	6.5	24.1
湘潭	中心城区	5.7	3.9	16.7
	湘潭市	4.6	2.3	39.9
	湘乡市	5.6	1.5	45.7
	韶山市	13.9	1.1	134.1
衡阳	中心城区	8.8	5.5	51.2
	耒阳市	9.1	6.6	43.1
	常宁市	8.6	6.0	48.8
	衡南县	5.1	2.7	52.0
	衡东县	9.5	3.9	73.8
	衡阳县	3.4	1.7	66.6
	祁东县	11.9	10.2	57.4
	衡山县	9.6	4.5	50.8
	南岳区	10.9	5.5	136.7

数据来源：湖南省住建厅

湖南省最令人震惊的，不是住宅商品房库存告急，而是非住宅商品房的库存高耸入云。

像长沙市中心城区、长沙县、浏阳市、宁乡市的住宅去化周期，截至2018年3月分别为2.8个月、2个月、1.9个月、4.7个月，非住宅区却高达22个月、10.2个月、22.4个月、55.1个月。

按照住建部和国土资源部下发的《关于加强近期住房及用地供应管理和调控有关工作的通知》，各地去库存时要因城施策，对消化周期在36个月以上的，应停止供地；18—36个月的，要减少供地；6—12个月的，要增加供地；6个月以下的，不仅要显著增加供地，还要加快供地节奏。

长沙明显应该增加住宅用地的供应。但是公开数据显示，长沙市区住宅用地供应量连年下滑，2014年和2015年分别只有579公顷和356公顷，2016年略有恢复，2017年又同比下滑。

更令人惊掉下巴的是，据《中国房地产报》报道，近年来长沙市在大幅减少住宅用地供应的同时，非住宅用地供应力度却稳如泰山。

以2017年为例，长沙市内六区挂牌108宗土地，（纯）住宅用地仅有13宗，远远低于非住宅用地。

财经专栏作家刘晓博认为，中国的地方政府都是"经营型政府"。由于房地产税尚未开征，所以住宅能给政府带来的收入，主要在卖地、卖房阶段，持有阶段不产生税收。但"非住宅"就不同了，进驻的是商家，会带来持续的税收。

中国几乎所有的城市，在产业空心焦虑症的作用下规划了大量的非住宅，严重挤压住宅。最终，大城市住宅变得稀缺、价格飙升，新增人口只能大量居住在郊外。

这样的情况，不仅发生在长沙、株洲、湘潭、衡阳……也发生在抢房抢得头破血流的部分二线城市。

2018年春夏发生的"房荒潮"，背后的真实逻辑或者是开发商捂盘惜售加剧，或者是政府的住宅用地供应跟不上，又或者是两者的双重共振。

喊了几年"去库存"终于成为历史。这是谁的不幸?

前方预警，你将买到有史以来质量最差的房子

林小琬

楼市的成色确实变了。

经过 2017 年的夺命狂奔后，2018 年的中国楼市开始兵荒马乱，丑闻缠身。从 2018 年 9 月开始，全国各地的楼盘一片"火热"，但不是因为"金九银十"行情，而是打砸售楼处的闹剧密集上演。

从北京上海到杭州合肥，从顶级豪宅到普通小区，从生产端、产品端到消费终端，维权潮、退房潮开始集中爆发。

接盘烂尾楼

第一股维权潮的主力，是在"生产端"就遭遇烂尾楼的业主。

在无锡，金盛华彩荟楼盘的开发商三度延迟交房。2016 年无锡房价首度破万、土拍激增 68.42% 的风光还历历在目，哪能想到今天就成了烂尾楼生产线。

在重庆，大足区新天地楼盘的业主已经把投诉信递交到市长信箱，"楼盘停工一年，复盘遥遥无期，相关部门相互推诿责任"。一个烂尾楼的背后，往往是"去杠杆"中负债过高的开发商的脆弱资金链。

逃过资金崩盘的房地产公司，同样情绪焦虑。一些房企为了加速资金回流，打出了"高周转"的口号，比如碧桂园的"456"模式——三、四、五线城市新获取项目均需 4 个月开盘、5.5 个月资金回正、6 个月资金再周转。

这家房企的施工现场经常会打出雷人标语，类似"小雨正常干，大雨不停干，晴天拼命干，夜间挑灯干，地球不爆炸，我们不放假"的鸡血比

比皆是。

一切都为了快快快、钱钱钱，谁还记得普通砂浆需要 8—10 个小时才能凝结的道理？谁还记得施工安全第一的底线？因此，在 2018 年楼盘工地事故频发。

6 月 24 日，上海奉贤区某项目售楼处出现模架坍塌，1 名 51 岁的工人被混凝土压死，9 人受伤；

7 月 02 日，安阳市中华路某在建工地发生火灾；

7 月 19 日，淅川市某工地发生火灾；

7 月 26 日，六安市某建筑工地发生坍塌事故，导致 6 人死亡，1 人伤情危急，2 人伤势较重；

8 月 06 日，大连市某别墅在建工地起火；

9 月 14 日，郑州市某项目的工地上发生坍塌事故，2 名工人被土堆掩埋致死……

在此基础上盖出来的住宅，质量到底会怎么样？

入手了低质楼

第二股维权潮的主力，是在"产品端"入手了低质楼的业主。

其实从 2018 年初开始，就不断有业内人士断言，近两年买到的房屋将会是史上质量最差的，就连房企大佬也开始劝人别买房。

2018 年博鳌论坛上，绿城董事长李军苦口婆心地说道："这两年是中国房地产业最糟糕的两年。我们看到了市场的疯狂，但我一直劝我的同事们在这两年不要买房，很多同事想不明白，觉得会错过很多个可能增值的机会。但我想说的是，这两年买到的房子可能是最差的。"

开发商们果然不负所望。号称"给你一个五星级的家"的碧桂园，恐怕造出了最多的"无星级"楼盘。有媒体统计，2018 年碧桂园项目出现问题的城市超三十个，轻则建材粗糙不合格，重则如同杭州萧山项目一样，坑基坍塌，导致紧邻的三层小楼成了危房。

一向以品质著称的龙湖地产也在一场大雨中现了形。据界面新闻报道，龙湖长城源著项目曾经是北京的网红楼盘，而2018年7月份几场大雨之后，这个坐落长城脚下的项目出现了地面塌陷、外部楼梯断裂、墙体渗水等多重质量问题，现场维修的工作人员对记者说："这个工程确实有点赶。"

损害购房者的利益，结果交付季即维权季。

2018年闹出最大规模楼市上访动静的城市，是当初那个千人摇号抢房的成都。2018年7月25日，成都烈日炎炎，上千人走出空调房，把成都市房管局团团包围。这些业主虽来自50多个不同的楼盘，意见却很统一，他们要求开发商"返还公摊部分精装费用"，有业主称，"按套内算3800元/平方米的装修价格，实际上装修花了不到1000元，室内精装不合格。"

不单单是普通的中产业主，高端楼盘、豪宅的业主也有跑出来哭诉的。

2018年9月初，华润邀请全体业主进场参观北京昆仑域项目，这些富豪业主们进去一看全傻眼了，还有业主当场气哭。这个闻名帝都的豪宅项目，实力演绎了"卖家秀与买家秀的差距究竟有多大"。比如当初宣传册上写的是外墙用红色手工砖，如今变成了网格布＋涂料。不久之后，50余名业主聚集华润北京总部要求退房。

2018年9月11日，深圳湾大名鼎鼎的顶级豪宅恒裕滨城二期才交房不到一个月，业主们就拉起横幅维权，"湾区严重漏水标杆，恒裕滨城二期""湾区栏杆摇晃标杆，恒裕滨城二期""30万的嘉格纳冰箱被换成了3万的博世"。

这年头，"不上一两次街"都不好意思说自己买过房。

经历了万人抢房的史诗级战争后，楼市剩下一地鸡毛。

坚决抵制房价下跌

第三股维权潮的主力发生在了"消费端"，因为楼盘降价而引起业主打砸售楼处。

先是杭州沦陷。杭州的滨江未来海岸二期宣布降价 40 万元，一期业主气不过，大闹了起来。对他们来说，虽然楼盘本身没有质量问题，但开发商降价出售就是损害业主利益，就如他们围攻售楼处时横幅上打上的标语，"胡乱定价，欺骗业主，还我们血汗钱！！！"

再是合肥沦陷。泰禾的合肥院子项目，当初开盘时售楼处火爆，后来开发商将价格从 21000 元 / 平方米降至 16000 元 / 平方米，下调幅度达 26%。业主们堵住小区门口，拉起横幅抗议。

接下来是通州沦陷。通州一处楼盘售价从 2017 年 8 月份的 40000 元 / 平方米降到 2018 年 8 月的 22000 元 / 平方米，第一批购房的业主们房还没到手，资产就缩水一半，一气之下，也把售楼处围得水泄不通。

中国市场迷信"房价只涨不跌"的神话，享受买房必暴富的"不灭定律"。房价涨的时候，业主们冲上售楼处抢房，闷声发大财；一旦开发商因为销售低迷而降价、打折、买房送车促销时，老业主们极易产生心理失衡，上演维权大片。

中国的售楼处，总是要承受汹涌的爱和刻骨的恨。

而很多还没上车的刚需人群，还打着等房价下跌的算盘。焉知已买房的业主们拼了命也要死扛，"稳住，我们能赢！"

背后的大手

2018 年上演的楼市维权大片，有以下几个导演：

第一，房企去杠杆。去杠杆政策本身没有错，但去杠杆所引发的连锁反应却出乎很多人的意料，它使得房企资金链紧张，一些没能借到钱周转的房企只能破产跑路，留下一摊子烂尾工程。而不甘缩小规模的开发商只能拼命加速拿地、建房、成交、回笼资金，发明出一套"高周转"模式，结果导致工地频出事故、房屋质量堪忧。

第二，政府限价。限价带来了一、二手房的房价严重倒挂，不少"想占便宜"的购房者会忽视质量风险，盲目抢购。像千人维权的成都，也是全国限价限得最厉害的城市，倒挂程度从 4000 元到 10000 元不等，会算数的都知道买到即赚到。而限价同时也压缩了开发商的利润空间，开发商不可能让利，只能控成本、降低精装房的质量。

第三，消费者投机心理。维权潮的出现一方面确实是楼盘质量有问题，但另一方面也是市场参与者缺乏契约精神和风险承担意识的表现。之前楼市疯狂时，北京东四环一位业主发帖提出，小区的绿化率不达标，呼吁其他业主们共同找开发商寻求补偿，结果无人呼应。另有一个业主回道："请楼上业主认清形势，不要小事搞大，弄得楼盘贬值，得不偿失啊！"

这样的怪事只可能是发生在楼市的暴富时代。现在，楼市进入调整期，投机性越强的购房者，就越会重视维权问题，希望通过挑毛病、把问题闹大的方式寻求开发商补偿差价或者退房。

随着楼市转冷，市场预期也在发生深刻变化。2018 年第三季度，上海、厦门、广州等地的楼市已经开始阴跌。

春江水暖鸭先知，开发商比购房者更能提前感知到楼市拐点的到来。当万科的郁亮喊出以"活下去"为最终目标时，当碧桂园要转型做机器人时，当前十大房企纷纷改名删除"地产"字眼时，其实我们就该知道，楼市的风向的确变了。

租客的末日时代，昨天买不起房，今天租不起房

林小琬

昨天还幻想海边别墅的年轻人，今天可能开始对房租绝望了。

2018 年年中，全国热点城市的房租如脱缰野马，一线城市的房租更是一个月内同比涨了近 20%。一夜醒来，无产青年连一块立锥之地都悬了。

即便逃离了北上广深，成都和西安分别也有 30.98% 和 25.08% 的同比涨幅在等着人才们"落户"。

从 2018 下半年开始，租金海啸汹汹来袭，资本狂欢，官方默然，房东纠结，租客尖叫。

这不是哪一方的过错，而更像是一场全社会的"集体谋杀作品"。最令人不安的是，过去房地产的那套玩法和上涨逻辑，今天正在转移到房租上。

房租突然暴涨

据中国房价行情网数据，2018 年 7 月深圳房租同比上涨了 29.68%，另外三个一线城市也不遑多让，北京上涨了 21.89%，广州上涨了 21.65%，上海上涨了 16.46%。

2017 年 8 月，北四环的芍药居北里一套 60 平方米的两室一厅，在链家网上的月租金是 5500 元 / 月，一套 80 平方米的大两居月租金是 7300 元 / 月。

一年之后，同样在链家网上查询，60 平方米的两室一厅已经涨到了 7200—7800 元 / 月，房租涨幅达到 30%—40%。去年租 80 平方米房子的钱，今年只能租到一套 60 平方米的房子。

这种租金暴击，真是令人措手不及。

如果从环比的角度看，贝壳研究院也有一个数据：2018年7月，北上深房租环比分别上涨了2.4%、2.1%和3.1%。这也是当期CPI突破2%的一点小助力。

房租暴涨，是比房价暴涨更严重的事件。

房价涨了，买不起房的刚需人群好歹还租得起房。要是连房租都能暴涨，那么大量基层蓝领、白领的生存空间将会遭受挤压，城市底层人口甚至连落脚的地方都没有。

房租是影响极为广泛的经济社会问题，关系到城市的产业和居民的福祉。

其实在2017年8月，官方一股脑推出租购同权、共有产权房、只租不售房之后，就意味着中国的租房市场进入了拐点——在"租售并举"的新时代里，房价要摁住，租金回报率就需要涨到正常水平，才能让买房的人告别炒房、长期持有。房租一定会涨，这是大势。

但短期内房租不可能疯狂暴涨，因为在供需面上，存量房没有突然萎缩，租客也没有猛增。即便全社会做好了房租铁定上涨的心理准备，这租金也不能是"搭着火箭往土星飞"。

所以我们不禁要问，为什么房租会在短期内暴涨，是哪只手在猖狂操纵房租？

有人说是房产税惹的祸。房产税吹风多年，2018年突然神一般加快了步伐，三五年内落地已成市场共识。房产税必然会带来成本的转移，迫不及待的房东们就拉上租客们一起来承担，让租金回报率回归"正常水平"。

这种说法有一定的逻辑，但深究下去，事情远没有想象中那么简单。在租金的海啸潮中，有两大意外事件不得不提。

意外之一：资本圈地

有一个苗头需要警惕——各路资本正在炒作房租，面粉竟然比面包还要贵。

2018年8月，北京天通苑一位业主在"水木社区"论坛上发帖称，"自家有120平三居室的房子要出租，原本心理预期是7500元/月就很不错了，来了自如和蛋壳两帮人，自如报价8500元/月给11个月，蛋壳给加价到9000元。自如报价提高到9500元，蛋壳急了，说总比自如高300元，最后几轮过后蛋壳给到10800/月给11个月，明显的赔本买卖，傻吗？"

这位业主继而发出警告：资本盯上了房租，要吸干年轻人的血！

帖子立马点燃了大众的情绪：好啊，原来是这些长租平台烧钱圈地，一心只想要垄断市场房源，哄抬租金，企图赚取暴利差价。

长租公寓当时也一脸委屈：我们运营成本很高，还有管家的管理服务，还要重新装修配家具，其实都在亏钱。

亏本买卖？敢情这些企业都是在做慈善？说到这，我们就不得不提国家的初心了。2017年"房住不炒"提出之后，"租售并举"接棒而上，租房也迎来供给侧改革。

从中央到地方，短期内各种指导意见、试点方案、管理条例接连出台，一方面向全民普及"租购同权"理念，一方面鼓励各类资本进入市场，誓要将租房这块短板给补上。

设想很美好，但也得企业愿意进来，这故事才能讲下去。要做只租不售的房，利润在哪？要租多少年才能回本？企业现金流怎么办？

所以，对于进入租房市场的企业来说，要把租金回报率搞上去，秘诀就两种：杠杆和定价权。

拿专做房屋资产托管的自如来举例，表面上看，它就是一家中介公司，在租客和业主的信息不对称之间赚取服务费。在实际运作中，自如与传统中介的差别是房屋托管业务，即先收市面上各类散盘，然后集中装修、出租、管理。因为运营成本和住房质量提高，房租也有所上涨。

但更关键的差异藏在背后的资本运作里。一旦托管了部分房屋资产，自如就可以把项目打包起来，搞资产证券化。具体做法是，以租金收益权为基础资产做担保，投放到金融市场上发行ABS融资，让各路资金来认购。表7-4即自如发行的国内首单租房市场消费分期类ABS具体情况。

表 7-4　自如发行的首单租房市场消费分期类 ABS 具体情况

原始权益人	自如	
差额支付承诺人	北京自如众诚友融信息科技有限公司	
发行规模	5 亿	
产品期限	2 年	
基础资产	租赁分期应付款	
底层资产	定向用于支付房租的消费分期信托贷款	
产品规模及利率	优先级	4.5 亿	5.39%
	次级	0.5 亿	－

　　自如得到的这笔资金实际上成本并不高，只有 5.39% 的利率。因此，拿到这笔融资款后，自如更有底气不惜一切代价血拼对手，扩大规模。

　　2018 年 1 月份，自如已成为长租市场的第一只独角兽，A 轮融资 40 亿元，估值超过 200 亿元。到 2018 年年中，市场上已有近 20 家房企成功发行了住房租赁资本化产品，规模达上千亿元。进入市场竞争的，有国资（保利）、有民资（万科），还有外资（华平投资）各路大鳄。

　　大量资本都在押注租房这一风口，只要前期谁敢砸钱布局，把规模做得越大、资源积累越多，以后的定价权就越大，利润空间也会越广。

　　当初资本推动房价暴涨的逻辑，现在又隐隐然出现在了租房市场：

　　将杠杆引入租房市场，获取大量廉价资本——不惜一切代价争抢房源——面粉比面包贵，即从房东手中收过来的价格高于租出去的价格——受融资成本驱动，开始哄抬房租以此获利——租金暴涨，泡沫隐现。

　　而那些租房的年轻韭菜，只有乖乖等待被割的命。

意外之二：群租房大整顿

　　租房的供需面出现混乱，除了利益驱使的资本外，强硬的有形之手多少也起了一点推波助澜的作用。

在一线城市，群租房大整顿成为 2017 年之后的重点工作。

2017 年底，北京为了疏解非首都功能开始大整顿，很多只住得起群租房的基层劳动者一夜之间流离失所。那一年，北京出现了 2000 年来第一次人口负增长，数量为 2.2 万。表面上看，常住人口减少了，市场需求应该要随之下降，租金没理由会上涨。

但事情远不止这么简单。整顿了隔断房、群租屋后，租房供应量下降，与此同时，离开北京的人始终是少数，还有大量的基层蓝领、白领被赶进正规的租房市场中，需求量激增。

这种供需矛盾之大，可以从卫星地图的变迁来直观感受一下。2017 年 5 月 9 日，北京西南五环到六环之间的有一片村子＋郊区工厂＋物流基地，从南到北大概 7.4 公里，当时大面积的彩钢顶棚很显眼。2018 年 5 月，这些彩钢顶棚在卫星地图上消失了。

在过去几年里，北京"拆除违法建设"之行动力超乎想象：

2015 年拆违任务量是 1500 万平方米。

2016 年拆违完成量是 2979 万平方米。

2017 年拆违完成量是 5985 万平方米。

2018 年计划拆违 4000 万平方米，前 4 个月就完成了 1640 万平方米，占比 41%。

北京的房屋建筑总面积为 8.82 亿平方米，一年拆掉近 6000 万平方米的违章建筑，相当于每年拆掉全市 1/14 以上的房子。

租房市场的底层供应量被大量抽空，"共有产权房""公租房"却不能立马跟上，造成供需面突然失衡，3 个人争一套房变成了 5 个人争、8 个人争，房租上涨成为必然。深圳的城中村改造、上海的群租屋整顿，都是这个玩法。

有没有一股"棚改"的熟悉味道，上一次住房供给侧改革成功去了库存，现在也成功"激火"了租房市场。

偏低的租金回报率

综上所述，房租大涨的背后，是几重因素的叠加导致的。

长期以来，中国的租金回报率（年租金／房价）一直偏低，相对于房价，房租确实有上涨的空间。

统计 2017 年全球各大城市的租金回报率，可以发现中国城市的租金回报率没有任何长进，北上广深租金回报率皆不达 2%，全球垫底。

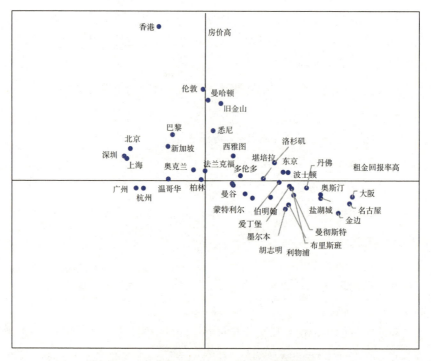

图 7-1　2017 年全球各大城市租金回报率

数据来源：海外掘金

但是从民众角度来看，中国一线城市光有国际大都市的房价，可一线城市的居民却没有国际大都市的平均收入。美国住房及城市发展部有一个标准，一个家庭的租金开销如果超过可支配收入的30%，挤压了其他生活必需品的消费，即为负担沉重的家庭。照这种标准来看，目前中国一线城市的租金收入比达到45%以上，已经严重超标。

表 7-5　2017 年中国 26 城租金收入比值排行

城市	租金收入比值	城市	租金收入比值
北京	54%	合肥	29%
深圳	48%	石家庄	28%
哈尔滨	45%	昆明	27%
广州	45%	南京	27%
上海	45%	成都	27%
大连	41%	南昌	27%
郑州	39%	西安	26%
厦门	37%	长沙	26%
杭州	34%	佛山	24%
武汉	32%	青岛	24%
长春	32%	济南	24%
天津	31%	宁波	20%
重庆	31%	苏州	19%

数据来源：海外掘金

自 2013 年起，中国城镇居民可支配收入增速就没跑赢过 GDP，如果现阶段放任租金肆意上涨，对于普通人来说结局无非是一个：之前睡卧室的，今天睡客厅，之前睡客厅的，今天睡公厕旁边。

头部力量、利益集团早已拥有社会大量财富，多数人却还在一个"小三房"里日日劳碌。如果将房价上升的那套玩法用到房租上来，租房市场将变得非常危险。

2018 年中国成功地稳住了房价，接下来如何稳住房租，实现"居者有其屋"是一道大难题。

对此，中国可以借鉴欧洲大陆的模式，发展公租房制度，但必须注意三大点：

第一，合理安排保障房位置。把公租房建到交通不便的城郊地带，并不能缓解租房市场的资源争夺。在西欧很多国家，带有保障性质的住房会均匀分布在交通方便的地方，甚至是市中心。在韩国，每个小区会要求必须要建有配套保障房。当然，为了保障房产持有者的资产有一定上升空间，租金也会作出相应调整。

第二，要精细化管理。保障房的投入速度需要非常精细的测算。如果贸然投入大量保障房，对住房市场健康发展的杀伤力极大。1997 年，心急的香港想一举解决住房问题，拿出了"八万五计划"，结果导致楼市大崩盘。

第三，把权力关进笼子里。曾经有一些廉价房被权力侵蚀，违规流入市场，价格被人为炒高，这是保障房政策历史上的前车之鉴。所以，我们必须防止权力寻租和炒作，让公租房服务于有真正需求的人群。

在中国，如果政府真正下决心去干一件事，没有什么是干不成的。而摆在眼下的，正是一件关乎老百姓生存的大事。

接下来是深渊还是蓝海，是新一轮的财富掠夺还是租赁市场的规范化发展，中国房地产又走到了不能逃避的临界点。

归根结底，老百姓才是真正的国计民生。

中国式棚改，扭转三、四线房价的洪荒之力

林小琬

"未来十年，三、四线房价涨不动了！"

"中国正经历百年大变局，三、四线要卖房的赶紧了！"

2015 年，中国经济下行，很多专家出来唱衰三、四线楼市。

不可思议的是，此后三年里，三、四线楼市不但没有走入经济学家口中的房地产下行周期，反而地价、房价怒涨一大波，成为中国经济绝地反弹的强大推手，专家们的脸肿成了馒头。

这股神秘的力量，来自"货币化棚改"，它以全世界绝无仅有、政策上大开大合的方式启动了一场全国性的楼市狂欢，在短短 3 年时间里消化了天量库存，彻底扭转三、四线城市的命运。

往事如烟

2005 年 12 月 26 日，在辽宁抚顺零下 29 度的天气里，一个精准扶贫的伟大构想在最狼藉的莫地沟棚户区里悄然诞生了。[①]

"砸锅卖铁也要改造棚户区！"辽宁省主政官员的一席话，昭示着莫地沟将迎来新生。这是市场经济缺位之时，政府之手对弱势老百姓的保护。不久后，东北三省 200 多万户没钱买房的居民被成功送进敞亮的安置楼。

三年之后，全球爆发金融危机，意外地激发了全国性棚改运动。国务院拿出"四万亿刺激计划"扩内需保增长，保障性安居工程赫然在列。直到这时，棚改这场 21 世纪新土改运动仍是一项民生工程：政府盖好房子，

---

① 央视纪录片 2013 年 9 月 20 日《世纪变迁——辽宁城市集中连片棚户区改造纪实》。

居民拿钥匙就能入住，不花一分钱、不少一块地。

2015年12月，中央经济工作会议召开，棚改政策迎来了复杂化的时间拐点。当时，房地产市场经历了整整两年的低迷，房地产投资增速从22.8%的高点跳崖至1%。

坊间分析商品房积压多达98.3亿平方米。"去库存"这三个字千斤压顶，楼市已到了"必须打赢一场歼灭战"的生死期。从那一刻开始，"棚改"与"去库存"悄然画上等号。

不过，如果按照以往"建保障房进行实物安置"的思路，最终只会制造出更多的库存，随时成为压垮市场的最后一根稻草。

传统招数显然是行不通了。更棘手的是，多数三、四线城市人口外流严重、产业薄弱，没有市场需求支撑，该怎么去库存？好在，高层心中自有蓝图。

棚改式放水

钱没有了可以印，需求少了可以创。为了制造出天量的购买力消灭库存，中央政府拿出了一项堪称世界经济史上最奇思妙想的发明——棚改货币化安置。

2014年，中国央行创设出一种对房地产定向投放货币的新型水龙头——抵押补充贷款（PSL）。玩法是这样的，央行先通过PSL把钱贷给了国家开发银行，地方政府接着从国开行那里获取贷款，拿到钱后再从棚户区居民手中换取了土地。

而此时，没地方住的棚改居民只好拿着这笔棚改款，到市场上购买商品房，需求突然增多，库存随之下降。开发商的日子也好过了，有钱继续买地了。这时候地方就有动力再去进行棚改、拿地，依靠土地出让来偿还国开行的贷款，一个完美的资金闭环就形成了。可以看出，PSL这个货币新工具，锚在土地上。

一开始，央行和住建部在试水货币化安置时很低调，PSL的数据也不公开。到 2015 年中，住建部才大力"推销"这笔专项贷款，货币化安置比例就此狂飙猛进，从 2014 年的 9%，提高至 2015 年的 29.9%、2016 年的 48.5%。

有些地方政府还给出了硬性指标，比如吉林力争 2017 年达到 100% 货币化安置，内蒙古是 70%，湖南则要求必须不低于 60%、未到 50% 的地区不予受理棚改项目。

有了 PSL 加持，棚改进度条拉得特别快，2009 年是 80 万户的目标，2014 年就变成了 470 万户，2015 年继续增加至 580 万户，2016 年为 600 万户，到 2017 年，实际开工量达到 609 万套，完成总投资 1.84 万亿元。

回想过往十几年的棚改历程，这"天才般构想"的 PSL，简直是个一石二鸟的宝物。

一个是完美消化了市场库存。截至 2018 年 5 月，商品房待售面积创下 45 个月新低，相比于 2016 年 2 月份的高点，库存去化了 1.79 亿平方米，各地开启"补库存"周期。在棚改大省湖北，2015 年底去化周期为 14.7 个月，截至 2018 年 4 月仅剩 6.3 个月。

另一个就是补充了基础货币的投放。2014 年外汇储备逼近 4 万亿元大关后就开始走下坡路，以往依赖外汇占款增加对基础货币投放的渠道被迫收缩，而 PSL 这一货币工具的出现，就是让钱动了起来，市场不至于饿死。

地产化游戏

福祸总相依。2015 年至 2018 年这三年间，央行单是通过 PSL 工具向市场的放量就跨过 3 万亿元大关，截至 2018 年 6 月末达到 31852 亿元。要知道，2008 年金融危机对中国经济留下莫大后遗症的刺激计划时也不过 4 万亿元。

这种印钞方式对中国的房价而言意味着什么？只有一个结果：涨价。当手持货币入市的人数飙涨之后，市场价格立马会作出回应。

在 2016 年 12 月的 70 城房价数据里，已经进入调控视野中的一线和强二线环比出现了微弱的下跌，而唐山、温州、泉州、宜昌、安庆等强三线城市都出现了反弹。

进入 2017 年，全国三、四线楼市房价继续飙涨，有些贫困县从 1000 多元的均价一下子冲到 5000 元甚至过万的新闻频上头条。

在此之前，房价上万是一座二线城市的标准，现在三线城市若房价不过万，都不好意思说自己参加过棚改。

事实上，在楼市涨价的背后还有两条普通人没有注意到的逻辑隐线。

第一，棚改在基层实施中走了样。地方政府由于财政捉襟见肘，借了国开行的钱搞棚改，这些钱早晚都是要还的。如何让盘下的棚户区土地发挥最大价值，一些地方政府绞尽脑汁。

有的就借着棚改的名义强行扩大棚改区范围，把原本不需要改善的宅基地住房、城郊的城中村统统纳进拆迁范围，紧接着再让资金雄厚的地方国企来配合演出，"拍下"地王，充当着抬高房价的先锋。以此循环渐入，最大化变现"棚改土地"。

据 2017 年底《证券日报》报道，部分三、四线城市地王频频闪现，土地溢价率惊现同比暴涨，少则上涨 3—4 倍，多则上涨 7 倍甚至近 13 倍。受货币化棚改刺激，地方政府强化了土地财政模式。

第二，房企利用"买涨不买跌"的消费心理，涨价去库存。2015 年初的三、四线是房企的地狱，富力、绿地、碧桂园等多家大型房企曾在内部下死命令，未来不再在三、四线及更低级别的城市拿地。但是 2016 年开始，三、四线反而成了玩转财富的天堂。

既然需求暴增，那就利用消费者担心现在再不买未来还会继续涨的心理，涨价销售去库存。精明的房地产商深谙此道，像"三、四线之王"碧桂园就大胆喊出："涨价去库存！"

暴击终于来了

经历了两年的狂飙猛进，2017 年 5 月三、四线的楼市销售就达到了顶峰，当时看空三、四线城市房价的声音变得越来越密集。多数的小城市劳动力外流严重、缺乏产业支撑，房价这么高难道就不存在泡沫吗？

随着去库存目标的实现，货币化棚改逐渐走到了政策临界点。在 2017 年底的中央政治局会议上，高层定调"去杠杆"为 2018 年工作任务之首，去库存不再是重点；2018 年政府工作报告中，"货币化安置"的提法也消失了。

政策基调悄然变化，而 2018 年上半年的楼市乱象，更是直接促成了政策大转向。西安、成都、杭州、长沙等二线城市原本就因旧城改造和棚改加速，导致需求暴增，再加上抢人、住宅用地供应稀缺、开发商捂盘等，人为制造了一场又一场全款抢房大片。

这种情况下，又吸引了更多三、四线居民拿到货币化安置后跑到二线投资，再次推高房价，背离了房住不炒。

所以，利空终于来了。2018 年 6 月 25 日下午，市场传言"棚改全国一刀切，全部暂停"，随后国开行急忙出面澄清说，只是棚改项目的审批权全部先上收，新项目基本暂停审批，但已经在放款的存量项目还是照常。

不过，以后棚改要以实物安置为主了，以此摁住货币化的水龙头，防止三、四线房价继续天怨人怒地上涨。

当前，中国出口滑坡、基建减速、消费萎靡，而中美贸易冲突注定是一场持久战，未来国内经济将持续受压。因此，政策层面仍然需要棚改来稳定大市，为中国经济保驾护航。

住建部在部署 2018 年工作时明确表示，2018 年至 2020 年中国将改造 1500 多万套棚户区。

换句话说，从 2018 年开始，棚改的伟大使命已不再是去库存，而是保增长了。

一份超级文件出世，变相捅破"限购"

黄汉城

2019 年 4 月 8 日，国家发改委印发了一份注定会深刻改变中国城市格局的重磅通知。

它的出台，给盘桓数十年之久的户籍壁垒重重一击；它的出台，也意味着中国的城镇化思路彻底翻篇，中小城市已死，未来是大都市圈的天下。

这份通知全名为《2019 年新型城镇化建设重点任务》（以下简称新型城镇化），是为了"深入贯彻落实中央经济工作会议精神"特别制定的。

苏州为什么小过南京？

《新型城镇化》表明，要加快农业转移人口市民化：城区常住人口 100 万—300 万的 II 型大城市要全面取消落户限制，城区常住人口 300 万—500 万的 I 型大城市要全面放开放宽落户条件，并全面取消重点群体落户限制。

这是继中小城市和小城镇取消落户限制之后，中央消除户籍壁垒的又一举措。在我们看来，每一个放宽落户限制的城市，都等于变相取消限购，只要基本面良好，不排除会出现新一轮的楼市暗涌。

所以，我们必须先搞清楚，哪些是全面放开的 II 型大城市，哪些是全面放宽的 I 型大城市，哪些又是超大特大城市。

根据国务院 2014 年发布的《关于调整城市规模划分标准的通知》——

II 型大城市：城区常住人口 100 万以上 300 万以下；

I 型大城市：300 万以上 500 万以下；

特大城市：500 万以上 1000 万以下；

超大城市：1000 万以上。

"城区"是一个专业概念。它是指在市辖区和不设区的市，区、市政府驻地的实际建设连接到的居民委员会所辖区域和其他区域。所以在统计城区常住人口的时候，一定要别除掉两个数字：

第一，农村地带不统计。河北保定常住人口超过一千万，在全国能排前十，但是保定最多算Ⅱ型大城市，别说超大城市了，连特大城市都没摸到边。因为保定的城镇化率较低，农村人口过多。

第二，地级市所代管的县级市，以及地级市所管辖的县所管辖的人口不统计。苏州全域的常住人口有 1072 万，比南京人口 843 万还多。但南京被《长江三角洲城市群发展规划》定为特大城市，苏州仅为大城市，就是因为苏州下边有很多县级市如昆山、太仓等，所以统计城区常住人口的时候远远小于南京。

城区常住人口非常重要。它决定了城市的等级，也左右了企业的商业布局。但令人哭笑不得的是，你在全国任何一个官方网站上都找不到明确的公开数据。

所以，我们决定采用住建部的《2017 年城市建设统计年鉴》，用城区人口＋城区暂住人口来统计。可能最终数据会与真实情况有一点出入，但已是目前最具参考价值的数据了。

根据智谷趋势的统计数据，城区常住人口超过 100 万以上的Ⅱ型大城市，总共有 65 个，包括乌鲁木齐、贵阳、石家庄、汕头、珠海、无锡、兰州等。

表 7-6　中国Ⅱ型大城市名单（单位：万人）

城市	城区人口	城区暂住人口	相加
乌鲁木齐	216.55	78.39	294.94
贵阳	207.00	78.00	285.00
石家庄	264.14	19.83	283.97
福州	223.10	57.84	280.94

城市	城区人口	城区暂住人口	相加
南昌	246.19	31.28	277.47
汕头	237.40	32.58	269.98
珠海	76.80	179.08	255.88
无锡	221.97	32.80	254.77
兰州	189.58	63.06	252.64
洛阳	203.33	30.70	234.03
惠州	109.21	106.98	216.19
临沂	180.44	35.23	215.67
温州	152.28	54.71	206.99
烟台	150.78	56.16	206.94
呼和浩特	134.71	70.27	204.98
邯郸	190.12	10.35	200.47
徐州	197.41	1.30	198.71
唐山	193.98	4.09	198.07
包头	137.80	53.06	190.86
常州	159.70	28.87	188.57
佛山	133.48	48.57	182.05
柳州	125.16	53.70	178.86
淄博	165.32	9.20	174.52
赣州	122.63	43.54	166.17
保定	144.00	21.38	165.38
南阳	124.57	35.83	160.40
南通	116.26	43.58	159.84
银川	112.66	44.47	157.13
济宁	140.76	14.82	155.58
绍兴	102.91	50.75	153.66
海口	108.28	43.72	152.00
泸州	118.01	33.61	151.62

续表

城市	城区人口	城区暂住人口	相加
淮安	130.35	20.67	151.02
芜湖	105.21	42.00	147.21
衡阳	115.67	29.63	145.30
鞍山	131.20	9.40	140.60
大庆	114.93	23.90	138.83
绵阳	97.95	40.15	138.10
盐城	121.97	14.89	136.86
泉州	103.10	32.90	136.00
西宁	124.27	8.48	132.75
江门	94.29	36.82	131.11
抚顺	129.12	1.60	130.72
潍坊	126.90	3.64	130.54
南充	102.00	28.00	130.00
吉林	125.45	1.44	126.89
大同	121.03	4.94	125.97
秦皇岛	98.18	27.06	125.24
襄阳	109.51	13.94	123.45
扬州	105.85	15.22	121.07
自贡	104.55	11.83	116.38
株洲	114.51		114.51
连云港	93.90	15.97	109.87
齐齐哈尔	109.00	0.40	109.40
淮南	105.80	2.92	108.72
张家口	99.54	6.05	105.59
台州	99.87	5.20	105.07
遵义	105.00		105.00
宜宾	70.40	33.53	103.93
德州	80.37	23.49	103.86

续表

城市	城区人口	城区暂住人口	相加
开封	98.80	3.30	102.10
达州	96.85	5.20	102.05
咸阳	89.90	11.98	101.88
泰安	82.89	18.84	101.73
枣庄	96.13	4.76	100.89

数据来源：2017 年城市建设统计年鉴

未来这些城市将全面取消落户限制。

河北省省会石家庄是出手最快的。早在 2019 年 3 月，"国际庄"就出台文件彻底放开户籍制度，外地人拿着户口本和身份证就能零门槛落户。预计很快就会有更多省会城市跟进。

在 65 个 Ⅱ 型大城市当中，至少有 13 个城市颁布过限购政策。比如说福州、南昌、珠海、无锡、唐山、佛山、赣州、保定、海口、淮安、秦皇岛、常州，外地人要在这些地方买房，需要缴纳 1—5 年的社保或个税。

但《新型城镇化》的出台，等于宣告了这十几个城市的限购政策沦为一张废纸。以后外地人通过零门槛落户的方式，便可以长驱直入，限购徒有虚名。

不过，不是每一个城市都值得上车。处于大都市圈的无锡、常州、珠海、佛山，楼市具备增长潜力，而赣州、保定、淮安、秦皇岛等城市不值得考虑，因为这几个城市距离超大城市、特大城市都超过 100 公里以上。100 公里是大城市核心辐射的极限距离。

在 Ⅰ 型大城市，文凭就是房票

《新型城镇化》还提出，"城区常住人口 300 万—500 万的 Ⅰ 型大城市要全面放开放宽落户条件，并全面取消重点群体落户限制"

根据智谷趋势的统计数据，Ⅰ 型大城市总共有 13 个，包括西安、哈尔滨、青岛、长春、济南、大连、合肥、昆明、太原、厦门、南宁、苏州、宁波。

表 7-7　中国 I 型大城市名单（单位：万人）

城市	城区人口	城区暂住人口	相加
西安	493.12	0.74	493.86
哈尔滨	425.64	66.93	492.57
青岛	336.10	109.73	445.83
长春	325.40	78.72	404.12
济南	401.32	71.21	472.53
大连	328.80	72.17	400.97
合肥	219.93	175.97	395.90
昆明	391.48	1.74	393.22
太原	288.09	82.88	370.97
厦门	197.37	150.00	347.37
南宁	229.90	103.43	333.33
苏州	269.78	63.16	332.94
宁波	192.49	140.33	332.82

数据来源：2017 年城市建设统计年鉴

这些 I 型城市要"全面放开放宽落户条件，并全面取消重点群体落户限制"。听起来，这与 II 型大城市要"全面取消落户限制"好像差不多，两者有区别吗？

当然有，关键就在这个"重点群体"身上。

目前重点群体共分为八类，前四类均为低学历人群，包括农村青年参军退伍、转业后升学将户口迁入的人口；在城镇就业居住 5 年以上的人口；举家迁徙的农业转移人口；新生代农民工。后四类为较高学历人群，包括高校毕业生；职业院校毕业生；技术工人；留学归国人员。

结合地方上发布的文件精神推测，国内对于这几类群体会实施不同的政策指向。

其一，对低学历人群是全面放宽。未来这十几个 I 型大城市将对农民工取消一些歧视性门槛，并在积分入户的设置上对农民工提高分值、增加权重。以后农民工落户厦门、大连、青岛、合肥会容易很多。

其二，对较高学历人群是全面放开。做到能放全放、应落尽落，取消年龄、社保、计划生育等方面的限制。厦门已经率先放开了，只要与该市用人单位依法签订劳动 (聘用) 合同或者依法持有营业执照后，便能落户。

虽然这十几个 I 型大城市，没办法像 II 型大城市石家庄那样能够自由落户，但未来的门槛真的会低到史无前例。

在中国，文凭就是房票、文凭就是楼市通行证的趋势越来越强。厦门、合肥一直是二线城市当中的楼市热点，未来更值得我们密切关注。

你想想看，历年全中国单就大学生而言就有上亿人，再加上技术工人和海归，更是不计其数。

利好广深郊区楼盘

《新型城镇化》提出，"超大特大城市要调整完善积分落户政策，大幅增加落户规模、精简积分项目，确保社保缴纳年限和居住年限分数占主要比例。城市政府要探索采取差别化精准化落户政策，积极推进建档立卡农村贫困人口落户。允许租赁房屋的常住人口在城市公共户口落户。压实地方政府主体责任，强化督促和监测评估"。

"大幅增加落户规模"这个表述，很容易让人理解成中央不再继续管控一线城市人口规模了。

其实，北京、上海确定无疑是要做减量发展的，截至 2020 年，北上各自的常住人口分别限定为 2300 万人、2500 万人，目前都已经快顶到天花板了，未来这两个超级城市仍会继续管控人口流入。

所以北京、上海的"大幅增加落户规模"，只是在"存量"中做文章：两座城市把人口规模的总盘子限定死，但在既有的人口存量中，会对入户政策进行技术性调整，降低年龄、学历的权重，提高社保缴纳年限、居住年限的权重，尽量消化一些非本地户籍人士。该政策最利好的，是那些已经在北上工作好几年、切切实实作出过贡献的普通人。

反观广州、深圳，虽然这两座城市还有一定的上升空间，但中心城区人口密度过高，未来仍会严格控制人口规模。即便大幅增加落户规模，也主要是降低郊区、新区的落户条件，推动新增人口往外围集聚。

总体来说，《新型城镇化》对北京、上海的房产刺激不明显，对广深传统市中心以外的地方则是个利好，比如说黄埔区、南沙区。

至于特大城市，最重要的是这样一句话：允许租赁房屋的常住人口在城市公共户口落户。

根据智谷趋势的统计，中国有 10 个特大城市，分别为武汉、重庆、天津、成都、东莞、南京、郑州、杭州、长沙、沈阳。

表 7-8　中国特大城市名单（单位：万人）

城市	城区人口	城区暂住人口	相加
武汉	576.96	291.52	868.48
重庆			865.00
天津	684.80	162.10	846.90
成都	664.78	101.94	766.72
东莞	211.30	438.60	649.90
南京	608.62	34.06	642.68
郑州	373.58	264.24	637.82
杭州	370.91	266.16	637.07
长沙	282.66	249.37	532.03
沈阳	432.46	79.45	511.91

数据来源：2017 年城市建设统计年鉴

该项举措一旦落地，意味着以后在这些地方，只要租个房子有稳定的住所就能落户集体户。这个集体户跟Ⅰ型大城市放开放宽落户条件的"家庭户"有所不同，它不能帮助你的下一代直接获取免费的基础教育。

但它有一个最大的好处，就是能让你拿到一张房票，绕开强二线城市的限购政策。

为什么要变相放开限购？

我们在前面的文章中说过，长期以来，中国的城镇化一直有两种路线之争，一种是发展大城市，一种是就地城镇化发展中小城市，两种路线打架打得很厉害，中央选择的是第二种。所以长期以来，中国的规划思路一直是"控制大城市人口、积极发展中小城市和小城镇"。

《新型城镇化》的意义在于，它宣告了中央的调控思路正在发生重大变化，中央正在给大城市的扩张松绑。决策者已经明确无误地表示，以后要发展大城市了。

其中的原因主要有两个，一是中国越来越意识到，户籍制度严重阻碍大城市发挥规模效应；二是在经济下行压力之下，地方政府又将大规模减税降负，财政收支会比较紧张，所以需要导入人口，捡起房地产这根拐杖。

最后我再强调一下，关于人口统计官方向来有不同的口径，导致数据比较混乱。《新型城镇化》也提出，要"改进城市人口统计工作，逐年统计发布各城市的行政区常住人口及户籍人口、行政区城镇户籍人口、城区户籍人口数据，开展各城市的行政区城镇常住人口、城区常住人口统计前期工作"。

所以文章所提及的佛山、东莞、重庆几个城市，其城区常住人口数据可能存在争议。随着统计工作的改善，数据的越发透明化，这几个地方的城市规模可能需要适时调整。

期待官方的一锤定音。

参考文献

黎岩：《"北京的无奈"系列之二：整治"拆墙打洞"——北京的离心机模式》，FT 中文网，2017 年 9 月 6 日。

宁红玉：《港珠澳大桥：延伸至深圳和简免签构想》，开放导报，2018年 6 月第 3 期。

王鹏、单樑：《存量规划下的旧工业区再生》，城市建筑，2018 年第1 期。

韦文英，孙莉：《京津冀协同背景下的北京治理》，开放导报，2016 年12 月 第 6 期。

赵民、李峰清、徐素：《新时期上海建设"全球城市"的态势辨析与战略选择》，城市规划学刊，2014 年第 4 期。

常欣：《增长动力转换论：基于中国需求面的体制视角研究》，经济科学出版社 2014 年版。

陈芳：《芯想事成：中国芯片产业的博弈与突围》，人民邮电出版社2018 年版。

陈淮：《广厦天下：房地产经济学 ABC》，中国发展出版社 2011 年版。

池田信夫：《失去的二十年：日本经济长期停滞的真正原因》，机械工业出版社 2012 年版。

高铁见闻：《高铁风云录》，湖南文艺出版社 2015 年版。

郭杰、于泽、张杰：《供给侧结构性改革的理论逻辑及实施路径》，中国社会科学出版社 2016 年版。

贺雪峰：《地权的逻辑：中国农村土地制度向何处去》，中国政法大学出版社 2010 年版。

胡勇：《自主创新与长沙装备制造业发展问题探讨》，2006 中国科协年会论文集（下册）。

黄茂兴：《TPP 的中国策：全球化新时代中国自贸区突围之路》，北京大学出版社 2016 年版。

孔飞力：《叫魂：1768 年中国妖术大恐慌》，上海三联书店 2012 年版。

雷蒙·阿隆：《社会学主要思潮》，上海译文出版社 2005 年版。

刘龙胜：《轨道上的世界》，人民交通出版社 2013 年版。

刘守英：《直面中国土地问题》，中国发展出版社 2014 年版。

陆铭：《大国大城：当代中国的统一、发展与平衡》，上海人民出版社 2016 年版。

路风：《光变：一个企业及其工业史》，当代中国出版社 2016 年版。

马克·莱文森：《集装箱改变世界》，机械工业出版社 2014 年版。

马立诚：《交锋三十年：改革开放四次大争论亲历记》，江苏人民出版社 2008 年版。

茅海建：《天朝的崩溃：鸦片战争再研究》，生活·读书·新知三联书店 2005 年版。

彭文生：《渐行渐近的金融周期》，中信出版社 2017 年版。

钱穆：《中国历代政治得失》，生活·读书·新知三联书店 2001 年版。

任泽平、夏磊、熊柴：《房地产周期》，人民出版社 2017 年版。

上海财经大学自由贸易区研究院编：《赢在自贸区 2》，北京大学出版社 2015 年版。

时红秀：《财政分权、政府竞争与中国地方政府的债务》，中国财政经济出版社 2007 年版。

苏东：《中国城市房价之谜》，广东经济出版社 2017 年版。

陶一桃，鲁志国：《中国经济特区史要》，商务印书馆 2010 年版。

王平：《WTO 与中国对外贸易》，武汉大学出版社 2011 年版。

王千马，梁冬梅：《新制造时代：李书福与吉利、沃尔沃的超级制造》，中信出版社 2017 年版。

吴晓波：《激荡三十年》，中信出版社 2017 年版。

吴毅：《小镇喧嚣：一个乡镇政治运作的演绎与阐释》，生活·读书·新知三联书店 2007 年版。

肖金成，党国英：《城镇化战略》，学习出版社 2014 年版。

徐明天：《郭台铭与富士康》，中信出版社 2007 年版。

徐远：《城里的房子》，中信出版社 2018 年版。

野口悠纪雄：《战后日本经济史》，民主与建设出版社 2018 年版。

易富贤：《大国空巢：反思中国计划生育政策》，中国发展出版社 2013 年版。

张军扩，赵昌文主编：《当代中国产能过剩问题分析》，清华大学出版社 2014 年版。

赵忆宁：《大国工程》，中国人民大学出版社 2018 年版。

周黎安：《转型中的地方政府：官员激励与治理》，格致出版社 2008 年版。